科技成果转化之路：

研究型大学的风险挑战与应对策略

杨帅　著

中国出版集团

中译出版社

图书在版编目（CIP）数据

科技成果转化之路 ：研究型大学的风险挑战与应对
策略／杨帅著. -- 北京 ：中译出版社，2024. 8.
ISBN 978-7-5001-7964-1

Ⅰ. G644

中国国家版本馆 CIP 数据核字第 2024M1M353 号

科技成果转化之路 ：研究型大学的风险挑战与应对策略
KEJI CHENGGUO ZHUANHUA ZHI LU：YANJIUXING DAXUE DE FENGXIAN
TIAOZHAN YU YINGDUI CELÜE

出版发行：中译出版社
地　　址：北京市西城区新街口外大街 28 号普天德胜大厦主楼 4 层
电　　话：010 - 68002494
邮　　编：100088

著　　者：杨　帅
策划编辑：范继义
责任编辑：刘　钰
装帧设计：人文在线
排　　版：北京人文在线文化艺术有限公司
印　　刷：三河市龙大印装有限公司
经　　销：新华书店

规　　格：710mm×1000mm　1/16
印　　张：18. 25
字　　数：325 千字
版　　次：2024 年 8 月第 1 版
印　　次：2024 年 8 月第 1 次印刷

ISBN 978-7-5001-7964-1　　　　　　定价：88. 00 元

中 译 出 版 社

图书若有质量问题，请拨打以下电话进行调换。
电话：010 - 59625116

目　录

第一章 绪 论

大学通过知识创新使社会的生产生活方式产生了巨大变化。"十三五"期间，为了应对来自国内外各方面的挑战，通过推动国家自然科学基金、国家科技重大专项、国家重点研发计划、技术创新引导专项（基金）、基地和人才计划等五类科技计划，我国国家创新系统基本上形成了内部创新要素兼备的科技创新支撑体系，为大学、企业等创新部门提供了持续的资源保障。作为高等教育领域输出知识成果和知识人才的重要渠道，研究型大学的科技成果转化工作近些年逐渐成为各个领域和部门共同关注的热门议题。

但是，在一系列令人瞩目的成就背后，大学科技成果从实验室走向产品线的过程依然存在着重重挑战，一些未知因素以及相关人员认知上存在盲区，导致转化失败的可能性大大增加，阻碍了科技创新与经济发展之间的高质量循环互促。

作为研究的逻辑起点，本章将首先阐述选题的背景，明确研究的核心问题，并梳理国内外关于研究型大学科技成果转化诉讼风险的相关研究成果。本章通过对已有研究的综合评述，明确后续研究的具体思路，并选用与之相适应的研究方法。上述安排为研究提供了聚焦现实资料、深入问题核心和研究渠道的机会，从而为研究继承和方法创新创造了可能性。

一、研究缘起与意义

1. 研究缘起

（1）研究型大学科技创新能力及其成果转化质量好坏关乎国家创新驱动发展战略的成败

自 21 世纪以来，科技成果转化已成为新时代背景下构建与完善国家科技治理体系的核心环节，同时也成为深入推进科教兴国战略、人才强国战略、创新驱动发展战略的重要举措①。如何有效地激励大学与产业通过协同创新推动成果落地，并借此创造更多就业机会、提高产业生产力和改善大众生活水平，已逐步发展成为世界各国在应对全球化挑战中共同面临的重要课题。

通过吸取世界各国发展史的教训，我国谋求通过汇集各方力量，着力提升科研创新实力，以期以"后发者"姿态实现"弯道超车"。近年来，作为当今全球科技创新的后起之秀，我国持续加大对研究型大学知识生产的关注与投入。"十三五"期间，我国在生物基因、高分子材料、超级计算机等研究领域取得了重大突破，研究型大学的贡献功不可没。研究显示，我国研究型大学科技成果转化的规模逐年扩大，高等学府源源不断的创新输出对促进国民经济向更高质量发展的贡献愈发明显。2018年，我国3200所大学和科学研究院所签订各类成果转化合作项目超11 000项，合同金额达177.3亿元，同比增长52.2%。值得一提的是，有32家研究型大学展现了高质量转化实力，通过转让、许可、作价投资等多种合作形式吸引资金超1亿元②。众多国内一流研究型大学的名字频频出现在历年国家自然科学奖、国家技术发明奖、国家科学技术进步奖等榜单之中。

在创新能力提升、经济效益凸显的同时，科技成果转化体系建设却暴露出了管理思维滞后和投入安排不合理的不利情形。虽然我国的科技经费投入总量逐年上涨，但用于支持研究型大学科技成果转化与技术扩散的经费在同比缩减。2019年，科技部在支持技术研究与开发方面的服务性支出仅7.2亿元，只占到461亿元科技总支出的1.56%。与此同时，大学用于支撑科技成果转移转化的经费与在研发方面的巨额投入不成比例。2019年，教育部对大学投入的总经费超过了13 464亿元，但当年用于支持科学技术研发的全部支出（包括基础研究、应用研究、研究服务和其他部分）仅为44.6亿元。可以说，有关部门尚未意识到成果转化服务工作对转化效率和收益提升所起到的重要作用。当前，我国科技成果转化工作的主要问题已经从"是否舍得投入"转向了"如何将钱花在刀刃上"。

习近平总书记强调："当今世界正经历百年未有之大变局，我国发展面临的国内外环境发生深刻复杂变化，我国"十四五"时期以及更长时期的

---

① 中共中央关于制定国民经济和社会发展第十四个五年规划和二〇三五年远景目标的建议[N].人民日报，2020-11-04（001）.

② 中国科技评估与成果管理研究会.中国科技成果转化2019年度报告（高等院校与科研院所篇）[M].北京：科学技术文献出版社，2020：6-37.

发展对加快科技创新提出了更为迫切的要求。一是加快科技创新是推动高质量发展的需要。建设现代化经济体系，推动质量变革、效率变革、动力变革，都需要强大科技支撑。二是加快科技创新是实现人民高品质生活的需要。当前，我国社会主要矛盾已经转化为人民日益增长的美好生活需要和不平衡不充分的发展之间的矛盾，为满足人民对美好生活的向往，必须推出更多涉及民生的科技创新成果。三是加快科技创新是构建新发展格局的需要。推动国内大循环，必须坚持供给侧结构性改革这一主线，提高供给体系质量和水平，以新供给创造新需求，科技创新是关键。畅通国内国际双循环，也需要科技实力，保障产业链供应链安全稳定。四是加快科技创新是顺利开启全面建设社会主义现代化国家新征程的需要。从最初提出'四个现代化'到现在提出全面建设社会主义现代化强国，科学技术现代化从来都是我国实现现代化的重要内容。"[①] 从国家战略角度来应对全球化竞争问题，需要特别重视支持和保障工作对创新的推动作用。回看各国历史资料，特别是高等教育史和科技史不难得出结论：科技创新能力建设绝非仅仅来自实验室内部，而是一项综合考虑研究、转化、生产等各个环节的系统性复杂工程。这就要求教育、科技、金融各部门必须认清当下国家科教发展的新形势，在转化资源供给与转化服务支撑方面对研究型大学和企业给予重点扶持。

（2）探索科技成果转化风险及其化解之道是大学"第三使命"能力建设的一种视角创新

百余年来，教学、科研和社会服务作为研究型大学的三大核心职能已逐步被各国高教界公认。这三项职能之间存在着紧密的联系，相互促进，相辅相成。通过社会服务这一公共职能，"象牙塔"向边界之外的"大社会"传播知识并输出人才；同时，科技成果转化的收益为大学经费注入了新的活力，反哺了研究型大学教学与科研工作。在国家战略层面，重视、引导和提升研究型大学的社会服务能力，已成为政策改革和治理水平提升的关键举措；在此大背景下，当代研究型大学在各个职能方面追求一流和卓越，这已成为其生存与发展的重中之重。研究型大学在成为"知识产业孵化器"的过程中，建立健全能够应对外部社会风险冲击的现代大学科研体系，以及构建具备组织协调、及时决策、适度激励、资源调配和制度创新能力的大学创

---

① 人民日报.习近平在科学家座谈会上的讲话［EB/OL］.［2020-09-12］. http://jhsjk. people. cn/article/31858850.

新管理机制，是推动研究型大学实现其社会价值与历史使命的应然路径。

在探索科技成果转化风险及其化解方法的过程中，研究型大学随之扩大了自身的社会服务职能。高等教育领域大量文献显示，研究型大学科技成果转化的治理失效已经成为近半个世纪以来各国政府和产业各部门共同关注的焦点话题；通过探索风险的防控路径来提升研究型大学的知识扩散能力，进而提高产业部门的知识吸收能力和产业化水平，已逐渐成为需要全社会各个部门协力参与的一个共同使命。

在通过科技成果转化促进经济腾飞的道路上，欧美发达国家曾一度领先。20世纪下半叶，随着冷战危机解除，美国、英国、德国等国家提前意识到转化能力不足所引发的"肠梗阻"危机，率先对研究型大学的专利及产品的高风险性和高回报性开展开拓性研究。1980年12月，美国国会通过了《拜杜法案》（*Bayh-Dole Act*），标志着西方发达国家在科技成果的权属保障、转化时效、风险防控等多方面全面启动了改革进程，该法案也体现了发达国家在后工业社会阶段，转变原有的粗放式、大规模的产业化思路，转而走向"高精尖"技术驱动经济发展的道路。该项法案被《经济学家》杂志评为"美国国会在过去半个世纪中通过的最具鼓舞力的法案"，它开创了美国高新技术与风险资本之间、科研与产业之间融合发展的新局面。《拜杜法案》为美国研究型大学丰富的发明储备提供了转化的新通路，同时也为其他国家创新体系的发展提供了可资借鉴的模板。

就我国的研究型大学而言，承认我国创新环境下转化风险的客观存在，深入研究转化风险的内涵和本质，并制定与之相应的防范策略，不仅是顺应一流研究型大学发展方向的可行举措，也是拓宽研究型大学社会服务职能研究的新视角。积极开展国际比较与学习，已成为提升我国研究型大学科技成果转化效能的重要途径。

（3）研究型大学科技成果转化诉讼风险问题突出，解决该问题是提升转化效能的重要路径

改革开放以来，我国研究型大学的科技资源配置方式逐步转向市场经济，这为科技成果转化带来新增长点的同时，也在全球化经济环境下引入诸多不确定性因素。1998年左右，我国研究型大学每年获得科技成果约30 000项，其中仅有20%左右的成果成功实现了转化和投产。更为遗憾的是，能达到产业化规模的更是不到5%①。虽然经过20多年发展经验的积

---

① 彭珮云. 在九届全国人大第六次会议上的讲话 [N]. 北京：人民日报，1998-12-25.

累，我国研究型大学的转化体系得到长足的发展，大学的专利授权数量在大量经费的注入下实现了稳步增长。但近些年的统计数据显示，我国研究型大学科研成果能够最终实现成功转化并投产的项目仍然仅占总成果的 10% 左右，这与西方一些发达国家动辄七八成转化率相比仍然有着较大的差距①。

想要有效解决这一难题，有关部门必须在政策和法律方面提供精准支持。在"十四五"期间，我国政府深入实施了创新驱动发展战略，并将研究型大学科技成果转化纳入国家发展战略的关键环节。通过《中华人民共和国促进科技成果转化法》（以下简称《促进科技成果转化法》）的出台和修订，以及《中华人民共和国民法典》（以下简称《民法典》）的颁布等一系列举措，我国研究型大学科技成果转化服务体系得到迅速发展，转化流程中相关部门和人员的权属与利益保护得到了进一步加强。在借鉴发达国家立法经验的过程中，我国的各类科技部门法也逐渐产生组合效应，形成了一套有着国情特色的法律政策体系。

虽然相关法案已经颁布并实施，且有关部门在制订和实施科技政策时积极对外学习借鉴，但目前我国研究型大学科技成果转化工作在以下三个方面仍面临风险和挑战。

首先，虽然科技成果管理逐步走向专利化道路，但大量待转化优秀成果仍尚待发掘。

在数量方面，图 1-1 展示了我国大学科技成果转化的经费投入和专利产出，从近十年统计数据来看，投入与产出均呈现上升趋势，包括财政科学技术拨款、科学基金、教育等部门事业费以及各级政府部门预算外资金在内的实际支出在 2017 年已达 804 亿元；与此对应的企业支出也达 360 亿元。十多年间，研究型大学向大型国有企业、小型国有企业和其他部门提供专利授权的总量增长近 20 倍。根据《2017 年高等学校科技统计资料汇编》，虽然全国各类型高校全年专利授权数量已达到 229 458 项，但其中通过合同合作形式成功进入转化流程的数量仅 4 803 件②。从近年来投入与产出趋势来看，政府、企业等多渠道的资源注入以及政策环境构建确实有力推动了大学专利授权数量的增长。通过专利化策略，研究型大学的科研成果实现了资产形式和运作方式的转变，使得科技人员能够通过具有法律效力的合同来保护

---

① 沈健. 我国大学专利转化率过低的原因及对策研究［J］. 科技管理研究，2021，41（05）：97-103.

② 中华人民共和国教育部科学技术司. 2017 年高等学校科技统计资料汇编［M］. 北京：高等教育出版社，2018：73.

他们的专利权，这无疑是对知识这一无形资产及其相关利益者的强有力保护。但从整体来看，大量的研究型大学专利成果依然处于"休眠"状态，它们潜在的经济价值与社会效益尚未被挖掘。总体而言，专利布局已成为我国研究型大学在未来阶段实现成果价值保护和增强社会服务功能的战略转变方向。

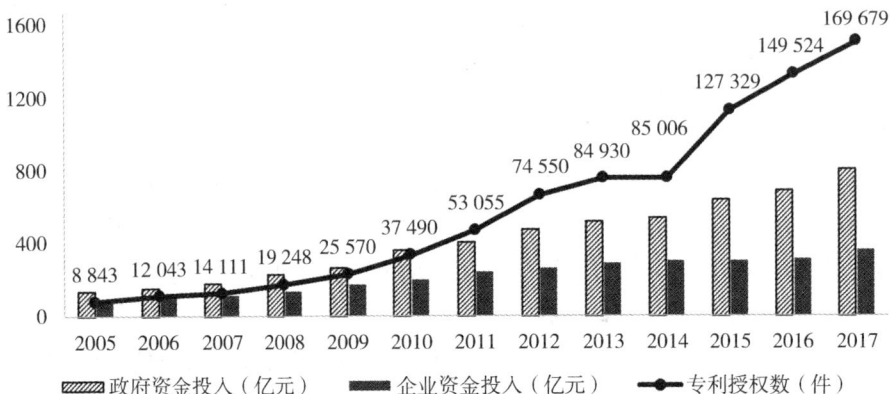

附注1：根据教育部科学技术与信息化司出版的高等学校科技统计资料汇编（2006—2018）。

图1-1　2005—2017年中国大学科技成果投入与专利授权数量

在质量方面，科技成果转化的现实困境凸显了我国当前科技成果转化环境所面临的严峻挑战。科技成果从大学内部的知识成果转化为外部市场的成熟产品，这一过程需要政策法规、专业服务、转化评估等多方面的协同支持。然而，近年频现的研究型大学与企业间的转化纠纷，以及技术中介机构破产停运等事例表明，现阶段科技成果转化体系依然存在产业化不畅的问题。报告显示①，当前我国研究型大学科技成果转化事业呈现了数量增长快、质量不断提升、创富效应显现和诉讼风险加剧等特点。一方面，2018年全国1243所大学签订的科技成果合同金额已达75.8亿元（同比增长45.9%），合同项目数达到8 072项（增长10.2%）；另一方面，从国内高校当前的产出来看，成功实现转化的项目占比依然处于较低水平，而因转化失败而引发的高校涉诉纠纷却屡见报端。正因为科技成果转化是一个需要通过产品落地、生产技术提高来实际推动产业技术升级与产业增值的长期过程，所以我们不仅要关注财富创造的"量"，更要关注能否通过"真转化"来满

---

① 中国科技评估与成果管理研究会.中国科技成果转化2018年度报告（高等院校与科研院所篇）［M］.北京：科学技术文献出版社，2019：2-8.

足科技创新在"质"的方面的增长需求。

诚然，科技成果转化必须尊重技术演进与市场化进程的规律，但过于稀少的成果转化数量在一定程度上反映出我国大学科技成果转化的质量与西方依然存在不小差距，因此，有必要在大学科研过程中加大对有经济潜力成果的发掘，重视影响转化成效的风险，从人力、财力和政策上等多个角度对科研成果转化加以精准扶持。

其次，虽然大学知识产权相关权属逐渐明晰，但利益相关者权益保障安排依然存在"真空地带"。

在 20 世纪 80 年代以前，许多西方发达国家的研究型大学面临着科研人员转化能力弱、转化热情不足等问题，导致大量科研成果最终成为"沉睡专利"。为了解决这一难题，美国政府主动采取改革措施，通过《拜杜法案》赋予大学科研人员享有对政府资助的研究成果实施转化和利用的权利。与此同时，该法案保留了政府的"介入权"，以确保发现问题时有关部门能及时干预并重新安排转化。这创造了研究型大学科技专利商业化运作的新模式。《拜杜法案》及系列相关政策帮助科研人员拓宽了科研经费的渠道，增加了个人所得，实现了高深知识的实用和活用。近年来，其他发达国家也在摸索中推进着本国科技创新体系的改革。例如，日本学习借鉴了欧美的经验，推行发明人奖励制度，激发了大学教职员工和在校生参与发明转化的热情[1]；英国则延续"雇主优先"传统原则，同时赋予院系和发明人专利活用和自主救济等重要权利保障[2]。

与这些发达国家相比，我国研究型大学科研转化的权益保障体系建设依然任重道远。一些研究型大学的科研人员由于成果转化权属迟迟无法确定，无奈之下宁可放弃利益与名誉，也不愿"铤而走险"，导致极具前景的成果因为专利权失效、转化权不明等体制机制上的"小"问题而错失转化的"黄金"机会；相反地，少数学者却背地里违规转化，从而被扣上了"侵占国有资产"的帽子。在科技市场走向深化发展的过程中，与时代脱节的旧制度体系必将不断引发新的问题。随着社会对大学产权改革呼声的不断加大，知识产权权属、发明人收益和奖励激励措施等制度因素势必成为影响科技成果转化的关键。

科技成果转化效率低下将导致大量科技成果被闲置并逐渐失效，这不仅

---

① 贾佳，赵兰香，万劲波. 职务发明制度促进科技成果转化中外比较研究 [J]. 科学学与科学技术管理，2015, 36（07）：3-10.

② 国家知识产权局法条司编. 专利法研究（2012）[M]. 北京：知识产权出版社，2013：28-38.

打击了科研人员参与转化的热情，还对中下游产业发展造成了负面影响。研究型大学独立或联合开发的新技术，在向产业转化过程中往往缺乏有效的推动力并且面临重重障碍。尽管社会资本大量注入研究型大学和科研院所，政策也不乏对学校和企业的鼓励支持，但实际的转化效果还是难以达到预期。转化效率低下，导致投入与产出比例失衡，使研究型大学资产面临高风险，并造成核心科研人员倦怠，加剧了大学的人力资源困境。可以预见，如果科技成果无法商品化的局面持续下去，研究型大学自身的发展将陷入恶性循环。

最后，科技成果转化诉讼等冲突性风险及其挑战正在变得日益复杂。

相比于转化率低、转化难等问题，令管理者更为头疼的是大学因参与科技成果转化而暴露在诉讼风险的环境之中。近些年来，随着科技成果转化合作数量持续增长，因转化失败而引发的各类高校诉讼案件也在增多（如图 1-2 所示）。研究型大学在社会发展进程中无法回避转化实践，而一些实践中的困境则暴露出科技成果转化中存在的现实风险。在探索形成多种转化模式与路径的同时，我国研究型大学科技成果转化也面临着诸多问题，其中转化资金募集难、企业和大学对成果预期效益认知不足、大学的应诉与风险防控能力薄弱，以及转化配套的法规政策与实践相脱节等问题不断显露出来。这些问题在成果转化的各个环节给大学与企业之间的合作埋下了纠纷乃至诉讼的隐患，成为阻碍创新成果落地的"绊脚石"。如何完善法律法规体系以降低诉讼风险，在保障大学科研成果的公共品属性的同时，兼顾各方的利益，将直接关系到大学知识向外转化的正当性和合法性。

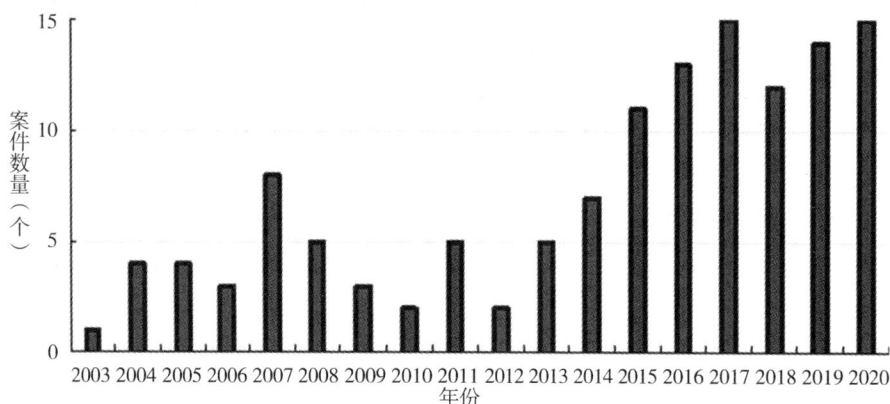

附注 2：根据国内审理并结案的公开案件统计并制作，日期截止于 2020 年 9 月 1 日。

图 1-2　2003—2020 年国内研究型大学涉及技术合同类诉讼案件已结案数量统计

为了应对以上问题，我国政府、企业和研究型大学近些年来越发重视对成果转化中存在的风险问题的应对，采取的一系列改革措施也已初见成效。为深入实施创新驱动发展战略，加快落实《促进科技成果转化法》，科技部、教育部、财政部等中央职能部门与地方政府、学校、科研机构通力协作，围绕国家技术创新体系战略提出一系列具体改革措施。其中：

为规范科技成果转化流程，2008 至 2015 年，科技部先后分 6 个批次评选出 455 家国家技术转移示范机构。2017 年，国务院印发《国家技术转移体系建设方案》，明确"引导技术转移机构市场化、规范化发展，提升服务能力和水平，培育一批具有示范带动作用的技术转移机构"。

为了激发科研人员开展科技成果转移转化的活力，一些研究型大学通过在内部设立成果转化岗，在职称评审中增加转化类考核指标，以及优化离岗创业与校外兼职的审核流程，把激励在校教师和科技人员主动参与转化工作做实做细。一些研究型大学组织成立了能够分析并申请专利的服务团队，通过聘请专业团队开展精细化辅助辅导工作，切实拓展了在校科研工作者的全球化、全领域视野，提高了他们的专利保护与转移水平。

2019 年国务院政府工作报告给出下一阶段的具体目标，其中特别明确"十四五"期间要"提升科技支撑能力……全面加强知识产权保护，健全知识产权侵权惩罚性赔偿制度，促进发明创造和转化运用……要充分尊重和信任科研人员，赋予创新团队和领军人才更大的人财物支配权和技术路线决策权……完善科技成果评价机制"[①]。将具体措施写入政府工作计划，能够体现国家进一步深化科技创新改革的决心。加快知识链、产业链和创新链耦合，能够提升研究型大学科研成果"从样品到产品再到商品"转化的各环节的效率，使创新引领发展这一理念落到实处，成为国家发展的战略根基。

科技成果的"真转化"与"快转化"已成为各个子系统迫切需要通力协作的共同目标。在科技成果转化的治理工作中，有关部门正逐步将风险意识纳入应对科技成果转化失灵问题的治理体系乃至国家创新体系的整体战略规划之中。

2. 研究的理论意义

提升科技成果转化质量，不仅是当前高等教育研究领域的热点，也是我

[①]　国务院.2019 年政府工作报告［EB/OL］.［2019-03-05］. http：//www.gov.cn/zhuanti/2019qglh/2019lhzfgzbg／index.htm.

国研究型大学在迈向"双一流"高质量发展的进程中必须面对的重要理论与实践课题。在实践层面，我国研究型大学的成果转化工作相较于欧美等国起步较晚。在研究层面，我国从20世纪80年代初才开始推动相关问题的政策研讨，各学科在此研究领域的发展相对发达国家而言较滞后。当然，我们不能忽略特定历史环境，特别是新中国成立后国家整体科研投入水平相对不足、国际科研合作交流不多、特殊时期科研秩序不正常对创新转化的影响。邓小平在一九八五年召开的全国科技工作会议上提出，若要解决科技与经济相结合的问题，应当从科技体制和经济体制这两个中央层面的体制改革着手。这也为后续研究与实践的开展奠定了发展主基调。

在近二十年的时间里，国内学者对成果转化相关问题的研究日益重视，共性问题引起了教育学、管理学、社会学、经济学等多个学科的广泛关注。科技成果转化的主客体特征、转化模式、成果形态等内容差异显著，导致在不同学术视角下的解读也呈现出多样化的状态。本研究旨在透过风险—诉讼机制这一研究视角，尝试丰富和完善科技成果转化相关问题的理论体系。具体而言：

（1）为研究型大学科技管理研究提供更丰富的理论视角

从成果转化诉讼的角度开展产学研问题的研究，可以为学者和科研管理人员提供更为灵活的考察思路和视角。博士生阶段的一项重要任务是学会开拓多种视角去分析和研究问题，这就要求对既要吸收和采纳已有研究，同时敢于怀疑和批判，以批判性的研究视角对待以往的研究结论。具体来说，过去对科技成果转化的研究集中在总结成功个案的转化经验，或者分析失败典型个案在转化管理或转化制度方面的不足，而对于有较大样本规模的、面向减少转化诉讼风险的实证研究则相对较少。本研究旨在丰富和深化研究型大学科技成果管理的基本理论，使研究型大学的科研管理能够兼容并包地吸收成功和失败案例的经验和教训，并加强对各类型案例的经验提炼。此外，本研究还致力于丰富当前国内外科技成果转化问题在实证层面的案例化研究，通过探索产学合作的风险防控路径，开拓研究型大学科技管理研究的新路径。

（2）从理论源头破解科技创新的"宽容悖论"

科技创新事业中，失败是常态。化解不确定性因素的第一步就是理性承认并敢于面对不确定性，而非消极地放任不确定性对创新的潜在影响。正如钱学森所言："正确的结果，是从大量错误中得出来的；没有大量错误做台阶，就登不上最后正确结果的高峰。"实践表明，研究型大学的科技创新工作是一种面向未知领域探索的实践活动，这一过程所遭遇的不确定性使得科研工作成为一个"冒险"职业，其工作成果充满变数。

然而，研究型大学在承认不确定性的同时，不得不面临一种"两难困境"：宽容失败则必然引发利益相关方指责，而不宽容失败则会陷入治理失败后更为尴尬的舆论境地。如何从容、客观地面对风险话题，探索研究型大学对科研失败的宽容底线，是研究者和管理者通过借助科技伦理与组织文化多样性等多方面探讨来推动科研管理创新的一条新路径。尊重科技创新的科学规律，释放更广阔的创新空间，激发系统内外的创新活力，要求创新参与者一方面应学会宽容失败，允许和鼓励各种"试错"行为；另一方面，应明确宽容的底线，尝试建立责任机制来保障各方利益的平衡。因此，如何将风险研究和风险意识普及并引入对成果转化问题的研究中，从而指导科研工作，是推动研究型大学化解风险的重要一步。

本研究的意义在于，通过在理论上探索研究型大学如何有条件地宽容失败，能够约束研发人员和转化管理人员的行为，并为优化知识产权的激励机制提供可能，进而通过化解科技创新研究的"宽容悖论"①，使得研究型大学的科技成果转化研究和实践工作不再畏惧"风险"。

3. 研究的现实意义

探究科技成果转化诉讼风险机制，不仅能够丰富相关领域的理论知识，同时对实践具有现实指导意义。目前，我国研究型大学在科技成果转化过程中面临着各种纠纷和诉讼问题的现实挑战，这些问题暴露了研究型大学在科研管理、人才培养等方面存在不足，进而影响到大学各项职能的正常发挥。本研究的最终目标旨在厘清科技成果转化系统中诉讼风险的形成与作用机制，在此基础上呼吁科研人员、管理人员和政策制定者对各类诉讼风险加强研判，以期有关部门能够对诉讼风险的治理路径做出优化。基于此目的，本研究的现实意义能够体现在以下两个方面。

（1）促进高等教育三大历史使命的现实融合

当前，研究型大学正面临促进高等教育三大历史使命现实融合的紧迫任务。高等教育不单是传授知识和研究学问，还应承担社会职能，成为资源流通的重要渠道。"二战"后，各国学者开始重新思考大学的使命，并直接影响了研究型大学对发展战略的调整。在探索培养什么样的人才、如何培养人才、在何种情境下培养人才这些问题时，大学管理者应当将研究型大学的社

① 李忠鹏. 化解科技创新的"宽容悖论"[N]. 北京：光明日报（13版），2018-04-19.

会服务职能一并纳入战略视野进行通盘考察。

当前，我国研究型大学的科技成果转化率较低。这一事实引起了那些过去一直致力于埋头"闭门造车"来专心研究教学、培养学生和科研的高校教育者们的广泛关注和认同。他们逐渐认识到创新成果产业化的重要性，并积极寻找行之有效的方法和途径。大学科研管理部门也逐渐由过去专注于专利数量提升，转向以全面提升转化质量为本的发展理念。可以说，打通研究型大学的研究、人才培养、社会服务三大职能之间的连接通道，是研究型大学迈向世界一流大学高质量发展的核心环节，更是研究型大学的尖端成果实现产业化的重要保障。因此，本研究致力于从研究型大学的角度出发，以提高转化质量、提升综合治理水平和增强教育创新国际竞争力为研究方向，探索研究型大学的社会服务功能与高校科研和育人传统之间的契合点，从而也验证研究型大学科技成果转化生态培育对促进高等教育三大历史使命融合的重要意义。

（2）为研究型大学和企业在创新风险治理能力与联合治理水平方面的提升提供依据

本研究的另一重要意义是为科技成果转化风险提供识别、控制和反馈的解决思路。目前，国外研究型大学已建立相对完备的技术转移政策服务体系，从内部管理和外部支持两方面来看，我国的研究型大学与国外高水平研究型院校仍存在差距，因此，需要持续推进治理水平和决策能力的提升，以风险为切入点探索促进科技成果转化的路径，为研究型大学开发利用有限的校内外资源提供保障，并为政策体系完善提供可行的建议。

将风险理念融入高教研究的基础范畴已成为大学研究和管理实践中必要而迫切的课题。尽管目前在高校财务管理等研究领域已引入风险观念，但在其他绝大多数研究的基本思维中，仍缺乏对风险的重视。2020年新冠疫情暴发以来，越来越多的学者认识到后疫情时代社会发展中不确定性可能引发的环境动荡[①]，暴露在各种风险之下的大学治理工作将在人才培养、科学研究和社会服务方面受到加倍审视[②]。因此，有必要保持"未然"心态，在对研究型大学科技成果转化的全面考察中兼顾潜在的各种风险因素。

对企业来说，除了在实践层面提供指引作用，研究诉讼风险还可以丰富

---

① 李猛.新时期构建国内国际双循环相互促进新发展格局的战略意义、主要问题和政策建议 [J].当代经济管理，2021，43（01）：16-25.

② 钟秉林，等.重大疫情下的教育治理（笔谈）[J].重庆高教研究，2020，8（02）：5-24.

并深化协同创新的治理观念，为企业发掘新商机、开拓新市场创造重要切入点。对一些小微企业而言，其内部可能有来自研究型大学的新员工，自身也拥有良好的技术储备和应用能力，但由于缺乏准确的市场评估，往往错失了竞争机会。本研究致力于为潜在的技术经纪人提供科学理性的从业指导，促进社会中创新人才的活化。

对研究型大学管理人员来说，透过案例研究可以助力他们掌握技术高风险地带的布局，从而减轻大学的决策负担。通过进行深入访谈，管理人员可以直面科技创新的"死亡峡谷"，为研究型大学制定专利市场策略夯实基础。此外，这也能够让研究型大学的转化工作者更好地理解各个行业领域技术研发的视角，以及他们的心态，从而掌握评估科技产品的优势和不足的方法，进而合理配置有限的公共资源。

二、国内外研究现状

通过文献检索和梳理，本研究拟从科技成果转化、转化风险以及转化诉讼三个部分，分别就国内外相关研究领域有关科技成果转化的思想源流进行综述和评价。其中，第 1 节讨论了有关科技成果转化与技术转移相关问题的研究，第 2 节讨论了有关科技成果转化风险相关问题的研究，第 3 节总结了国内外有关科技成果转化诉讼风险的相关研究。

1. 有关科技成果转化与技术转移相关问题的研究

（1）关于科技成果转化的研究

第一部分，关于"科技成果转化"内涵的界定。

在我国，尽管"科技成果转化"这一概念已被广泛地应用在诸多领域，但学界对于"科技成果"的认识与界定标准却尚未形成统一的观点，这也曾在实践中引发了一些问题。"科技成果"在 1986 年颁布的《中国科学院科学技术研究成果管理办法》中首次被提出，并定义为："科学技术研究课题，通过观察试验和辩证思维活动取得的，并经过鉴定具有一定学术意义或实用意义的结果。"科技部在 2001 年颁布的《科技成果登记办法》中按"应用技术成果""基础理论成果"和"软科学研究成果"的划分方式进一步界定了高校院所在科研工作中受到有关部门鉴定、认定、证明的阶段性科研成果。贺德方的"三特征说"认为，"科技成果"应当：①是科学技术活动的产物；②具有一定的学术价值和实用价值；③必须是经过认定的。其他学者对"科技成果"的含义的描述方式有所不同，但对"成果需经认定"

的特征一致认可。对这一特征的界定实际上暗含了这样一个前提，即科技成果权属的确立应当处在科技管理部门的管理边界内，技术研发人员并非确立权属的管理人，而是承担权属的责任人。

当前，学界对"科技成果转化"的界定可按照宏观、中观、微观三个维度进行梳理（如表1-1所示）。

从宏观层面看，科技成果转化是"科学技术"经协同创新在不同社会子系统之间流动的过程。一些学者从待转化成果的范围与价值入手，探讨科技成果转化在社会流动功能方面的意义，认为科技成果是全社会实现技术流动的平台或介质。在此基础上，蔡跃洲综合了部门、环节等要素多样性的视角，对科技成果转化的含义给出更有深度的宏观界定。他认为，科技成果转化就是"大学受公共资助的项目当中那些具备潜在应用转化价值的科研成果，借助各种形式实现其市场价值和商业收益的相关活动和过程"[①]。总的来说，从宏观层面把握科技成果转化这一概念，需要将成果放置于具体的政策情境中，方能理解其在环境中的流动与促进含义。

表1-1　基于学界各家观点的"科技成果转化"三层次内涵

层次	内涵描述	描述范围
宏观	不同时空环境下科技创新的协同发展过程	社会子系统之间的协同
中观	参与科技成果转化的利益相关者通过资源共享实现优化资源配置、互利互惠、推进经济发展的再开发过程	技术秘密与知识产权的共享
微观	科学技术的供体与受体之间通过各类交流方式，实现知识流动的交流过程	生产实践过程中的知识流动

从中观层面看，科技成果转化是科研人员通过一定方式将现有科技成果"交付"给生产部门，实现商品化、产业化的过程；与此同时，科技成果转化强调对科技成果进一步开发，造成社会价值的权利的转化。从技术的流动维度看，1996版的《促进科技成果转化法》将"科技成果转化"定义为"为提高生产力水平而对科学研究与技术开发所产生的具有实用价值的科技成果所进行的后续试验、开发、应用、推广直至形成新产品、新工艺、新材料，发展新产业等活动"。从权属的流动维度看，可以认为科技成果转化实质上是一种经济行为[②]，它体现了各主体间的利益关系在技术交易市场中的运作过程。

---

① 蔡跃洲. 科技成果转化的内涵边界与统计测度 [J]. 科学学研究, 2015, 33 (01): 37-44.
② 吴寿仁. 科技成果转化政策导读 [M]. 上海：上海交通大学出版社, 2019: 19.

因此，我们可以将科技成果转化视为国家战略中的一类重要资源，并且应把握住市场规律，"让市场成为优化配置创新资源的主要手段"。

从微观层面来说，可以通过观察知识的流动来研究科技成果转化的过程。Teece 在 1977 年首次提出了知识转移的概念①，强调知识转移是"知识在不同主体间流动并增值的过程"。此后关于知识转移的研究逐渐形成了三大重要分支。其一，基于知识论，该理论认为特定类型的知识从一个实体向另一个实体复制的过程就是知识转移。其二，基于组织论，该理论认为组织之间的知识转移是个体受到他人经历的影响从而产生改变的过程。其三，基于过程论，该理论认为知识的转移经历了知识创造、知识传播和知识重建的多阶段过程。日本学者野中等人支持该观点，并梳理了知识从一个实体到另一个实体的"社会化—传播—内化"流程，从而构建了知识螺旋模型②。经过近半个世纪的论争，知识转移问题视域下的转移主体、目标、影响因素、转化机制等内容得到了更为充分、细致的深度挖掘。当前，对科技成果转化微观层面的探查已延伸到对知识吸收能力的测量和评价，但综合考量多因素在各产业之间异质性的探讨方面，学界尚有进一步发展的空间。

第二部分，关于科技成果转化的社会功能与意义的分析。

推动大学学术知识向产业转化被广泛认为是实现研究型大学第三使命的重要一环。研究型大学通过科技成果的转移转化最终增进了社会效益。为了明确成果转化的目标，学界对科技成果转化的意义进行了深入分析。在一些学者看来，这一过程被视为校企之间的协同创新；而从狭义角度看，埃茨科维兹等指出，该过程就是研究型大学通过成果转化实现"知识的商业应用"③的知识生产过程。别敦荣等认为，科技成果转化本质上就是协同创新，在适应时代需求，提高功能效率、水平和质量的办学理念方面对大学起到重要作用④。

我国学者对成果转化"意义"的认识过程，展现了我国特殊的历史发展情况。

① Teece D. Time-Cost Tradeoffs: Elasticity Estimates and Determinants for International Technology Transfer Projects [J]. Management Science, 1977, 23 (8): 830-837.

② Nonaka I, Umemoto K, Dai S. From Information Processing to Knowledge Creation [J]. Technology in Society, 1996, 18 (2): 203-218.

③ 周春彦，埃茨科威兹. 双三螺旋：创新与可持续发展 [J]. 东北大学学报（社会科学版），2006 (03): 170-174.

④ 别敦荣，胡颖. 论大学协同创新理念 [J]. 中国高教研究，2012 (10): 4-8.

由于"科技成果转化"是一个本土概念，我国学者在不同时期对这一本土概念的运用实际上反映了新中国成立以来学界对"技术经济效益"认知的不断深化。早在 20 世纪 70 年代末期，原国家科委就已在《国家科委关于科学技术研究成果的管理办法》《国家科委关于科学技术研究成果管理的规定（试行）》等文件中先后将科技成果以"应用技术成果""阶段性科技成果"等进行过类型划分。这种分类反映出当时国家对科技成果进行转移转化的迫切意愿。龙尧曾总结我国科技成果的分类①，认为"大体上可以分为三类"，即基础理论成果、应用研究成果以及生产条件或模拟生产条件下的试验成果。这种分类方式主要依据成果产业化的不同阶段而划分。20世纪 70 至 80 年代初的学者认识到，当时基础研究部门的成果只能被视作潜在生产力，唯有通过"物化"（即科技成果转化）为产品才能转化为直接生产力。这种观点表明早期的学者已初步把握了科技成果转化的根本含义。王先庆等人除了探讨成果的分类，还重点从转化的过程与机制入手分析了成果转化在起点、中试、重点三个阶段的内容与特性。他们认为②，三个转化阶段是不可分割的有机整体，提升研究型大学的科研转化能力应从构建连续转化机制方面入手。近年来，周瑞超等人总结认为，科技成果转化的社会意义不仅体现在推动高校和地方经济跨越式发展上，还能够帮助研究型大学优化自身的科技资源配置，从而在获取更多优质科研资源方面占据先机③。

第三部分，科技成果转化与相关概念的辨析。

有学者提出，当前，制约我国科技成果转化的研究和实践的一个重要原因，就是"科技成果转化"与"技术转移"两个概念存在着混用或误用④。在知网基于"科技成果转化"关键词进行文献搜索和阅读，能够发现有不少研究混用了"技术转移""科技成果产业化""科技成果商品化"等表述。从政策、文化等方面比较"科技成果转化"与"技术转移"，能够为研究设计带来一定的启发意义。科技成果转化这一我国"本土"概念虽然与

---

① 龙尧. 怎样促使科技成果尽快在生产中推广应用——黑龙江省科技成果转化为直接生产力的初步调查 [J]. 科学学与科学技术管理, 1980（03）: 6-8.

② 王先庆, 王斌伟. 高校科技成果转化: 过程与机制 [J]. 深圳大学学报（人文社会科学版）, 2001（02）: 65-71.

③ 周瑞超, 张协奎, 等. 关于高校科技成果转化问题的一些探讨 [J]. 研究与发展管理, 2010, 22（06）: 133-138.

④ 方华梁. 科技成果转化与技术转移: 两个术语的辨析 [J]. 科技管理研究, 2010, 30（10）: 229-230.

欧美研究语境下的"Technology Transfer"（技术转移）、日本研究语境下的"产学连携"等概念接近，但具体来说又有不小的区别。

学界普遍认为"技术转移"与"科技成果转化"两者在内涵上存在交集，但概念之间各有侧重。一些学者认为，"技术转移"比"科技成果转化"在内涵上更为宽泛，科技成果转化过程是技术转移最终实现产品化过程在微观视角下的狭义表现。杨善林等运用图示化的方式分别描绘了两个概念的动力学过程，得出结论：两者从微观视角来看存在着交集，但两者的主体范围、市场化程度、时空变化规律等存在明显差异。该观点同时强调，科技成果转化是技术转移的手段与前提，发生产权变化的科技成果转化就是技术转移。支持该理论的一些学者断言，科技成果转化更为侧重时间方面的变化，而技术转移在空间、时间两个维度都发生了变化。

与上述观点相悖，部分学者对技术转移持截然相反的"工具说"观点，即应将技术转移视为实现科技成果转化的一个手段或部分，而非与科技成果转化平行的概念。这种观点认为，技术转移只强调技术供方和受方之间的转移状态，并不关注科学技术的性质是否发生变化；而科技成果转化成功的标志则在于实现了从技术到现实生产力的转化。这种观点强调技术转移是推动科技成果向生产力转化的工具，或者说是科技成果转化评价中的一种观测角度。与前一观点比较可发现，在中国研究语境下，"科技成果转化"在描述、观察和评价等方面比"技术转移"概念更能全面概括本研究所期望描绘的现实情境。

总体来说，科技成果转化这一概念更能够概括我国研究型大学通过协同创新实现知识向现实生产力"跃迁"的过程。具体而言，学界观点认为"技术转移"与"科技成果转化"在三个层面存在差异：

第一，科技成果转化更强调进行"物化"的再创新过程。通过对国内外有关技术转移定义的研究梳理，能够发现技术转移通常指的是将技术"以某种方式从一个部门转移到另一个地方"。这里的"转移"（transfer）侧重于供给方向受体方的技术交付过程，并不关注是否发生"技术转化成为实体"这一结果。与之不同的是，科技成果转化则侧重于实验室中诞生的科技成果经过开发、试验、应用、推广等阶段，转变为具体新产品、材料、工艺的过程，它是一个再创造、再改进和再开发过程。换言之，科技成果转化是对创新阶段性成果进行再创新的工作。

第二，科技成果转化更强调过程中多主体参与。美国大学技术经理人协会（AUTM）将"技术转移"定义为"从事科学研究的专门机构将新技术的使用与商业化的权利向其他机构团体转移的过程"。英国高校研究与产业联系协会（AURIL）从更抽象的角度将技术转移理解为知识的转移，即"技术、技能、生产诀窍等默会知识（tactic knowledge）从一个机构转移到另一个机构的过程"。这些官方和民间组织的定义更注重一个机构（一般而言是技术开发部门）向另一个机构（一般而言是技术产品化部门）的单方向转移。然而，实际实践中，大学技术的"物化"过程并非仅限定于两个主体之间的知识传播，而是一个多主体参与、协调和多方向知识传递的综合创新过程。就此得出，"技术转移"概念更为抽象，更贴近转化在操作维度上的细节，而"科技成果转化"则更全面地包括了成果转化实践中的各个环节，将知识流动看作系统内部成员之间相互作用的动态过程，便于研究中更为全程地考量"技术向产品"在纵向和横向两个维度的转化。

第三，技术转移强调主体之间的"交易"行为，而科技成果转化强调科学技术的"增值"过程。这两个概念的差异充分体现了我国与西方国家社会制度上的差异。技术转移是指技术持有者将其拥有的技术或知识转让给其他机构或个人，以实现经济效益或社会效益的一种行为。在技术转移中，主要强调的是技术的交易过程，即将技术从一个实体传递给另一个实体，以获得相应的价值回报。在我国以公有制为主体的创新环境中，"科技成果"的生产过程被认为是一种公共资源或公共产品的生产过程，而转化过程实际上是将国有资源进行二次开发、循环投入生产的再创新过程①。挖掘科技成果潜在的经济价值，探索研究型大学对社会"增值"的贡献作用，是科技成果转化研究的核心要义。

（2）关于技术转移的研究

作为科技管理学的重要概念，"技术转移"概念最早由国外学者提出，并已在国外形成了较为成熟的理论体系。通过在 Web of Science 中对"University Technology Transfer"（下文简称"UTT"）进行关键词检索，发现自 2000 年以来已有 4203 篇公开文献产生。"UTT"问题研究的体量如此之大，其原因主要有两点。一是西方国家在国际化进程中意识到科技领先对提升国家竞争力的决定性意义。尤其是在两次世界大战以后，各国纷纷加大在技术研发和技

---

① 徐国兴.我国高校科研成果转化的现状、问题和对策分析［J］.高等理科教育，2013（06）：27-33.

术管理研究的投入。二是近半个世纪以来的资源和环境问题令各国政府和产业界无法再回避可持续发展问题。为了优化产业结构并开拓绿色可持续的生产力，各国对新技术的转化能效尤为重视。因此，以区域创新理论为起点、以计量学和科学技术学为表现形态的技术转移研究进入了学界的研究视野，导致这一科学学问题引发了近二十年来技术转移相关问题的研究热潮。

利用可视化分析软件 CiteSpace 6.1 对 4203 篇文献进行共引用热点分析，发现近年来国外关于大学技术转移问题的研究主题逐渐向精细化转变（见图 1-3）。最初，研究较多关注 "r&d activities" "university spin-offs" 等理念、范式、机制类问题，成果集中在对国家和区域创新系统的研究。近年来，研究逐渐深入到 "academic patenting" "entrepreneurial intentions" "university-industry relations" 等技术转移实践问题的研究分野。特别是 2009 年开始，关于 "中国大学技术转移" 的研究逐渐兴起，这表明我国研究型大学的科技成果转化工作初见成效，并在西方学界引起一定反响。这也推动我国学者与西方学者就同一主题进行跨语境探讨，并逐渐产生研究上的交集。

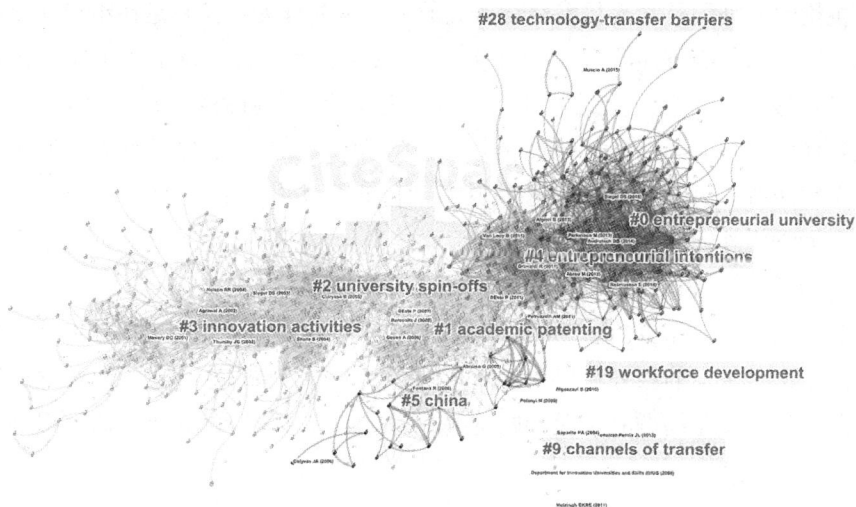

图 1-3　2000—2020 年关于 "university technology transfer" 的 4203 篇文献
热点关键词和作者共现图

进一步分析以上共现结果，能够发现：

首先，国外 "大学技术转移" 研究的热点在 20 年间发生了转变。受到各学科思潮的影响，对 "技术转移" 本质的辨析从朴素的 "交易观" 转变为对产权交易和知识流动二元统一。Zhao 和 Reisman 通过元分析方法，发现不同学者对"技术转移"概念的功能、分类、价值取向从经济学、社会学、管理学、人类学等不同视角进行考察，造成认知上的差别①。在 2010 年之前，运用区域创新理论的学者 Siegel、Thursby、Mowery 等认为，"技术转移"是一个与技术创新有所区别的特定概念，主要指技术从一个国家或地区引进到另一区域的转移过程。

持扩散论观点的学者认为，技术转移不仅应关注供体和受体的区域属性，更应关注技术从产生地向更广阔空间扩散的过程效应。根据联合国的通用定义，技术转移是"通过生产产品、运用生产方法或借助服务进行的系统性的知识转移，但不包含纯粹的货物买卖或租赁行为"。换言之，技术转移必然涉及知识的"软属性"迁移，而非空间上的简单搬移。此外，有关技术转移的"溢出说""扩散说""社会功能说"等其他学派也都已产生了一定规模的研究成果。

随着研究材料逐渐丰富，国际学者对大学技术转移的案例化研究成果不断涌现，重点逐渐聚焦于技术中介机构对校企合作关系的调节机制。技术中介机构问题是国外学界技术转移研究的一个重要分支，尤其是在组织文化因素对转移的影响方面取得了丰硕成果。Siegel 和 Bozeman 肯定了组织文化对技术转移的重要意义，认为对技术中介机构的研究可总结为"大学的组织文化如何影响大学的技术转移能力"的问题②。Etzkowitz 通过对创业科学家的深度访谈，研究了组织文化及其对"知识资本化"的贡献，认为来自企业和大学之外的非正式关系以及多元化的合作模式，改变了研究型大学产学合作的环境③。Sharma 等人认为，技术转移办公室（TTOs）是研究型大学与企业联系走向正式化（formalization）的重要表现，它通过提供专业化（specialization）的服务在校企之间形成了"桥接"效应。这些研究对合作创新中组织文化问题有着深刻的见解，为技术转移风险的内源性研究提供了新的验证思路④。

---

① Zhao L, Reisman A. Toward meta research on technology transfer [J]. Engineering Management IEEE Transactions on Engineering Management, 1992, 39 (1): 13-21.

② Bozeman B. Technology transfer and public policy: A review of research and theory [J]. Research Policy, 2000, (29) 4-5: 627-655.

③ Etzkowitz H. The norms of entrepreneurial science: Cognitive effects of the new university-industry linkages [J]. Research Policy, 1998, 27 (8): 823-833.

④ Sharma S K, Meyer K E. University Technology To Market [M]. Industrializing Innovation-the Next Revolution, 2019: 135-139.

其次，研究型大学技术转移模式逐渐多元化，且模式的界限越发明晰。不同的利益驱动模式和知识产权的权属形式决定了西方研究型大学技术转移的不同模式。图 1-4 展示了西方国家研究型大学与企业合作进行技术转移（UTT）的三种主要转移路径。合作沟通与合同约定形式等方面的不同，导致依托商业或非商业形式的不同技术转移方式之间的合作形态存在着差异。第一种是传统的非商业技术转移，主要建立在研究型大学与企业之间非正式合作关系的基础上，通过举办学术性会议等非商业转移（Non-commercial UTT）渠道来进行知识交流。脱胎于此的第二种方式是商业化技术转移（Commercial UTT），如今已成为西方技术转移的主要模式。该模式倾向于研究型大学和产业社交圈子的利益相关群体通过契约来规范相互的转移关系，既可以让研究型大学及学术研究人员增强知识扩散的意愿，也让企业和技术中介机构乐于并敢于接触那些能够推动产业发展甚至颠覆产业的校园新技术。第三种是创业型转移模式（Entrepreneurial UTT），脱离象牙塔的技术人员通过在大学周边创新环境中创业来推动技术转移。例如，国际上较成功的创业范例有背靠斯坦福大学等高校的硅谷、德国的慕尼黑科学园、俄罗斯的西伯利亚高科技区、日本的筑波科学城、瑞典的希斯电子城等①。这三类技术转移模式并存于西方国家当前的技术转移生态系统中，并对我国研究型科技成果转化生态系统的培育提供可资借鉴的范例。

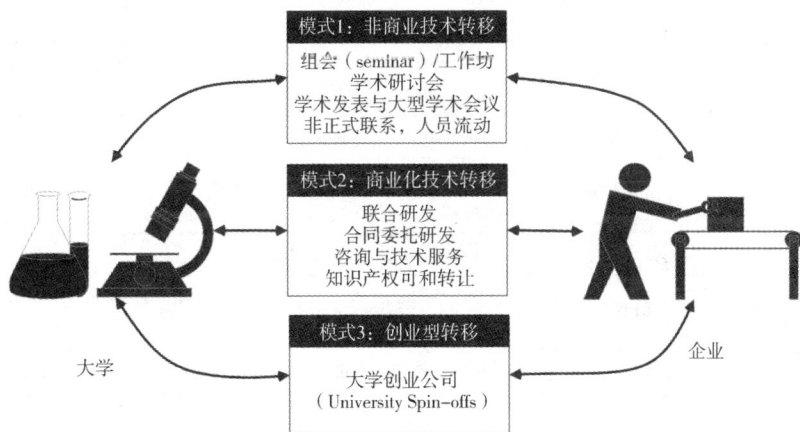

图 1-4　国外研究型大学与企业开展技术转移的三种主要模式

① 蔡良娃. 信息化空间观念与信息化城市的空间发展趋势研究［D］. 天津：天津大学，2006：81-83.

再次，虽然关于技术转移的量化研究不断增加，但对于我国研究语境下的"科技成果转化"问题而言，其借鉴意义却十分有限。表 1-2 列举了国外学者关于技术转移、技术转移成果测量以及转移影响因素的研究观点和代表学者。其中，对中介机构、大学的组织定位、技术转移的测量以及影响转化的变量因素等方面的研究都已产生了较为成熟的体系性的研究成果。

但需要注意的是，这些内容主要从国外大学的个案研究出发，研究主题、阶段和对象的选定与我国现实环境存在不小差别，因此这些研究对我国研究型大学科技成果转化的现实启示和指导意义极为有限。同时，由于西方创新环境中政策、法律、经济要素与我国存在较大差别，因此一些基本概念和方法不应直接搬移到"科技成果转化"研究之中。因此，有关国内研究型大学的研究设计，不应直接套用国外技术转移的现有成果，而应有选择性地提炼内容，结合我国研究型大学的具体情况来合理安排。本研究还需要首先结合本土情境对国内外已有文献中的概念和方法进行转译与取材，随后进一步建构科技成果转化研究的本土化理论模型。

表 1-2 国外"技术转移"相关研究内容及代表文献

研究对象	研究主题	代表学者
大学在技术转移中的地位	大学如何借助章程和政策影响转化	Brooks & Randazzese, Cohen et al., Di Gregorio, Gerwin et al., Goldfarb et al., Hsu & Bernstein, Jensen & Thursby, Kenney
	组织文化影响转化	Daniels, Lee
技术转移完成情况的评价	技术转移效率	Carlsson & Fridh, Muir, Rogers et al., Siegel et al., Thursby, Thursby et al.
	成果或专利数量	Siegel et al., Trune
	技术许可或授权数量	Di Gregorio, Hsu & Bernstein, Jensen & Thursby, Sandelin, Siegel et al., Thursby,
	创业公司的数量	Di Gregorio & Shane, Pirnay et al.
技术转移的影响因素	是否有孵化器支持	Di Gregorio & Shane, Jensen & Thursby, Kumar & Kumar, Miar
	转移模式、研究层次和学科归属	Allan, Bania et al., Druilhe & Galnsey, Jensen & Thursby, Jensen & Thursby, Rosenberg & Nelson, Shane, Thursby & Thursby
	技转办设立时长	Chapple et al., Parker et al.
	知识网络的构建情况	Sorenson & Stuart
	在学术界的影响力	Di Gregorio, Stuart, Zucker et al.

研究对象	研究主题	代表学者
	转化的动机（激励）	Friedman & Silberman, Jenson & Thursby, Rogers et al., Siegel et al., Thursby & Kemp
	地理位置	Di Gregorio & Shane, Friedman & Silberman, Gompers & Lerner, Gupta & Sapienza, Jaffe, Lerner, Sorensen & Stuart
	技转办的资源和规模	Chapple et al., Di Gregorio & Shane, Shane & Stuart
	受资助的资金规模	Audretsch & Feldman, Di Gregorio & Shane, Jaffe, Rogers et al.
	对风险投资的吸引力	Florida & Kenney, Zucker et al., Di Gregorio, Goldhor & Lund, Samsom & Gurdon, Shane & Stuart, Sorenson & Stuart, Souder
	发明人的企业经验和转化能力	Levin & Stephan, Shane & Khurana, Zucker et al.
	发明人参与转化的程度	Agarwal & Henderson, Jensen & Thursby, Thursby & Thursby
	公共政策问题	Bertha, Bozeman, Poyago-Theotoky et al.
其他	接收方的特征	Cockburn & Henderson, Cohen&Levinthal

2. 有关科技成果转化风险的研究

（1）国内关于"科技成果转化风险"的研究

一是对"风险"概念及其来源的研究。

国内学界对"风险"概念的认识主要借鉴了会计学、医学等领域在"风险"问题上的研究成果。本研究旨在理解与识别科技成果转化过程中引发诉讼的各种风险，因此有必要首先评述目前国内外学者在科技成果转化全过程中风险的分类、来源和评价方面的研究成果。目前，国内学者分别从不同的理论视角出发，对风险进行识别和归类。通过在中国知网以"科技成果转化风险"为关键词检索，得到相关文献432篇。经过文献梳理，总结了现有研究中关于科技成果转化风险的分类和来源，如表1-3所示。

表1-3　国内学者关于科技成果转化风险来源的研究

风险的类别	风险的来源	研究出处及问题领域
技术风险、生产或经营风险（投入+管理）、市场风险（转化风险）	技术发展的自然规律；商业信息的保密性；法律政策不健全	谢科范，1994 徐辉等，2005 王立英，2008 科学学研究

续表

风险的类别	风险的来源	研究出处及问题领域
操作交易风险、技术风险、内部失控风险、外部诈骗抢劫风险、法律风险等	不完善的内部运营系统；人员自身问题；外部事件	李娟，2014 银行监管
合规要求变动风险、监管处罚风险、监管评价风险、媒体负面评价风险	未遵循行业法律和准则	
合作方选择风险、法律合规风险、合同履行风险、安全管理风险	逐利性和市场规律；招生宣传、收费的规定不清晰；合同界定不清；应急管理能力不足	侯俊会，2019 校企合作
战略风险、运营风险、报告风险、合规风险	自然风险；实验室和教学安全；恐怖主义风险；内部法规漏洞及履行失范	郭洁、刘保存，2011 大学全面风险管理
技术风险、市场风险、财务风险、信用风险	发明、中试、生产、商品化等阶段的技术水平、创新不足和技术流失；市场接受、时滞、竞争、筹资、负债	陈宏玲，2008 农业项目成果转化
立项风险、实施风险、后续风险	项目管理不规范	冯斌、李斌，2007 科研项目风险管理
信用风险或违约风险	道德品质、还款能力、资本实力；担保和经营环境条件	张玲、张佳林，2000 金融管理
合同风险	科研人员专业水平不强、法律意识淡薄；管理方式粗放	韩珊，2014 科研项目风险管理
在决策风险、财务风险、学术风险	大学决策因素；市场预测能力不足；学术不端	孙孝文，2004 高校风险管理

在研究型大学开展科技成果转化工作的过程中，一些学者认为科技成果转化的本质是民事法律行为①，因此必定涉及民事法律风险。他们按照成果

---

① 潘广悦，范强，刘贞．科技成果转化常见法律风险与防范措施［J］．国防科技工业，2019（09）：21-23.

权属风险、合同风险、经营法律风险等进行分类，并识别和防范潜在风险。此外，国内外学者还总结出了价值评估风险、知识产权评估风险、纠纷救济风险等具体风险来源。学者通过研究这些具体风险问题来指导如何应对科技成果转化可能存在的风险。然而，关于"科技成果转化风险是什么"这一问题，目前国内学者尚未给出具体回答。

国内学者从不同研究视角出发，对成果转化过程中各类风险进行了一定程度的识别、分类和总结。然而，根据现有成果，虽然国内学界在风险辨识和政策建议方面开展了大量研究，但大部分缺乏实证支持，使得风险研究偏离了实践的语境；同时，这些研究中风险因素的维度较单一，其内涵及层次关系也不明确；另外，由于本研究的一项重点是研究型大学科技成果转化中的纠纷问题，而各类风险是引发纠纷的影响因素，因此需要首先对风险进行有效甄别，并结合问题的具体情况对风险概念进行辨析。

综上，国内现存科技成果转化风险问题的研究资料中，未发现能够支撑风险问题研究的理论成果。这就要求在研究中对前人成果进行扬弃，重新构建风险研究框架。

二是关于科技成果转化风险因素识别的研究。

国内学者对科技成果转化风险的研究成果不多，主题多聚焦在某一个或几个风险对科技成果转化的影响。具体来说，这些学者分别对职务发明披露风险、价值评估风险、合同风险、纠纷救济风险、道德风险等方面的风险开展了专门性研究。研究中涉及的风险因素及其主要观点如表1-4所示。

从目前国内的研究成果来看，一些高校研究生的学位论文已经开始运用风险理论，对国内大学科技成果转化障碍、挑战等现实问题进行研究。但是由于国内研究起步晚，研究水平和研究视角存在一定局限，导致这些研究未能结合国内实际风险案例提出实证意义上的"风险因素"分类，对风险进行识别也就无从谈起了。

表1-4　国内学者关于科技成果风险因素及其识别的研究观点

论文信息	主要内容及观点	来源
田巽猎《科技成果转化知识产权法律风险防范研究》	提出权属划分风险、价值评估风险、泄密风险、救济风险；考察机构在风险中的地位，指出职务、合作、委托三种方式权属复杂、法规多样、权属约定不明；建议加强证据留存、适时采用司法手段来防范救济风险	中国政法大学硕士论文2019.5

续表

论文信息	主要内容及观点	来源
诸葛媛 《我国高校科技成果转化法律制度完善研究》	对 20 所国内知名大学进行了技术转让收入、专利申请量、"投入—产出"绩效等进行实证分析； 认为大学风险感应能力差，控制机制存在风险，提出增强法律适用性、法律保障意识、加强转化管理、健全中介机构、优化风险控制机制、合作环境、收益分配机制等	华中师范大学 硕士论文 2019.5
翟冠宇 《高校科技成果转化的现状、问题及对策研究——以沈阳师范大学化学化工学院为例》	以沈阳师范大学某学院为对象，寻找科技成果转化问题及风险；提出大学科技成果转化主要由背景、投入水平、过程（供给、吸纳）、结果（转化效果）等四个层面组成； 比较了斯坦福大学与牛津大学的转化经验，提出大学要建立"双链条管理、全覆盖奖酬、多元化评价"体系，完善风投机制，建立风险共担机制	沈阳师范大学 硕士论文 2019.5
冯晓青 刁佳星 《科技成果产权交易中的权属问题及其风险防范对策》	从新制度经济学的视角对科技成果的权属进行分析，提出以强制性的制度变迁——政策制定、法律规制来纠正现行制度中抑制科技创新的惰性因素风险； 指出当前科技成果权利性质认识不清、归属界定不清； 提出通过协同创新来分散风险，用风投实现风险外部化； 明确权、职约定以避免后续纷争；宏观层面应健全成果研发、转化与风险防控机制	南都学坛（人文社会科学学报） 2020.1
吴寿仁 《科技成果转化法律法规适用问题解析》	对《促进科技成果转化法》《专利法》《合同法》（现已废止）等法律关于科技成果转化、专利权相关内容进行比较； 研究了专利奖酬金提取问题、奖酬金缴纳个人所得税问题、以科技成果作价投资的先奖后投方式是否违反《公司法》规定问题等具体问题	科技成果 2018.5
卓柳俊 等 《高校签订技术合同规避欺诈风险研究——以"锐丰诉北航案"为例》	对锐丰公司与北航技术合同纠纷案进行个案分析，关注技术合同签订与履行过程中的欺诈风险； 提出大学应通过优化工艺流程来规避欺诈风险	齐齐哈尔大学学报 （哲学社会科学版） 2020.2
潘广悦 等 《科技成果转化常见法律风险与防范措施》	研究了科技成果转化中的权属风险、合同风险、经营法律风险； 提出实践中应重点防范合同订立、合同履行及合同无效风险	国防科技工业 2018
宋春艳 《产学研协同创新中知识产权共享的风险与防控》	认为知识产权贡献风险影响科技成果转化收益； 分析了知识产权形成过程中存在的共享不足、共享过度等风险及知识产权形成后存在的风险	科学管理研究 2016.2

（2）国外关于"技术转移风险"的研究

国外学者在成果转化中单一风险影响机制方面的研究已经较为成熟。Frame 将政治制度风险纳入国际技术转移的考量，并指出发展中国家和发达国家在法律制度方面存在的差异给国际技术转移带来挑战；特别是国家之间在知识产权制度、远程管控等方面的差异，造成不同制度文化之间技术合作风险的加剧。Ponds 等通过测量技术转移合作双方的地理和制度邻近度来划分不同的协同创新模式，认为制度邻近比地理邻近更能促进转化的成功；换言之，制度差异带来的风险要高于地理距离带来的风险。国外学者的研究可以被进一步划分为两类。

一部分研究关注风险的来源及其影响。Sandelin 列举了大学与产业在技术合作中可能遇到的各类潜在收益和风险，并指出是利益和约定冲突（COIC）引发了合作中的各类风险①。COIC 可能给社会、研究机构和独立学者带来负面效应，包括引发经济纠纷和信任失效等问题。通过对 COIC 进行治理，大学能够规避相关风险，并掌握应对不利情形的可行办法。由 COIC 引发的具体风险主要有：①大学技术专利的申请与许可可能抑制而非促进科技成果的产业化；②大学参与商业运作可能降低公众对大学及其成员的信任；③研究经费提供方、校方和学生之间难以达成一致目标；④片面的新闻报道会影响产业对大学的赞助意愿；⑤导师可能因私利而对学生产生劳动力剥削。此外，Biais 等分析了创新与风险的动力学机制，认为随着经理人成功经验的积累，"幸存者偏差"会带来盲目自信，并给下一段创新过程埋下隐患②。表 1-5 总结了国外学者在校企间技术转移研究中提到的风险及其对利益相关者影响的有关观点。

另一部分研究关注风险管理方式。Bowers 等认为，在创新项目管理中应集成风险管理这一部分，特别是在面向工业流程管理时创新性地引入对流程风险的考量③。Toso 利用门径管理模型分析了生物医药领域技术转移过程中的可知与不可知变动因素，旨在降低生医高新领域产业化过程的风险。

① Sandelin J. University-industry relationships: benefits and risks [J]. Industry & Higher Education, 2010, 24 (1): 55-62.

② Biais B, Rochet J C, Woolley P. Dynamics of Innovation and Risk [J]. TSE Working Papers, 2015, 146 (1): 436-440.

③ Bowers J, Khorakian A. Integrating risk management in the innovation project [J]. European Journal of Innovation Management, 2014, 27 (1): 1065-1081.

Cannice 等通过分析六个跨国在华企业案例发现①，跨国企业规避技术转移风险的主要策略包括：①通过全资设立子公司避免跨国技术转移，从而保护核心技术；②尽量避免将具有竞争力的核心技术的工艺过程暴露给外部；③通过组合型技术策略（如专利布局）设置技术依赖，以防单一专利引发技术失窃；④同步运用多技术杠杆进行保护，降低纠纷发生的可能性。这种防纠纷策略的核心是运用内部市场化的替代理论进行改造，通过转变市场进入模式（entry mode），借助设立跨国企业分支组织，在集团内部间进行转移，从而规避了暴露风险。

表1-5　校企间技术转移研究中提出的风险及其对利益相关者的影响

风险来源	风险对利益相关者的影响	
	校方风险	企业方风险
技术风险	技术的成熟度； 持续开发的资源支持； 技术复杂性引发的不可复用； 项目计划延迟及企业方发展策略的改变； 错误和失败的不可预测性	企业技术能力较为薄弱； 技术部门技术能力提升较慢； 技术的不可复制性； 技术保护的复杂性； 错误和失败的不可预测性
财政风险	技术升级的大量花费； 科研与转化两方面资金花费比例严重失调； 加入标准、通过验收所需要花费超预算； 技术升级需要额外人力资源	技术获取和升级的高消费； 高投资与低回报之间的差异； 技术和生产的税率变动
组织风险	研发计划推迟； 计划的错误； 人员研发能力的不足； 管理的结构或战略的不足	研发计划推迟； 对快速变动的技术的接受的管理工具或策略难度； 人员研发能力的不足
市场风险	对市场需求的错误判断； 与市场现有技术之间的竞争； 来自垄断寡头或知名企业的竞争	技术对于企业在实际生产和竞争力方面的提升不足
社会/文化风险	研发部门与产业部门之间存在沟通障碍； 优先性的差异	研发部门与产业部门之间存在沟通障碍； 优先性的差异
政策风险	政策监管的变动	政策监管的变动

---

① Cannice M V, Chen R R, Daniels J D. Managing International Technology Transfer Risk：Alternatives and Complements to Ownership Structure ［J］. Management International Review, 2004：134-148.

（3）国内外"风险"研究的比较评述

从科技成果转化风险的内涵来说，目前国内学界多数是从风险的分类角度开展探讨，对概念含义的研究多浮于浅表。这主要是因为我国对于相关诉讼的研究、实践和立法起步较晚，国内可供借鉴的学术成果不多。

同时，国内外的研究语境存在一定差异，这使得国内的研究难以从"技术转移"研究中找到与"科技成果转化"紧密对应的具体论据。"科技成果"及相关概念在国外研究中并不存在，因此需要有选择地从涉及"科技成果"技术转移的有关文献中遴选有用信息。通过对国外研究现有的风险概念的提炼，可以发现"技术转移"风险的形态较为多样化，且风险源及风险形成机制相对于我国情况更加复杂。在对技术转移风险的既往研究中，国外学者逐渐认识到大学的技术扩散是一个动态交互的知识溢出过程，各类不确定性因素都可能对合作当事方产生影响，从而阻碍知识转移的进行。这也使得东西方相似研究主题之间的联系逐步建立起来。

最后，国内外学者在技术中介机构风险问题上关注不多，这使得该领域成为当前学界较易忽视但值得深挖的一个研究课题。国内外的有关研究或多或少地提到了技术中介机构在科技成果转化或技术转移方面的重要作用，但关于中介组织对风险的影响以及组织的次生风险等话题，在现有的研究中均未找到充分的论据。

3. 有关研究型大学科技成果转化诉讼风险的研究

目前，国内和国外学界对科技成果转化诉讼及其风险的研究数量仍然不足。首要原因在于，在各个学科的研究中，"诉讼"作为科技成果转化问题域的一个学术概念引发讨论的频率较低。另一方面，发生在科技成果转化过程中的诉讼案例较少见，而且大量诉讼的详细情况通常不公开。同时，国外的诉讼案例内容往往受到个人隐私或商业秘密等诸多限制而难以被公开，使得研究难以建起一个足够规模的样本量。正是因为"诉讼"问题自身的信息敏感特性，收集这类现实案例的困难较大，"诉讼"过程也不易观察和记录，因此研究资料的质量存在局限。基于上述原因，学界对研究型大学科技成果转化诉讼及其风险的关注不够，研究亦无法深入进行。

现有研究成果当中，国内外学者主要从利益相关者的管理观念、合同风险管理或风险心理感知能力等方面来研究科技成果转化诉讼中的风险问题。尽管这些成果给诉讼风险问题提供了研究思路，但对于风险引起诉讼的机制这一问题的深入阐释仍欠缺。Thiyagarajan 认为，组织、监管、知识管理、产品工艺和人力资源方面的风险将会给生物技术和医药研发领域的技术转移带来诉讼隐患[①]。Karla 等学者提出，虽然市场风险、技术吸收能力风险和价值主张风险是引发技术转移法律纠纷的重要风险源，但风险引发纠纷的具体机制尚不明确[②]。梁立新认为，企业和高校在科技成果转化观念上仍疑问重重，其在创新意识缺乏、无形资产保护意识不足、官本位观念、市场意识差等方面的落伍观念给创新合作带来风险，从而可能导致双方诉讼[③]。国内学者杨军等人以 2016 至 2018 年间我国发生的科技成果转化纠纷案件为基础进行了实证分析[④]。他们发现，一审案件中引发纠纷的主要风险来源集中在权属、侵权和合同三个方面；在国内的科技成果诉讼中，裁定和判决两类解决方式的比例为 8∶5；此外，该研究还总结了权属类别纠纷的主要风险，包括职务发明创造相关权属、离职后继续研发和转化可能引发的纠纷、合作与委托研发、技术咨询及技术服务中的技术成果和技术改进等风险；研究还提出，在技术开发和技术转让中，合同权属约定、合同定性等方面可能存在争议，进而引发纠纷。尽管该研究较为系统地通过案件实证考察了诉讼风险的来源，但由于涉及案件的当事方并未聚焦在研究型大学，且对纠纷案例风险机制的探索深度不够，因此对于本研究的参考价值有限。此外，许巧慧从心理学理论中的感知风险出发，将相关人员产生抗拒转化或延迟转化的行为归因于时间、经济和法律层面的风险[⑤]。虽然该研究为后续通过政策导向解决"创新抗拒"问题提供了思路，但涉及的实证数据未聚焦成果转化诉讼问题，因此风险行为后续引发产学关系变化的机制仍未能通过充分结合法律实践案例来进一步明确。

综合以上研究，可以看出国外技术转移诉讼中的风险问题与我国研究型大学科技成果转化中的诉讼风险问题在概念、含义、分类和调解方式等方面已有一定的研究论述，这些研究从法律适用问题和利益冲突等角度对我国创

---

① Thiyagarajan S. Tech Transfer：Making It As A Risk Free Approach In Pharmaceutical And Biotech Industry [J]. International journal of management. 2014（5）：1-9.

② Karla G，Araceli H. Defining strategies to improve success of technology transfer efforts：An integrated tool for risk assessment [J]. Technology in Society，2021（64）101517：7-8.

③ 梁立新. 试论我国高校科技成果转化的观念创新 [D]. 南宁：广西大学，2005：19-26.

④ 杨军，杨煜. 科技成果转化纠纷的实证分析及对策建议 [J]. 知识产权研究，2019，26（02）：11-30.

⑤ 许巧慧. 高校科研人员感知风险对科技成果抗拒转化的影响研究 [D]. 武汉：武汉科技大学，2018：1-38.

新环境下的诉讼进行了剖析，但是规模还不够。基于研究问题涉及面较广，案例获取不易，且诉讼问题需要综合考量各利益相关方的看法，因此，还需要从以下几个方面对研究设计改进。

首先，缺乏具有时效性和广适性的实证以及具有统计意义的案例研究，难以发掘出风险及引发诉讼的因素。有必要从大量案例中获取有效信息，为研究提供基于实务参考。

其次，缺乏能够结合权属认定、法条制定和具体实施来深入剖析成果转化实践问题，结合法律实务开展的科技诉讼研究的挖掘深度不够。研究应该从法律适用、利益冲突、科技成果转化的内在规律等多个角度进行全面审视，而非就事论事地浮于表面。

最后，应当识别不同转化途径并进行分类研究，而非笼统地将纠纷问题看作相同模板下的问题。例如，想要让科研成果转化为产品并走向市场，研究型大学的科研人员一是可以经所在机构的成果转移转化部门与企业对接，二是在保留科研部门职位的同时通过外出开设公司进行兼职创业，三是选择辞职"下海"创业。对于这三种不同的转化模式，在发生成果转化诉讼时将会面临不同的情境和问题。如果我们仅仅按照同一模式去研究诉讼问题，可能会导致对不同背景下诉讼案件纠纷细节的忽视，进而影响对案例材料真实信息的把握。

4. 研究现状总体评价

总体来看，学界对科技成果转化及由此产生的诉讼和风险的研究，主要从科技成果转化模式、转化机构组织、风险管理等多个角度展开。然而在相关期刊论文和博、硕士论文中，未能发现一篇基于多个视角展开系统性研究的论文。其原因在于，现有研究往往忽视了案例分析等实证研究对研究成果转化诉讼问题的重要价值和关键作用。

对科技成果转化问题的研究，应当首要考察其风险的来源，从转化不同阶段和不同层次对涉及的科技管理人员、管理流程和政策进行研究。根据对CNKI 网站 2000 至 2020 年间有关"科技成果转化"主题的 430 多篇文献的关键词进行共现分析，发现国内涉及科技成果转化风险问题研究的热点主要集中在风险投资、风险资本和市场机制等方面。相较之下，关于中介机构对风险影响的研究在近 10 年中较匮乏，问题未得到足够重视。有关风险测量和识别的研究多出现在 2004 年左右且为数不多，近几年这类研究在国内的进展相对缓慢。

虽然一些研究已提出，在管理过程中针对不同阶段的管理优化是提高风险控制水平的重要途径，但这些研究并未深入探讨风险因素及其来源，只是在表面上谈论管理的重要性。同时，来自不同学科视角的风险识别和溯源研究在一些概念问题上仍有争论，使得研究注意力从未真正转向风险问题，仍停留在理论推演阶段。例如，关于技术风险的定义在不同研究中因考察的阶段、视角和方法的不同而存在差异，造成在风险概念认知上学界并未形成一致观点，进一步地影响了研究持续性的深入推进。

当前学界对"科技成果转化风险"问题的研究呈现出以下特点。

一是科技成果转化风险和纠纷研究的相关概念界定不清。在我国，科技成果转化风险问题早在 1994 年就已被学界提出，但由于转化过程的风险类型复杂，至今尚未形成明确的概念定义。这种模糊的概念界定会导致研究方向的不清晰，问题始终无法聚焦，从而降低了研究的精确性。

二是研究总体样本量小，样本间差异较大，使得研究缺乏代表性和现实指导性。虽然国外近半个世纪的技术转移问题研究已成体系，其中对中介机构的研究、大学定位、技术转移成功与否的测量以及影响促进转化的变量都有较成熟的研究成果。但这些研究多为针对国外大学的个案研究，对我国研究型大学科技成果转化的大样本实证研究的借鉴意义有限，无法直接应用到我国研究型大学的科技成果转化研究当中。

三是以往研究忽视了各国的法律判例、现行政策等实证材料对产学研问题的重要价值。一方面，虽然以往研究中涉及对法规政策的分析，但囿于研究方法，研究从未深入探索政策体系内部的逻辑关系，忽视了政策制定背后所包含的纠纷规避意向；另一方面，政策研究的目标是在现有政策框架分析结果的基础上提供研究型大学管理合规化的改进建议和宏观政策的修改建议，但从这点来看，当前国内外的研究仅停留在初级阶段，对风险管理研究的意识不够。此外，风险管理的本质是发现和防范风险；而实践中除了要关注法律风险，还应当涵盖对道德风险等其他多学科交叉的考察内容，但目前的研究鲜少涉及此重要部分。

四是尽管视角和方法日趋多样化，但尚未将研究问题进行结构性分解，因此没有真正聚焦并深入研究领域内的问题内核。在风险研究方面，通过梳理发现，国内外学者运用不同研究视角和方法对科技成果转化风险的分类和识别形成多种研究结论，其中绝大多数研究采用了单一案例研究，其内容在时空维度上存在较大差异，难以形成问题聚焦。本研究将基于学界现有的结论和成果，从具有一定规模样本量的研究型大学科技成果转化纠纷实际案例出发，重新设计有关科技成果转化风险的概念、风险因素和识别等问题的研究。具体来说，一方面，通过文本析出与质性研究相结合的研究设计，对现有案例中的风险因素进行分类和识别；另一方面，为避免研究设计的结论和改进策略脱离现实情况，对研究主体组织内的相关人员进行访谈，并对判例、案例、政策文本等系统考察。

国外的风险研究大多从外部和整体的视角来看待转化运作环境，而对科技成果各个环节细微变动的关注不足。在纠纷机制与模式方面，国内外学者主要从中介机构的发展历程、转化机构在创新体系中的地位以及现有的转化问题来进行论述。例如，和金生等根据功能和运作模式将我国的技术中介机构划分为交易平台型、技术孵化型、转移代理型和技术扩散型四种，认为多种中介机构运行并存的情况仍须引导。但现有研究缺乏对科技成果转化不同阶段或"形态"如何影响转化合作的充分考虑。可以说，学界对现实法律纠纷案例方面的研究尚未真正深入。

此外，学界目前尚缺乏对科技成果转化诉讼机制与风险之间关联性的研究。其中，当前研究中对技术经纪人的作用等问题已有一些成果，但这些研究主要关注专业人才的培养问题，未涉及科技成果转化诉讼中风险本质的探讨；对科技园区的研究则是从产业发展的角度探索推动科技成果转化诉讼的机制与模式。这些研究虽然充实了这个领域的研究，但其对诉讼问题的本体研究意识不强。

风险往往暗藏在科技成果转化机制中而难于识别，而风险的不确定性是否最终导致诉讼则变得悬而未决。因此，在科技成果转化研究中，应当深入挖掘风险和诉讼的机制以及两者之间的关系，并识别各类诉讼风险因素，进而给出风险化解与防范的建议，从而提高转化的水平。

三、研究问题的聚焦

管理工具是一柄双刃剑。在科技成果转化管理的过程中，各方必须及时、适度地参与其中，并形成良好的沟通机制。同时，不仅要关注如何加快研发，更需要讲求技术背后的经济效益，尽力做到趋利避害。如果在管理中稍有懈怠，就可能会加剧内外部各类不确定性因素在转化流程中的负面影响。为了应对这一现实挑战，科技、教育、产业等各个部门应该借助法律政策和管理决策，力求化解校企之间的纠纷矛盾，避免引发诉讼的各类风险，以提高我国研究型大学科技成果转化的质量。

学界研究和新闻报道经常提到科技成果转化过程中存在的种种障碍。近年来的研究表明，提高研究型大学的科技成果"转化率"并不能简单等同于提高科技成果转化效率与转化质量；政策支持和多方协调工作也不能保证创新成果实现向产品的转化。可以说，大量有待识别和化解的风险因素暗含于科技成果转化的整个链条中，这些风险隐患随时可能威胁到国有资源的留存，从而对产业的生存构成威胁。换言之，客观承认研究型大学科技成果转化中存在着转化风险和失败可能，并积极通过科学化管理来识别风险和引导避险，已经逐渐成为未来各个部门管理改革的方向。

随着科研水平和质量的不断提升，研究型大学科技成果转化过程中的风险因素也正在不断被识别和研究。必须注意，受外部环境影响，科技成果转化的风险并非一成不变。科技政策调控和法规监管的持续变动不断影响着系统内部的各项"参数"，导致转化过程中风险的动态变化。因此，对风险的研究应坚持系统性、开放性和动态性的思维。

对于"风险环境下的研究型大学科研管理"现状，国内外学者已有初步判断。但是，学界目前缺乏深入研究风险内核的成果，对转化工作的实际材料的分析还未形成研究理论体系，对一些基本概念和研究原则也尚未形成共识。应该如何界定和识别研究型大学的科技成果转化风险？如何理解风险引发诉讼的机制？如何通过提高管理科学性来规避这些风险，移除转化过程中的各类障碍？通过研究现状的梳理不难发现，科技成果转化诉讼问题的研究亟须一个融合多个学科视角的知识体系和研究方法的系统性的研究框架。通过提升研究层次和水平，使研究不再浮于纠纷诉讼问题的表面。

鉴于此，本研究尝试回答如下问题：

（1）研究型大学科技成果转化诉讼与科技成果转化纠纷、诉讼风险等概念之间存在怎样的关联？

（2）哪些风险可能引发研究型大学科技成果转化诉讼？尝试对研究型大学科技成果诉讼风险进行识别与分类。

（3）引发科技成果转化诉讼的这些风险是如何形成的？尝试探究此过程的主体、客体、环境及其他重要因素，以明确不同发展阶段系统中各要素之间的互动关系，及其通过风险引发诉讼形成的作用机理。

（4）在加快高水平研究型大学建设过程中，我国的民事法律、创新政策和研究型大学的科研管理制度如何对研究型大学科技成果转化诉讼产生影响？

（5）国内外研究型大学成果转化风险之间存在哪些异同？尝试收集并分析发达国家研究型大学有代表性的成果转化案例，比较不同生态环境下的经济、政策、文化背景，发现差异并分析我国当前转化生态系统中的不足。

（6）研究型大学科技成果转化诉讼风险应该如何防控和化解？针对当前发现的诉讼风险的成因，结合我国科技成果转化生态系统现状的各类生态要素，尝试给出符合我国科技成果转化发展规律的风险防控策略和化解方法。

四、研究内容与安排

1. 研究内容

结合现有研究存在的问题，笔者认为，当前阶段有关科技成果转化诉讼风险的研究理论已无法为本研究提供足够支撑。为了研究科技成果转化的风险识别、评估、模型建立与解决路径等内容，更好地将研究内容进行深度解析，需要合理安排研究具体事项。根据上述研究进展，本研究具体内容安排如下：

（1）国内研究型大学科技成果转化历史与现状的生态化解读

第二章明确理论基石，对出现的相关概念进行界定与辨析。在现有文献和理论基础之上，对"研究型大学""科技成果转化""风险""研究型大学科技成果转化诉讼风险"等核心概念进行界定。对涉及科技成果转化及其诉讼等概念的定义、边界及特征进行辨析，为研究框架和问题边界提供支持。

第三章厘清科技成果转化生态系统中三类要素的基本概念，梳理我国研究型大学科技成果转化生态的历史演进脉络；结合当前文献，对我国研究型大学科技成果转化中出现的要素分类和障碍表征做生态学解读，对转化生态的演进范式展开分析；最后，描绘当前阶段我国研究型大学科技成果转化生态的现状特征，生态化解读当前风险化的诉讼发展倾向。

（2）国内研究型大学科技成果转化诉讼中风险因素的提取

第四章对我国研究型大学科技成果转化诉讼案件中出现的风险因素进行识别。从北大法宝网、相关法院网站及大学网站等途径收集我国研究型大学科技成果转化诉讼的材料。其中包括研究型大学涉诉的成果转化案例的一审判决书、案件事实证据及相关新闻报道等。以研究型大学科技成果转化诉讼发展过程为对象，透过比较研究视角进行本土理论建构，识别科技成果转化过程中可能引发诉讼的风险因素，对这些风险进行分析并归类，初步给出我国法律政策框架下研究型大学科技成果转化诉讼的风险因素模型。

（3）诉讼风险形成机制的研究

第五章对我国研究型大学科技成果转化生态中的利益相关者进行访谈。根据具有风险应对经验人士的访谈内容，找出生态系统中三类要素缺失引发风险的根源。具体来说，结合前章结果，对我国研究型大学科技成果转化生态系统中各创新主体的负责人进行访谈，找出生态系统中群落、成果和关系要素之间存在的协调性不佳问题，进而对生态要素与风险因素之间的影响机制进行分析。

（4）西方研究型大学成果转化培育经验比较

第六章通过对比美、日、英等国在法律与政策沿革脉络下科技成果转化诉讼风险的不同生成过程，以面向法律、政策的风险治理和风险防控生态培育过程为视角，考察诉讼风险防范视域下各国通过科技政策、系统要素融合与治理改进等形式支持风险防控工作的可行经验，给出研究型大学科技成果转化风险防控路径研究的比较依据。

（5）风险防范经验总结与风险防范路径的改进

第七章通过深入了解我国目前科技成果转化的风险现状，结合具体案例分析我国科技成果转化生态中诉讼风险防控的可行性策略。随后，结合全文提出的不足之处，给出我国研究型大学科技成果转化诉讼风险的具体优化路径。

（6）结论

第八章对各部分研究结果进行汇总，回应本研究提出的研究目标，并探讨研究的局限性以及对未来研究的展望。

2. 研究思路与安排

整个研究分为三个主要阶段，即理论探索与概念阐释阶段、国内外研究型大学成果转化风险的实证研究阶段和研究型大学风险防范策略提出阶段。包括五个部分的研究内容，即"我国研究型大学科技成果转化生态系统的探索与挑战""我国研究型大学科技成果转化诉讼风险因素的识别""我国研究型大学科技成果转化诉讼风险的形成机制""发达国家研究型大学科技成果转化生态中诉讼风险防范经验"，以及最终提出我国研究型大学科技成果转化中诉讼风险的防范与化解的生态培育策略。研究的设计路线如图1-5所示。

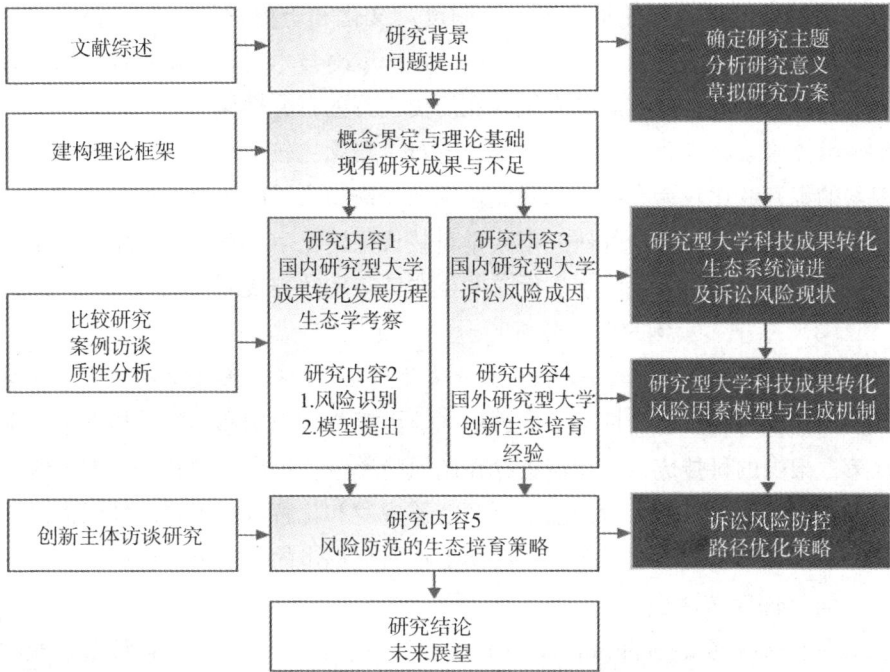

图 1-5　研究设计路线图

3. 研究方法

（1）文献分析法

由于研究资料大量引入了国内外文献，因此文献分析法实际上将贯穿本研究的各个部分。其中，在第二章、第三章、第四章和第六章综合运用了文献研究方法。在前期文献梳理过程中，使用中国知网、北大法宝网、中国裁判文书网、Westlaw、Springer、Elsevier 等平台，以有关科技成果的合作、诉讼、风险等概念为关键词进行检索，收集了相关的研究文献、判例和政策法规文件，将不同类型的材料结合起来进行了分析、比对、归纳和总结。

一方面，对国外各类型文献的分析有助于发掘现有研究中仍存在的开放式问题领域，从而探索本研究可能的创新点；另一方面，已有的研究文献可以为本研究提供论据和例证。通过文献梳理扩大了研究的时域和空间范围，厘清了风险因素与诉讼之间的关系，并为科技成果转化诉讼风险因素模型的建立提供了实证支撑。

（2）比较分析法

作为社会科学研究中常见的一种方法，比较研究法（comparative analysis）能够通过对国内外不同国家、制度、文化和历史背景下的科技成果转化生态进行对比，探索不同环境下内外部因素对技术转移产生推动或阻碍效应的共性与差异，建立起具有国际和历史视野的研究框架。

具体来说，在第二章的综述部分进行了概念比较，在第四章进行了风险因素的识别和比较，在第六章对发达国家研究型大学的风险防控经验进行比较分析。通过对比国内外研究型大学科技成果转化生态系统在时空维度上的变化和差异，探讨了风险引发诉讼的生成路径和防控策略。

（3）基于多案例的质性分析

在第四章中，收集了国内近20年发生的22个研究型大学科技成果转化诉讼判例，对我国法律框架下的诉讼风险因素进行识别和归纳，梳理了当前政策框架内的科技成果转化流程存在的风险弊端，探究了导致研究型大学与企业之间转化诉讼的风险因素，以及能够规避和化解这些不确定性因素的途径。运用该方法能够通过实践资料验证本研究提出的诉讼风险机制。

（4）深度访谈法

深度访谈（in-depth interview）主要通过访谈者和受访者面对面交谈的形式，来了解受访对象行为与心理动机。深度访谈法能够在案例实证的基础上，对创新主体中从业者的转化态度与动机等深层次内容进行详细而深入考察。这种方法涵盖领域广泛，能够便捷地收集更多的第一手现场资料；使研究者在短时间内通过直接接触和观察来发现其他非现场研究所无法察觉到的情况，并有助于为管理者提供可操作性的建议。

在第五章中，采用深度访谈的方式，对科技成果的风险防范与化解工作进行精细化解决。采用该方法可以定性地深入诉讼发展过程的实际情况，更接近转化利益相关者的心理和行为模式的本质。结合转化过程的经验和相关数据支撑，以最大限度地发掘案例信息中的默会部分，使分析结果更具实效。

五、研究的创新之处

一是引入创新生态学理论和利益相关者理论，以此丰富风险管理研究的理论体系。在过去的风险管理研究中，往往只关注冲突的表象，尝试定义什么是风险并探讨有哪些风险。然而，对于如何运用风险管理理论去识别风险，并揭示诉讼风险与转化失败、纠纷和诉讼之间的作用过程与机制，当前的学界仍缺乏基于实证的系统性研究成果。主要原因在于传统的风险管理理论并未提供解释风险如何引发冲突的系统的方法论。本研究将创新生态学理论和利益相关者理论引入，提出了科技成果转化诉讼风险概念，通过识别诉讼风险的类型，并进一步通过访谈找出导致转化失败的生态要素，从系统论的角度丰富了高校科研风险管理理论。

　　二是运用不确定性风险思维来解释科技成果转化中的失败问题，以此扩宽高校科技管理的研究视野。目前，国内外学者鲜少从风险的视角尝试解读研究型大学科技成果转化管理中的不确定性问题，多数研究还停留在从成功经验来谈问题。本研究以风险为对象，对诉讼进行案例分析，尝试将不确定性思维引入到研究型大学科技成果转化问题的研究中，是直面高校科研管理失效问题的一种开拓性尝试。

　　三是通过纵向解读转化生态系统的演进策略，以及横向对比国内外研究型大学诉讼风险的应对经验，为研究提供了一条综合性的研究路线。具体来说：在纵向上分析研究型大学科技成果转化及其生态系统中各类风险因素在历史演进中的变化过程，以此加深对校企联合创新过程中风险本质与治理机制的理解；同时，在横断面上对不同国家的研究型大学科技成果转化案例及其应对诉讼风险的经验进行比较研究，尝试为研究型大学科技成果转化诉讼风险防控提出基于实情的具体应对措施。

第二章　相关理论与基本概念

当前，学界研究主要聚焦在如何提高科技成果转化的"量"，但是对于成果转化的"质"，即对于"什么是研究型大学科技成果转化工作"，以及"如何在真正意义上实现转化"等触及科技成果转化核心的基本问题，却很少有深入探讨我国研究型大学实际情况的研究。同时，国内外的一些研究虽然提及研究型大学成果转化的"障碍"与"困难"，却未能揭示诉讼表象背后的风险实质，导致以往研究只浮于表面，难以从校企诉讼的危机源头着手思考和解决转化中的焦点难题。

因此，为了解决实践中的研究型大学科技成果转化诉讼问题，有必要首先明确研究型大学科技管理实践中的"转化""纠纷""诉讼""风险"等基本概念的含义和特征，并搭建针对研究问题特点的基础理论框架。受此目标的驱动，本章各节将逐步界定"研究型大学科技成果转化"及其过程中涉及的"诉讼""风险"等概念，明确概念之间的联系和区别；随后，对支撑研究概念的相关理论进行梳理与吸收，形成关于我国研究型大学科技成果转化诉讼风险问题的研究框架。

第一节　研究中的基本概念

一、"研究型大学"

本研究关注的"科技成果转化"过程，主要涉及我国研究型大学与本土的企业法人之间的合作。本研究的样本将限定在这两大创新主体之间的科技成果转化诉讼案例。基于此，需要首先明确研究型大学的含义，通过廓清成果转化的主体来掌握问题主体的各方面特征，以避免偏离研究主题。

1. 研究型大学的源流

为了深入理解转化诉讼主体的特质，以及区分"研究型大学科技成果转化"与其他类型科技合作的异同，首先需要准确把握"研究型大学"的定义，并对其历史渊源和演变历程进行梳理。

作为研究型大学的典范和先驱，柏林大学起源于 19 世纪初的德国。受费希特思想的深远影响，教育家洪堡对柏林大学进行了实质性改革，使该大学成为后世各国研究型大学参照的榜样①。柏林大学为人类社会留下的重要精神遗产中，最为核心的是在校园内充分赋予教授在研究与教学方面的自由。它的出现颠覆了自 12 世纪以来中世纪大学单纯传授已有知识的传统治校观念，通过知识传承与知识生产相融合的方式，在教学、学术、组织和管理方面实现模式创新，从而使德国成为世界科技发展的引领者。

德国研究型大学的改革精神在远离欧亚大陆的北美洲得到了进一步的传承与发展。19 世纪中期，大批北美的留学生从德国学成归国，他们将洪堡的治学经验带回北美的大学校园。在本土实用主义思潮的推动之下，一些旧式大学积极地尝试改革，催生了一批批与中世纪大学传统迥异的"新式"研究型大学。

北美第一所现代研究型大学是 1876 年创立的约翰·霍普金斯大学。该校首任校长吉尔曼坚信，唯有将研究型大学的建设与联邦各州的实际需求相融合，才能有效推动国家的工业化进程②；而洪堡式的大学教育思想有助于联邦各州实现"知识的自由发展"这一改革目标。有别于北美更早期的治校传统，约翰·霍普金斯大学以柏林大学和哥廷根大学为鉴，专注于培养探讨新问题、掌握逻辑推理和批判性思维的研究生③，从而开拓了教学与研究相结合的人才培养新模式。北美的大学改革先驱们从经费投入、教学体制和研究生培养等多个方面着手，重塑了北美研究型大学的整体格局，为后来"威斯康星理念"和"多元化巨型大学"的萌生提供了土壤。弗莱克斯纳认为，20 世纪的"现代"研究型大学必须更加重视"摆脱世纪责任压力的创

---

① 胡建华．思想的力量：影响 19 世纪初期德国大学改革的大学理念 [J]．清华大学教育研究，2004（04）：1-6.

② Lucas C. American Higher Education [M]. New York：St. Martin's Press, 1994：173.

③ 布罗迪．美国研究型大学的使命与管理——约翰·霍普金斯大学校长布罗迪访谈录 [J]．清华大学教育研究，2009，30（01）：1-7.

造性活动和富有成效的批判性研究"①，唯此方能让大学在"与时俱进"和
"相对独立"中保持平衡并持续发展。

两次世界大战及其后一段时间，范内瓦·布什于 1945 年发表的报告
《科学：永无止境的前沿》（*Science, the Endless Frontier*）强调，基于军事和
经济的战略需要，美政府应当进一步增加对尖端科研能力与高水平研究型人
才培养的投入，以推动美国研究型大学迈向新高度②。该报告的政策导向对
日后联邦在教育资助方式和经费规模上的变革产生直接而深远的影响。

在如今日趋激烈的国际竞争中，美、德、日和中国的研究型大学正通过
不断提升自身竞争力来应对未知挑战。办学与研究经费分配、大学与市场的
关系、学生和研究人员的招募以及基础和应用研究之间张力等问题，给研究
型大学的发展同时带来动力和挑战。不论借鉴或是自主探索，当代研究型大
学都需要集合社会发展的实际需要来治学。在科技创新、精英人才培养和大
学组织自身的累积性、个性化成长的并行发展进程中，研究型大学无疑将成
为 21 世纪国家应对未知风险挑战的起点和重要支柱。

2. 研究型大学的特征

研究型大学的形成和发展，源于其对外界社会不断变化的需求的敏锐回
应。阿尔特巴赫曾指出，直到 19 世纪中叶，"研究"这一职能才逐渐演变
成为现代大学的核心。随着一部分大学率先实现"研究化"转型，研究型
大学的特征轮廓也在逐渐明晰。在知识经济时代，知识生产已不再仅仅以知
识体系的自我建构为目的③，而是更多表现为一种具有市场化特点的活动④，
通过这种活动，"学术部落"的内部成员能够获取更多的外部资金支持。由
于"暴露"在不确定性风险社会环境下，研究型大学与外部世界摩擦不断，
因此需要在坚守与探索之间寻求平衡，以实现自身的持续重构。

为了更准确地描绘当代研究型大学的基本特征，学界尝试运用量化指标
来识别和评价。20 世纪 70 年代，卡内基教育促进基金会（Carnegie Founda-

---

① 弗莱克斯纳. 现代大学论——美英德大学研究 [M]. 徐辉，等译. 杭州：浙江教育出版
社，2001：6.

② 彭纪生，刘伯军. 技术创新理论探源及本质界定 [J]. 科技进步与对策，2002（12）：
101-103.

③ 陈乐. 知识生产模式转型驱动下研究型大学改革路径研究 [J]. 高校教育管理，2019，13
（03）：10.

④ 斯劳特，莱斯利. 学术资本主义 [M]. 梁骁，等译. 北京：北京大学出版社，2013：
3-15.

tion for the Advancement of Teaching）首次发布《高等教育机构分类》，提出了一个具有多维评价指标的大学分类框架。在 1994 年的版本中，研究型大学被明确定义为那些能够"赋予研究以优先权、开展高水平研究生教育，并掌握充足研究经费以展现其核心竞争力"的大学。在人才培养方面，这类大学应当具备"每年授予 50 个以上博士学位，且每年从联邦政府获得不少于 4000 万美元的经费支持……"的能力[①]。当时，全美 3500 家高等教育机构中，仅 88 所能够符合该标准，另有 37 所"准研究型大学"虽然接近标准，但在经费获取能力上稍显不足。总体来看，研究型大学在所有大学中虽占比较小，但其获得的研究经费占据所有大学总经费的九成以上。从"卡内基分类"不难看出，理想中的研究型大学在当时属于少数派，他们以"为科研人员提供优渥的研究环境和科研奖励"为首要考虑。武书连等学者进一步指出，研究型大学应开办一流的研究生院，并"能够为博士研究生提供良好的创新环境"[②]。他们给出如下所示的研究型大学创新环境的量化计算公式：

$$博士生创新环境分数 = \frac{（某大学科研得分/所有大学科研总得分）}{\begin{array}{c}（某大学按毕业博士生人数计算的得分/\\ 所有大学按毕业博士生人数计算的总得分）\end{array}}$$

　　学界对研究型大学特征的认知，除量化评价外，对其"质"的理解也日益深刻，其间形成了"三层次说""显性与隐性特征说"等观点[③]。Steffensen 等将研究型大学定义为这样一个机构[④]：它专注于科学研究和研究生教育，其研究生教育旨在为社会培养下一代的研究力量。王战军则进一步从三个层面阐释了研究型大学的特征[⑤]：一是以知识的生产与传播为核心；二是以产出高层次科研人才和高水平科技成果为目标；三是能够在促进社会、经济、科教和文化领域中发挥重要作用。笔者认为，王战军提出的第

---

　　① Boyer Commission on Educating Undergraduates in the Research University，Kenny R. W. Reinventing Undergraduate Education：A Blueprint for America's Research Universities ［M］. State University of New York at Stony Book，1998：2.

　　② 武书连，吕嘉，郭石林 . 2001 中国大学研究生院评价 ［J］. 科学学与科学技术管理，2001（11）：11-17.

　　③ 童晓玲 . 研究型大学创新创业教育体系研究 ［D］. 武汉：武汉理工大学，2012：17-21.

　　④ Steffensen M，Rogers E M. Speakman K. Spin-offs from research centers at a research university ［J］. Journal of Business Venturing，2000，15（1）：93-111.

　　⑤ 王战军 . 什么是研究型大学——中国研究型大学建设基本问题研究（一）［J］. 学位与研究生教育，2003（01）：9-11.

二、第三层次实则是关于研究型大学社会服务属性的两种体现，可以在论述研究型大学特征中合并讨论。李勇和闵维方指出，除了可以量化的显性特征，研究型大学还具有难于测量却至关重要的隐性特征，即研究型大学独特的办学理念和管理体制①。综合前文的量化评价来看，尽管可以不断细化和完善诸如"学生素质""师资水平""师生比""软硬件环境""科研经费"等指标，但这些"层次"与"指标"不外乎均指向了当前历史阶段研究型大学应当具备的三个基本特征。

研究型大学的首要特征是以知识的生产与传播为核心。一些学者的观点认为，研究型大学是指那些将科学研究作为首要大学职能，并通过提供充足的研究经费和完善的研究人才培养体系来有力实现这一使命的大学。研究型大学将研究置于首要位置，聚焦高水平和尖端科学研究，并据此将人才培养与选拔重点放在突出科研创新能力的研究生身上，通过研究性教学等方式，引导学生参与科学研究，培养其探索精神和创新能力。

研究型大学的第二个特征是通过人才与科技成果的输出来回馈社会。研究型大学致力于与所在区域紧密互动，并坚持以科学研究和人才培养为手段，为国家建设贡献力量。我国学者查吉德总结了西方研究型大学在服务社会方面的四大策略：一是加速科研成果的转化应用；二是着重培养学生的服务能力与参与意识；三是充分发挥教师服务社区的能动性；四是构建一个能够良性循环的社会服务生态系统②。发达国家通过实践证明，研究型大学应当在科研、人才、教师和学校层面建立起多层次的互动机制，共同参与所在社区建设。相比之下，我国还需要进一步开发研究型大学社会服务功能与价值，并明确大学科研能力建设、区域经济发展与高等教育强国建设三者之间的内在逻辑关系③④。

研究型大学的第三个特征是不断面临来自校园内外各种变动风险的考验。由于环境日趋复杂多变，那些传统的、以量化为特征的评价指标往往滞后于大学外部环境的变化步伐，这无疑增加了研究型大学与其他外部组织及

---

① 李勇，闵维方. 论研究型大学的特征 [J]. 教育研究，2004（01）：61-63.

② 查吉德. 美国大学社会服务功能的实现策略 [J]. 现代大学教育，2002，000（004）：107-110.

③ 邬大光，赵婷婷，等. 高等教育强国的内涵、本质与基本特征 [J]. 中国高教研究，2010（01）：4-10.

④ 周光礼. 走向高等教育强国：发达国家教育理念的传承与创新 [J]. 高等工程教育研究，2010（03）：66-77.

周边环境的互动难度。"研究型大学"这一概念本就是动态变化的，其角色边界在不断地自我调整与重构中得以拓展。尽管量化指标能够在一定程度上区分哪些大学更符合"研究型大学"的定义，但评价指标和标准阈值也会受到不同时代人们主观价值观念的影响，特别是当外部环境与自身理念产生冲突时，关于大学角色定位的描述会随着社会发展和人们对研究型大学期望的变化而处于持续变动之中。纵观百余年来的发展历程不难看出，每个历史阶段的社会生态都在不断地塑造着研究型大学的形态与内涵，使其处于一个既充满危机又孕育着机遇的"混沌"状态。例如，虽然"二战"对大学作为社会部门的正常运转造成严重冲击，但军事科技竞争的迫切需求带来研究型大学经费的大幅增长。像麻省理工学院研究中心等大学科研部门正是在此期间崛起的。对外部环境需求的积极响应，促使研究型大学对政府和私有部门经费进行竞争，使得大学与外部社会的联系相比以往任何时候都更为紧密。

研究型大学，相较于其他类型的高等教育机构，因内部寻求变革与突破的压力而面临更为独特的不确定性挑战。不论是那些从以教学为中心转型为教学科研双中心的"传统"研究型大学，还是近年来涌现的新型研究型大学①，现代研究型大学的跨学科建设与知识市场化的发展趋势都体现了这类创新组织内部需求的强大驱动力。

这种内部需求多个层面均有体现。在个体层面，研究型大学内部的研究者渴望通过申请课题获得更多科研经费支持②，同时高等教育规模的增长也导致研究生科研能力培养的资金和教师资源的短缺③；在研究室和院系层面，不同的"科学共同体"之间不可避免地面临着资源竞争④⑤；在大学层面，则表现在为了维护大学声誉而展开的经费、人才和合作创新机会的争夺。研究型大学这一复杂系统在不同层面均具有一定特殊性，这类大学相较其他类型高等教育机构而言，在发展过程中需要不断面对"摸着石头过河"

---

① 沈红，熊庆年，等. 新型研究型大学的"新"与"生"［J］. 复旦教育论坛，2021，19（06）：13-14.

② 黄永林，李茂峰. 我国高校科研经费管理政策与制度存在的主要问题及其对策建议［J］. 教育与经济，2013（03）：3-8.

③ 杨颉. 对研究生教育的扩招以及发展的若干思考［J］. 中国高教研究，2004（05）：41-44.

④ 阎光才. 学术共同体内外的权力博弈与同行评议制度［J］. 北京大学教育评论，2009，7（01）：124-138，191-192.

⑤ 冯向东. 大学学术权力的实践逻辑［J］. 高等教育研究，2010，31（04）：28-34.

的局面，风险应对的挑战难度随之增加。同时，大学管理者在治理理性方面的有限性，使社会功能相对更多元化的研究型大学在与社会生态互动的过程中承受来自更多方面的风险挑战。这种挑战往往关乎大学的社会声誉和大量经费，为大学的风险治理工作带来了挑战。综上所述，来自组织内外部的双重风险因素会形成合力，给研究型大学治理中的风险识别和防控工作带来持续变动的风险压力。

考虑到当前社会环境的多变性，笔者将研究型大学在演进过程中所遭遇的内外双重风险挑战，作为其特征的第三重要层面，进而构建了一种新的"三层次"理论框架。笔者认为，综合前文提到的量化指标与质性特征的相关论述，研究型大学在外部环境的不断变迁中依然坚守"通过知识生产和人才培养来服务社会"的初心。尽管研究型大学可能将随时间推移而有所更迭，但这类大学所秉持的特征和使命将毫不动摇。

通过抓住以上本质特征，可以更清晰地勾勒出研究型大学的目标、使命和长远战略规划。结合研究型大学所面对的动态环境及其在应对风险时所展现的独特性，将有助于研究人员识别和理解研究型大学，进而提升辨别和应对其诉讼风险挑战的能力。

3. 研究型大学与其他类型大学的区别

除了研究型大学这一类型，国内外的一些研究中还提出了"教学型大学""应用型大学"以及"技术型大学"等多种高等教育机构分类。在这些分类中，研究型大学独树一帜，展现出其独特的特质。与其他类型相比，研究型大学具有以下独特之处。

一是对深厚学术研究底蕴的坚持，使得研究型大学在学生培养与科研目标导向上与其他高等教育机构不同。研究型大学构建了本、硕、博一体化的知识交流体系，并围绕研究型人才培养目标精心设置各类专业课程；为了培养学生的科研能力与研究兴趣，研究生院和本科院系为不同专业背景的学生制订专门培养方案，并开设与各专业领域紧密相关的研究类课程，其中不乏跨学科的创新课程。这种教育体系在研究型大学内部的不同培养层次之间形成了协同增效的"规模效应"[①]，不仅为不同年级和研究层次的学生提供学术互动的契机，更激发了他们对科研的浓厚兴趣，为团队建设提供了知识储

---

① Elchanan, Cohn, Sherrie, et al. Institutions of Higher Education as Multi-Product Firms: Economies of Scale and Scope [J]. The Review of Economics and Statistics, 1989, 71 (2): 284-290.

备与学术旨趣的重要保障。研究型大学的毕业生在进入社会后,一部分会成为科研工作的核心力量,并且在未来成为该领域的领导者;另一部分学生将留在研究型大学或进入科研院所,成为科研教学、培养下一代人才、推动科技成果生产与转化的中坚力量。

二是对科研创新的高标准要求,使得研究型大学在专业课程设计、实验室设施、教学设备、师生比例配置以及创业孵化等科研配套的软、硬条件方面相较其他更具优势。研究型大学的师生潜心科研,当取得阶段性成果时能得到成果转化和创业部门的支持。具有科研能力的教师得以组建自己的科研团队,申请研究经费,并根据自身、团队和出资方的兴趣开展研究。值得一提的是,在诸如日本、美国等发达国家的研究型大学中,资深教授享受类似终身雇佣制的待遇。这种制度保障了他们在科研中的高度自治权,使他们能够将科研任务贯穿整个职业生涯,免受外界不必要的压力和干扰[1]。

三是对社会进步与个人发展的深思熟虑,使得高水平研究型大学越发注重在教学与科研环节为师生提供创新创业方面的辅导。通过与毕业生的目标企事业单位展开校企联合培养,并积极推动面向职业的教育[2],研究型大学能够助力越来越多的学术型人才在知识成果转化过程中得到学校和社会的扶持。一些企业也在学校内设立奖学金并资助创新项目,进一步促使研究型大学更为顺畅地向社会输送"即用型"科研人才[3]。

四是对高校和个人权益的高度重视,使得研究型大学更为关注科技成果知识产权的保护,以避免知识产权的流失对大学及其科研人员的相关权益造成损害。相比之下,传统的教学型大学以知识传授为核心任务,通常较难在内部形成知识资本化导向的科研组织,与外部发生创新成果纠纷的机会不多。现代研究型大学作为知识密集型社区,相较其他类型高等教育机构来说能够产出更为丰富和密集的科技成果。这些成果的知识产权,无论是否涉及国家或商业秘密,都需要得到专门的保护。

为了保护创新主体及其成果,研究型大学通常采取多项措施。通过在师

---

① 丁建洋. 日本教授何以获得诺贝尔奖:创新环境建设透视 [J]. 黑龙江高教研究,2009 (12):36-39.

② 施冠群,刘林青,陈晓霞. 创新创业教育与创业型大学的创业网络构建——以斯坦福大学为例 [J]. 外国教育研究,2009,36 (06):79-83.

③ 祁连校. 美国企业与大学科研合作的形式及其作用 [J]. 经济工作月刊,1995 (Z2):42-43.

生中开展法律知识普及，设立校园法务部门，并组建校园律师团队①，研究型大学为教师与学生维护自身正当权益提供支持。此外，一些研究型大学鼓励有技术转化意愿的研究者前往大学的资产公司、科研院、科技成果转化中心和校园周边的科技园进行实地考察与兼职，旨在通过"双肩挑"模式培养出兼顾科研和转化事务的复合型科技人才。

正是基于这些显著优势，研究型大学在科技成果的产生与转化方面相较于其他类型的大学更具活力，效率更高。从我国大学成果转化的实际统计数据来看，国内绝大多数的科技成果合作转化项目均源于研究型大学的深度参与和积极推动。与教学服务型大学和应用型本科院校相比，研究型大学更为注重科研的深耕、科研人才的培养和科研成果的有效转化，使得研究型大学在科技成果转化效率上保持更为稳健和持续的提升态势②。

未来的研究型大学将展现出一条与其他类型大学迥异的发展轨迹。这类机构将更加紧密地与政府和企业建立联系，不断地拓展角色边界，实现大学的角色重构③。一些学者认为，为了更有效地推动科研创新，研究型大学在制度设计上必须进行创新性改革，或称之为"创新之上的再创新"④。埃茨科维兹前瞻性地指出，未来的研究型大学应致力于营造这样一种环境和氛围：每栋学校建筑都能设立科技成果的孵化器，学生和教师能够通过建立跨学科、多主体、多功能的研究小组构建起专业化创新体系。借助其多学科的协同创新能力与科研师资的体量优势，研究型大学有责任为校园知识生产过程及知识生产者们提供理想的生态环境。

除以上特点外，在当今"大众创业，万众创新"的新时代背景下，研究型大学作为知识生产的前沿阵地，应该持续挖掘自身"知识到产业"的巨大潜力，并且具备能够化解可能遇到的各类风险挑战的能力。与"黄金时代"的美国研究型大学相比⑤，当代各国研究型大学已经进一步演化为汇

① 刘梅，李子和，郑湘峰，等. 新时期加强综合性研究型大学的科研管理团队建设 [J]. 科技管理研究，2007（05）：192-194.

② 何彬，范硕. 中国大学科技成果转化效率演变与影响因素——基于 Bootstrap-DEA 方法和面板 Tobit 模型的分析 [J]. 科学学与科学技术管理，2013，34（10）：85-94.

③ 陈乐. 知识生产模式转型驱动下研究型大学改革路径研究 [J]. 高校教育管理，2019，13（03）：10-18.

④ Etzkowitz H, Webster A, Gebhardt C, et al. The future of the university and the university of the future: evolution of ivory tower to entrepreneurial paradigm [J]. Research Policy, 2000, 29 (2): 313-330.

⑤ 於荣. 美国研究型大学"黄金时代"的形成与发展 [M]. 杭州：浙江大学出版社，2018：2-9.

集技术、人力和知识资源的优质创新平台。因此，研究型大学唯有坚守信念并解放思想，持续向外部输出能够适应和引导科研与产业发展的人才动力，才能够肩负起大学应有的社会使命。21 世纪以来，北美、欧洲和东亚的研究型大学不断探索生存和变革的道路，越来越多的研究型大学展现出了"创业型大学"的新面貌。如潘懋元先生所设想的那样，我国的研究型大学建设也在按照"找准定位、寻找特色、提高质量"的路径，在不确定环境中持续探索①。

无论未来我国研究型大学的形态如何演变，其"高质量服务社会"的核心发展方向都无法动摇。这里强调的"高质量"，不仅体现出对治理能力提升的新期盼，更意味着研究型大学在坚守人才培养和知识贡献的初心之余，还需在持续创新的道路上，锤炼出应对各种挑战、化解内外部风险的强大应变能力。

二、"科技成果转化"

"科技成果转化"是日趋受到高教管理研究关注的焦点课题之一。为更深刻地领悟此概念的核心要义，有必要对"科技成果转化"及相关术语"技术转移"等进行阐释和比对。本小节将在不同研究背景下，对我国的"科技成果"与"科技成果转化"，以及西方科研管理中所提及的"技术"和"技术转移"概念进行辨析，此外，还将对"科技成果转化"的子集——"大学科技成果转化"和"研究型大学科技成果转化"分别界定。

1. "科技成果"和"技术"的辨析

在当今时代，"科技成果转化"和"技术转移"在科技创新与经济建设领域已得到广泛应用。然而，虽然应用范围如此之广，使用频次如此之高，人们却忽视了对两个概念本质含义的深入追问，造成对这些概念的理解和区分的混淆和不当使用，进而可能引发生产和研究过程中价值取向的偏差。

"科技成果"这一词汇是我国在科技创新工作领域多年实践后孵育出来的本土化概念。国外相关文献中并无"科技成果"这一概念的记载。西方学者更倾向于使用"知识产权""专利"（patents）等词汇来指代研究型大学等科研机构所产出的科学技术成果。尽管有研究表明，我国的"科技成果"与西方研究中"outcome"和"output"等意指科研"产出"的词汇含

---

① 潘懋元. 中国高等教育的定位、特色和质量 [J]. 中国大学教学，2005（12）：4-6.

义相近，但东西方不同研究体系下的两个概念及其特征实际上存在着一定的差别。有国内学者指出，国外学界对西方研究型大学所获得的"科技成果"的理解与我国存在偏差。因此，在开展相关内容的比较研究时，需要采纳一些具有可比性的指标，如发明专利获得授权数、国际论文数等统计数值[①]，以便更准确地评估不同国家和地区在科技创新方面的表现。

绪论部分的文献梳理查明，在我国，"科技成果"是"科学技术成果"的简称，是一个植根于本土科技管理实践的词汇。从 1986 年《中国科学院科技成果转化管理办法》首次明确其含义为"某一科学技术研究课题，通过观察试验和辩证思维活动取得的，并经过鉴定具有一定学术意义或实用意义的结果"[②]，到后来 1996 年通过《促进科技成果转化法》立法明确转化的对象是"科学研究与技术开发所产生的具有实用价值的科技成果"，再到 2015 年修订的《促进科技成果转化法》特别注明"本法所称科技成果，是指通过科学研究与技术开发所产生的具有实用价值的成果"[③]，都始终坚持强调科技成果的创造性和实用性。

与国外"技术转移"中更关注"技术知识"的产权属性和交易过程不同，我国科技成果概念更侧重于研究开发的实际产出和应用前景。这种差异源自中外不同科研体制和文化的不同。正是因为"科技成果"概念在我国科技发展历史中有着特殊含义，也反映了我国科技发展历史中的独特语境和价值取向。科技成果转化，作为连接科技研发与实际应用的关键环节，自然也承载了我国"科研服务建设"的特定内涵。

文献分析有助于我们进一步理解"科技成果"和"科技成果转化"的含义。相较于西方"技术转移"的宽泛概念，"科技成果"更具具象性和特殊性，特指经认定的、处在基础理论蓝图和成熟科技产品之间的、具有一定经济价值的"技术"。与"技术"进一步比较，"科技成果"在以下方面存在特殊性：

一是"科技成果转化"的参与主体更为特殊。"科技成果"主要源自

---

① 贺德方. 对科技成果及科技成果转化若干基本概念的辨析与思考 [J]. 中国软科学, 2011 (11): 1-7.

② 中国科学院. 中国科学院科学技术研究成果管理办法 [J]. 中国科学院院刊, 1986 (03): 283-285.

③ 谢地. 国有资产管理制度的法律调整路径——以新《促进科技成果转化法》的实施为背景 [J]. 南京邮电大学学报（社会科学版）, 2017, 19 (04): 40-50.

大学和研发机构等研发部门，是受到特别部门鉴定和认可的"技术"。这种"技术"在进行"科技成果转化"时，通常涉及大学与企业之间的合作与转移，其转换暗含了一种方向性指向。而西方的"技术转移"过程更为灵活，可发生在任何主体之间，如企业间的联合创新或专利布局。以上区别也导致两者在政策制定过程中的侧重不同。与"技术转移"强调的国际或区域间扩散不同，我国"科技成果转化"一般不涉及企业间纯粹的横向流动。

二是"科技成果"强调形态上的"可转化性"。"科技成果"关注实际"生产力"的经济化过程，该过程往往是多层次、多主题合作的复杂过程。无论发生转化之前的"科技成果"处在何种形态或阶段，通过合作实现转化的过程一定是成果不断成熟并最终形成生产力的过程，这一点在"技术转移"并没有得到强调。西方的"技术"更侧重于知识产权的静态和产权变更的动态的双重特性，强调产权属性而非技术形态的转变，并不关注"技术"在"转移"后是否发生了形态或性状的本质转变。

三是"科技成果"在产权关系中展现出更为复杂的特性。在高校与科研院所自主开展的科技成果转化过程中，产权变动并非必然。比如，国内高校自主转化的过程中，由于转化行为不介入其他方面，因此即使产权问题方面存在模糊不清的情况也不会引发与外部组织的诉讼。而另一种涉及产权变动的科技成果转化则与技术转移相似，强调组织或个人向另一个组织开展交易并许可的过程。该过程一定发生产权的变更，其中成果的使用权、收益权、处置权等方面配置问题更复杂，随之可能带来交易风险。

综上所述，"科技成果"与"科技成果转化"在我国的语境下具有独特的内涵和特性，与西方的"技术转移"概念存在明显的差异。

2. "转化"和"转移"的辨析

汉语中的"转化"描绘了事物从一种本质跨越到另一种截然不同的本质的过程。这不仅仅是一个形态或位置上的变化，更是一种深层次的、质的转变。在《辞书》的释义中，任何结构、形式或组成方式的彻底改变，都可称为"转化"。在考察各类事物的"转化"过程后不难得出，"转化"不仅揭示了事物属性的彻底变革，还体现了外部推动与内部驱动的和谐共生。

我国学界和相关部门将"转化"的英语对应单词确定为"transformation"，意指"某人或某物的彻底改变"。与"转化"不同，"转移"不要求客体的形式发生本质变化，只关注"转"但并不要求一定发生"化"。例如，在能量传递的过程中，热量从高温物体流向低温物体，能量的形式并未发生质的转变；同样，在军事战略"转移"的过程中，虽然部队人员构成可能已经发生变化，但其作为战斗力量的核心属性并未改变。

从词源学的角度来看，"转化"与"转变""转移"等概念存在显著差异，强调了人的主观能动性在推动事物发生"转而化之"的根本性变革中的关键性作用。在这个意义上，"转化"可以被视为"转变"与"转移"两个概念的交集地带，既强调形态的变化，也涵盖了空间位置的变动。辩证地看，如果缺乏人的主观能动性的驱动，单纯的"转移"和"转变"并不能被视为真正意义上促成"性质的变化"，也当然不能认为最终实现了"转化"。因此，在探讨"科技成果转化"问题时，学者们也着重强调了"转化"过程最终结果的彻底性。

综上，在本研究推进过程中，一方面需要保持高度的敏锐性和辨析力，特别是在筛选和评估以外文文献中"转移"为关键词的研究资料时；同时，也要以一种辩证的视角来看待事物在"转化"过程中所经历的深刻"转变"，避免将"科技成果转化"简化为一方到另一方的单一的技术交易或产权变动。通过这样的研究路径，有望更深入地理解"转化"的复杂性和多维性，从而为推动科技成果的有效转化提供更有力的理论支撑和实践指导。

3. "科技成果转化"与"技术转移"之间的联系和区别

"科技成果转化"与"技术转移"两个概念，尽管在主体、客体和环境之间有相似之处，但又展现出独特的差异，导致研究中频繁出现概念混淆的现象，这无疑给相关问题的深入探讨带来了不小的困扰。

表 2-1 清晰地界定了"科技成果""技术""科技成果转化"以及"技术转移"的概念，并突出了它们的核心侧重点。有些学者主张将这些看似相似的概念——如"科技成果转化""技术转移"以及"产学研"——视为同一，不加区分。例如，早期的《上海市高新技术成果转化服务指南》曾提出，我国"科技成果转化"的说法和国外科技界提出的"技术转移"概念"并没有较大的区别"，只是前者在实践中"更有现实针对性""更有中国特色"。然而，这种看法其实是对概念深层含义及其历史背景的一种简化处理，存在一定的认识误区。此外，也有学者提出，"技术转移"和"科技成果转化"虽然是两类不同的活动类型，但两个集合之间并非完全割裂，

而是存在一定交集①。

笔者认为，"技术转移"和"科技成果转化"两者之间的本质区别，主要体现在对"结果"和"过程"的价值取向上。"技术转移"过程更注重商业化和产权变动的单向流动过程，是基于合同建立的一种技术供方和给方双方的买卖关系；而"科技成果转化"概念从诞生之初就强调了对"化"这一结果的价值期盼，这就要求各方通过建立创新联合体关系，来共同推动这一转化过程。

可以说"科技成果转化"不仅重视"技术转移"的过程价值，同时也关注其结果价值。学者章琰同样支持这一观点。她认为，技术转移包括了"技术商业化"和"技术在空间上的水平运动"两个层次的运动过程②，并将这一过程分解为知识层面的转化与知识嵌入的重构两部分。这种对"技术转移"概念的本土化解释，恰恰与笔者强调的"科技成果转化"中"结果"与"过程"相统一的理念相契合。

在实践中，为推动科技成果的实质性"转化"，研究型大学必须双管齐下。一方面，研究型大学需要推动科技成果在"技术"层面的转移，将实验室内的创新理念"输送"到生产一线；另一方面，必须明确转化的终极目的并非单纯地"出售"技术，而是将知识融会贯通，转化为切实的生产力。因此，科技成果转化还需要在空间转换的基础之上，通过各方合作实现对现有科技成果的深度再加工。这一过程可视为技术供体和技术受体之间的协同创新过程，是技术供体实验室研发环节之后的"下半篇文章"。

表 2-1 "科技成果""技术"等相关概念界定

概念	界定	侧重点
科技成果	现代科技管理词典："科研人员在他所从事的某一科学技术研究项目或课题研究范围内，通过实验观察、调查研究、综合分析等一系列脑力、体力劳动所取得的，并经过评审或鉴定，确认具有学术意义和实用价值的创造性结果。"	科技成果是科学技术活动的产生的"物"； 科技成果应具有一定的价值，如学术价值和实用价值； 科技成果必须是经过认定的

---

① 方华梁. 研究型大学科技成果转化的路径与政策研究 [D]. 武汉：华中农业大学，2010：16-17.

② 章琰. 大学技术转移中的界面及其移动分析 [J]. 科学学研究，2003（S1）：25-29.

概念	界定	侧重点
技术	韦氏词典："实用的技巧或应用的科学。" 杨开城等："一种工具。"① Sahal："技术具有工具生产性和知识传播性双重属性。"②	手段说和应用说认为，技术不是"物"，而是创新的方法、手段或工艺流程，不同于科技成果③
科技成果转化	贺德方："科技成果经后续实验、开发、应用、推广直至形成新产品、新工艺、新材料，发展新产业等活动。"	科技成果物化为新产品、新工艺、新材料这一过程； 科技成果一经成功转化则发生了形态或性状的改变 本质上是对创新成果的再创新
技术转移	贺德方："技术从一个地方以某种形式转移到另一个地方的过程。" AUTM："科研机构向其他部门转移新技术的使用与商业化的权利。"	侧重于技术从提供方向接受方的单向转移 不一定改变技术本身的性质，本质上是一种商业合作关系

基于以上辨析我们能够发现，科技成果转化更注重将研究型大学等科研机构的"原始"成果，向企业生产的产品方向进行形态或性质转变的"再创新"过程。这就要求在开展评价"转化"工作时，应以"是否形成产业化格局"以及"是否切实提升了生产力"为转化成功与否的衡量标准。

4. "研究型大学科技成果转化"

根据2015年修订的《促进科技成果转化法》第一章第二条的规定："本法所称科技成果转化，是指为提高生产力水平而对科技成果所进行的后续试验、开发、应用、推广直至形成新技术、新工艺、新材料、新产品，发展新产业等活动。"从中能够得出三点重要信息。第一，"科技成果转化"的最终目的是"提高生产力水平"。第二，科技成果转化是对现有科技成果的"后续"加工，或者称之为对科技成果的"再创新"，这种"再创新"表现为试验、开发、应用、推广等全产业链过程。第三，"科技成果转化"的成果标准是"形成新技术、新工艺、新材料、新产品，发展新产业"。

正是因为科技成果转化在目的、过程和结果方面有以上特征，使得我国的研究型大学成为通过成果转化推动产业升级，以及生产力和生产水平不断攀升的源动力。可以说，两个概念存在着天然紧密的联系，二者相辅相成并

① 杨开城，王斌. 从技术的本质看教育技术的本质［J］. 中国电化教育，2007（09）：1-4.

② Sahal D. Alternative conceptions of technology［J］. Research Policy, 1981, 10（1）：2-24.

③ 陈红兵，陈昌曙. 关于"技术是什么"的对话［J］. 自然辩证法研究，2001（04）：16-19.

互相推动发展。

顾名思义，"研究型大学科技成果转化"是指将研究型大学产出的科技成果转化为实际应用的过程，这一转化涉及研究型大学和其他生产主体间的合作与知识传播。在研究型大学的科研创新过程中，会产生一系列阶段性成果，这些成果通过与国内生产部门的紧密合作，进一步实现知识的产业化。作为科技成果转化的子集，研究型大学科技成果转化既继承了上位概念的基本特征，又展现了自身独特的特点。与一般科技成果转化相比，研究型大学的科技成果转化在转化主体、转化场所、转化目标三个方面存在着明显的特点。

就转化主体而言，从宏观的系统整体来看，研究型大学和企业是科技成果转化的两大主体。在中观组织层面，每一个参与转化环节的工作人员都是具体推动转化进程的关键力量。在知识流动层面，来自研究型大学的科研工作者是创新的主力军，在知识创新方面发挥着举足轻重的作用。其中，科研负责人大多具体由研究型大学教师队伍中的科研领头人担任，他们在转化过程中身兼数职：在产权流动过程中，这些负责人需要指导并亲自参与技术研究与开发，扮演着一般科研院所和企业中"技术经理人"的角色；在组织管理过程中，他们还需要全面掌控整个研发流程，确保经费的精细化管理和生产资料的有效利用，并通过主持项目组会的形式进行人力资源管理；在对外沟通过程中，他们要与经费资助方保持长期的密切交流，与此同时，还要与生产部门建立合作，共同推动科技成果的再创新；此外，他们还需要在教学工作之余，妥善处理团队内的利益分配，以保障参与科技成果转化工作的各方的利益。仅以科研负责人为例，研究型大学科技成果转化内部的任务流复杂，其在研究型大学科技成果转化中呈现出"多身份"的独特特征。

就转化场所而言，研究型大学科技成果转化通常发生在由大学技术转移办公室、技术中介机构和企业的研发与生产部门共同组建的临时联合研发机构中。对转化流程的各个部分进行分解，转化可以细分为技术研发、技术交易和技术投产等环节，而这些步骤的发生场所则分散在参与转化的各方之间。在我国，鉴于科技成果转化与一般企业的自主研发或合作转化有所区别，研究型大学的科技成果转化场所也与其他类型的科技成果转化有所不同。例如，浙江省和广东省通过建立大学科技成果转化中心，将大学成果资源分类入库，整合了学校、企业与政府的各类资源，打造"一站式"科研服务平台，从而简化了科技成果转化的流程。同时，一些研究型大学组建科技资产公司，以整合科研转化职能并有效分担大学内部各科研部门的转化压力。

就转化目标而言，研究型大学科技成果转化的长远目标是致力于实现大学"增进公共利益"的历史使命。在这一进程中，高水平、高质量的科技成果转化是实现大学社会使命的重要途径。大学作为社会系统知识的主要"生产工厂"和"储备库"，需要通过其"第三使命"即推动知识产品的社会化来履行其职责①。与科研院所和企业研发部门不同，研究型大学自其发展之初就承载了多重使命。英国教育家埃里克·阿什比曾指出："美国对高等教育的贡献是拆除了大学校园的围墙。"② 通过回应象牙塔之外的社会呼声，大学同样获得了来自社会的支持与回报。不仅是美国，世界各国的现代研究型大学自创立之初就并非单纯追求生产效率的"知识工厂"，而是致力于将教书育人基本功能传承下来的同时，进行综合研究"学问"和培养技术人才的重要场所。为了缓解研究型大学与企业之间在"应用性研究"方面的持续的紧张关系，双方通过加强学术与产业前沿进展的沟通、争取外部经费支持和资源的均衡互通来协同推进全社会的技术进步。

在本研究中，选择了"科技成果""科技成果转化"和"研究型大学科技成果转化"概念，作为框定研究范围、筛选研究资料和深入开展研究的标准。因此，实证材料的选取与研究的关注点均在我国，而科技成果转化的技术提供方与接收方也都是我国境内的创新机构。

在这里，将"研究型大学科技成果转化"定义为：研究型大学与企业协同开展的，以实现企业的技术进步与产业升级为目的，对大学科技成果的再创新活动，该过程涉及了知识生产、知识扩散和知识建构多个层次的知识转化目标。

三、"纠纷"与"诉讼"

1. "纠纷"和"诉讼"的历史渊源

一是"纠纷"概念的历史溯源。正如其语义所表达的意思一样，"纠纷"概念的渊源本身就较为错综复杂。在我国，尽管"纠纷"概念涉及法学、经济学、社会学等多个领域，但它主要在法学研究语境下的法律机制问题研究中形成了一定的理论体系和话语体系。根据对中国知网以"纠纷"

---

① 夏清华，张承龙，余静静. 大学"第三使命"的内涵及认知 [J]. 中国科技术语，2011，13（04）：54-58.

② 博克. 走出象牙塔：现代大学的社会责任 [M]. 徐小洲，等译. 杭州：浙江教育出版社，2001：12.

为关键词的检索结果，可以查询到的博士论文数达到 2104 篇。其中，在学科归属方面，诉讼法与司法制度、民商法、国际法等法学学科的研究占绝大多数。

人们对"纠纷"的认识经历了由混沌逐渐走向清晰的阶段化发展过程。在我国，"纠纷"一词的源流最早可追溯到汉朝司马相如的《子虚赋》。在这一文学作品中，运用"交错纠纷，上干青云"来形容群山错落无序的杂乱形态①。而近代，"纠纷"逐渐演化为表达关系或事物逻辑"纠缠"的状态。作者巴金、老舍等最早将"纠纷"作为白话文中的词语引入创作中。这个名词与日语中的"纷纠"（てんきゅう）在表意上相近，但是否出自同源现已不可考证②。

在当代，"纠纷"在《辞海》中被解释为"有争执的事情"。在布莱克法律大辞典等英美法词典中，也将"纠纷"定义为"一种冲突或者对立状态"。在实务处理中，1978 年颁布的美国联邦《合同纠纷法案》认定，"当合同的一方或双方对某一部分或某一条件意见不一致时，则认定合同双方纠纷产生"。当代法学观点认为，由于各种原因，产生法律契约效力的双方在合作中难免会遇到意见不一致的情形，如果双方无法通过协商解决，就会诉诸诉讼或非诉讼的法律途径，围绕事实、关系、权益等方面内容，通过引入权威第三方来进行澄清或判断。这种存在多种冲突情形的阶段性状态就是"纠纷"。

无论在古代还是当代，"纠纷"普遍存在于社会空间的各个角落。随着社会治理能力的提升，现代社会中的"纠纷"已成为公民社会生活常见的词汇。当人们谈论人与人之间、组织与组织之间发生的冲突时，经常会用到"纠纷"一词来表达双方对事物存在不同主张的冲突状态。关于"纠纷"的具体含义，国内外法学界的学者结合应用场景定义了"专利纠纷""权属纠纷""权益纠纷"等具体概念，这些概念在含义上相近但又有所区别。学者之间对"纠纷"的理解上存在差异，这通常源于各类民事或行政纠纷事务的复杂特性。总的来说，民事类纠纷可以分为财产关系和人身关系两大类。"法律纠纷"可以被认为包含了专利纠纷、权属纠纷和权益纠纷等更具体的概念。

---

① 霍松林，尚永亮. 司马相如赋的主体特征和模式作用 [J]. 陕西师范大学学报（哲学社会科学版），1992（01）：41-48.

② 杨开济. 日语中的"汉字倒置单词" [J]. 日语学习与研究，1985（03）：94-95.

一旦涉及法理层面，"纠纷"就具有了"适格性"特征。尽管纠纷通常是指发生在"法人"之间的冲突，但"法人"只是一种人为创设的"拟制人格"①。换句话说，纠纷是由现实的个体的思维碰撞所引起的，表现为在具有思维和创新能力的个体及其形成组织之间的交往过程中产生的冲突。然而，在实践中，处理"纠纷"问题时应当将组织或个人视为具有法律行为能力的"法人"，并以此为基础进行纠纷的处理。

东西方文化对于"纠纷"这一概念存在一些差异和相似之处。通过比较两种文化的观念，我们可以进一步了解我国纠纷观的发展历程。

西方文化中纠纷解决机制的历史可以追溯到古代雅典城邦时期。在那个时期，城邦中的部落通过公开审判来解决自由民之间关于私有财产的争议。这种公开审判的制度被保存和传承下来，并逐渐演化为有陪审团参与的司法体系。随后，罗马法继承了雅典法体制，并在司法实践中形成了保障纠纷各方公平和自由原则的制度。通过司法实践，纠纷的实质得到了进一步解构。随着现代西方资本主义国家的形成，服务于本国文化条件的纠纷解决体系逐渐建立起来。在这些国家中，社会形成了一种通过积极诉讼来化解纠纷的社会风气。公民乐于通过法律程序来维护权益，在公认的公正平台来表达自己的主张。

与西方相比，我国历朝历代对纠纷的认知和处理更为"消极"，直到新中国成立后才逐步建立了"辩证纠纷观"②。研究我国古代法律的西方学者认为，中国古代"罪恶纠纷观"源于中国传统儒家"以和为贵"文化的深远影响③。儒家推崇"义""礼""信"等传统思想，强调作为价值核心的个体与外部环境之间的"和谐"与"自然秩序"，引导平民百姓尽可能地避免发生冲突，以消极回避的方式"扼杀"纠纷的发展。当人们遇到利益冲突时，更倾向于"屈死不告状"的隐忍态度，并且在社会中也形成了"涉及纠纷等同于失信"的共同观念。中国古代的法律机构常常受制于封建体制的劣性，因此出现各类舞弊事件，基层官府失信于民，被认为不适合作为百姓解决纠纷的场所。这进一步导致纠纷缠身的百姓更倾向避开效率低下的公开诉讼，转而选择私下寻求其他民间纠纷解决办法。在这种情况下，类似

---

① 江平，龙卫球. 法人本质及其基本构造研究——为拟制说辩护 [J]. 中国法学，1998，（03）：71-79.

② 徐静村，刘荣军. 纠纷解决与法 [J]. 现代法学，1999（03）：3-5.

③ 尤特，周红. 中国法律纠纷的解决 [J]. 中外法学，1990（02）：61-63.

于"保甲"的民间利益保障制度扮演了替代"衙门"解决民事纠纷的重要角色。国外一些学者认为，中国传统"避诉"思维延续至今，造成当代中国法律制度中的传统权益观念没有发生本质改变。涉及纠纷的双方对诉讼的态度依然较为消极，这也使得非诉讼调解在今天的社会环境下依然发挥着重要作用。

随着新中国成立后法律思想的多元化演进，封建思想与传统伦理观念下所衍生的消极"纠纷"观念得到矫正，并逐步向二元性的方向发展①。新中国成立后，汲取西方社会学的冲突论精髓的"辩证纠纷观"得到采纳，并在马克思的阶级斗争理论的支持下得到了进一步的验证和推广。齐美尔、科塞等西方学者对纠纷的积极作用给予充分肯定。他们认为，"纠纷"不仅是社会机体秩序重建的催化剂，更是推动社会单位之间有机联合的一种力量。通过民间诉讼途径来解决纠纷已经被越来越多的社会单位所接受。这一现象深刻反映了当代中国社会正不断迈向一个拥有多元化纠纷解决机制和现代化诉讼服务体系的现代化法治国家。不论采取诉讼还是非诉讼的方式，相关部门都应积极引导纠纷主体对冲突进行理性梳理和高效解决。

二是"诉讼"概念的历史溯源。"诉讼"是人类自有历史记载以来通过寻求公正的第三方来评价和解决彼此间"纠纷"的一种民间活动。在西方，受到古希腊、古罗马的商业海运及其契约制度的深刻影响，诉讼机制因为重视对平等个体权利的保护而受到广泛接纳和适用，得以较早地发展和完善②。例如，在"尤利亚法"（Lex Julia）和"拿破仑法典"（Napoleonic Code）等著名的成文法中，我们都可以看到诉讼制度是如何围绕着民事个体权利的保护而逐渐发展的。又比如，"拿破仑法典"明确规定了"契约是一种合意，在此合意之下，一人或多人对其他一人或多人肩负了给付、作为或不作为的债务"。③ 正是对契约的含义及其约束力在法律上的明确，为西方"诉讼"观的形成和发展奠定坚实的基础。依托契约及其履行或违背而对民事主体间的纠纷进行裁定，是西方"诉讼"观最为典型的体现。而这种以契约为基础的诉讼理念，在历经两千年西方文明的洗礼后，逐渐被牢固地嵌入各类法律典籍之中。

"诉讼"一词在我国经历了一段漫长而曲折的演变过程。有学者认为，

---

① 程凯. 社会转型期的纠纷解决研究 [D]. 广州：华南理工大学，2013：53-55.

② 谢佑平. 诉讼文化论——兼谈我国诉讼法制的现代化 [J]. 现代法学，1992（05）：8-14.

③ 王云霞.《法国民法典》的时代精神探析 [J]. 法学家，2004（02）：55-63.

"诉讼"一词最初由唐朝时期的遣唐使带回日本，直到清末经日本法律习语的翻译而重新传回我国。[①] 实际上，民事诉讼制度自我国古代奴隶社会开端，至封建社会时期逐渐形成民与刑的分野，再到半殖民地半封建社会时期对西方法律思想的吸收，经历了长足的形态演进。其发展进程也反映了中华法文化之于人类历史演进的重要价值。

《周礼》记载，"争罪曰狱"，"争财曰讼"。自西周以后，国有土地经历逐渐私有化的过程，围绕着土地等生产资料进行的民事活动竞相出现。这种民事方面的实践为我国古代民事诉讼制度提供了生发的土壤，敦促统治阶级开始尝试为纠纷的解决提供"判"与"决"。历朝历代的诉讼制度虽然并未产生独立的民法典或民事诉讼法，但随着封建社会商品经济的不断发展和分化，为了解决民间逐渐复杂的人身和财产关系的纠纷，代表统治阶级意志维护社会稳定和法律公正的"官府"尝试制定一些民事法律条款，以此来为民间纠纷的解决提供实质性的法律依据。张晋藩认为，散见于律典或条例的关于诉讼的法律规定，表明我国古代法律体系中的诉讼法与实体法、民法与刑法之间虽然没有在法律编纂层面得到严格划分，但民法与刑法之间存在着合中有分的关系，诉讼法与实体法则互为依据和手段，其关系相辅相成、互为补充。至清代，已有大量保存完好的民事诉讼档案，标志着民事与刑事之间分野的逐渐清晰。晚清沈家本修律后，才实际开启了民事诉讼制度的过渡和转型[②]。

在当今社会环境下，"民事诉讼"已经与世界各国的司法体系逐渐接轨，通过实体法与程序法的互相补充来为民事"纠纷"的解决提供全面的依据和保障。在诉讼过程中，各级人民法院严格依照实体法与程序法审理案件，确保国家审判权的公正行使。可以说，民事诉讼已成为当代社会解决民事纠纷的主要途径。当然，除了诉讼，还存在其他非诉讼程序如和解、调解、仲裁等供当事人选择。但不论以何种方式解决纠纷，我国的平等民事主体必须严格遵守《中华人民共和国民事诉讼法》等相关法律法规，并在公平、诚实守信、公开与回避等基本原则的指导下来进行。

2. 科技成果转化纠纷问题的定义、分类与归因

一是科技成果转化纠纷的定义。"科技成果转化纠纷"是"法律纠纷"

---

① 刘华俊. 知识产权诉讼制度研究 [D]. 上海：复旦大学，2012：26.

② 张晋藩. 中国古代民事诉讼制度通论 [J]. 法制与社会发展，1996（03）：54-61.

的子类，特指在科技成果转化合作中，因合同义务约定的不完善或无法履行而引发争议的一种矛盾形态。学界对于科技成果纠纷的定义存在多种解读，如专利纠纷、权属纠纷、权益纠纷等，它们既相互联系又有区别。国内学者通常将产学研过程中的知识产权纠纷划分为技术成熟认定方面的争议、知识产权归属的争议、职务成果权属的争议以及利益分配的争议四类①。

支持冲突论观点的学者认为，科技成果转化纠纷的本质在于合作双方在法律文本与规则理解、权利行使和让渡等方面存在的冲突。张双武等认为，知识产权的"个人垄断权益的保护"与"实现社会整体利益"之间的表象冲突，其实质是人为创立的社会制度与科技发展内在规律之间的规则冲突②。余博通则认为，研究型大学与企业之间有关科技成果转化的纠纷，并非直接由合作双方引发，而是源于研究型大学技术转移法律及政策与现实合作过程之间的利益冲突。温正胞进一步指出，科技成果转化纠纷表现为多种形式的冲突，如学术部落与产业世界之间的冲突、学术自由与行政诉求的冲突、商业利益与科技伦理的冲突以及创新引领产业升级的热情与现实管控之间的冲突等。这些冲突体现了大学与政府、大学与企业、市场与自由经济、生产人员与科研人员等利益主体之间的价值冲突及其潜在的危害性③。

在我国，科技成果转化纠纷通常涉及知识产权运作过程中的各种不稳定因素。这些纠纷不仅局限于纯粹的"知识产权"争议，还涵盖了与知识成果相关的周边创新要素的各种冲突。具体而言，这类纠纷往往源于科技成果转化过程中签订的技术合作开发、技术转让合同等合同文本，同时也可能因合作双方的违约行为而触发。这使得知识成果纠纷与日常生活中邻里间的琐碎争执有着本质区别。从纠纷的焦点来看，科技成果转化的核心问题聚焦在专利发明权、申请权、著作权、发现权及由此衍生的专利使用权、非专利技术的使用权和转让权等涉及科技成果转化合作全过程的各项权益上。从特征上看，纠纷表现为一方或双方认为自身权利受到侵犯后引发的法律事务争执。然而，这些纠纷并非突如其来，而是自合同签订之初就已埋下伏笔。只

① 程亮.论产学研合作中的知识产权纠纷及解决［J］.科技管理研究，2012，32（06）：164-166.

② 张双武，蒋美仕.知识产权保护与科技成果转化的冲突及其协调［J］.湖南大学学报（社会科学版），2002（04）：83-85.

③ 温正胞.我国高校科技成果转化过程中的价值冲突与协调［J］.教育发展研究，2019，39（Z1）：14-22.

有当合作双方之间的矛盾激化到一定程度时，冲突才会爆发。因此，纠纷的解决需要深入剖析合作过程中的各种冲突和矛盾，寻求妥善解决的方案。

在纠纷的事实认定方面，对于法人与合同之间的权属关系，法律有着明确的规定。首先是关于法人内部机构或个人的权利确认。当法人的内部职能机构或个人签订技术合同时，如果该内部职能机构或个人已通过法人章程等形式获得了授权，那么这份合同将被视为以该法人机构作为一方当事人所签订的。这种情况下合同产生的权利和义务由该法人承担。其次是关于以从事研究开发的课题组名义订立的技术合同的有效性问题。一般来说，主审法院会根据诉辩双方提供的相关文本证据，按照一般的举证规则来进行事实材料的收集，这遵循了《民事诉讼法》第 64 条的规定："当事人对自己提出的主张，有责任提供证据。"科技成果纠纷的当事人在我国现行法律规定下的诉讼民事官司中应主动对自己所主张的事实提供证据[1]，在实际操作中也被称作"谁主张，谁举证"的原则[2]。

在我国，研究型大学科技成果纠纷通常涉及两个主体：研究型大学这一法人实体与其他合作利益主体的法人组织。他们构成了一对矛盾体。根据《最高人民法院关于审理科技纠纷案件的若干问题的规定》，我国范围内通过技术合同进行成果转化合作的主体包括了具备履约能力的公民、法人和其他组织。这些法人实体进一步细分为企业法人、机关法人、社会团体法人和事业法人等不同类型。在纠纷形成后尚未进入诉讼程序期间，双方往往表现为合作破裂和交流停滞的消极期。一旦进入诉讼阶段，相关主体则转变为原告和被告。在我国研究型大学在法律诉讼中，大学的校长通常承担法定代表人的主体资格，但具体处理纠纷的诉讼代理人则可能是该项目的负责人、校外律师和学校科研管理部门的相关人员。

二是科技成果转化纠纷的分类。科技成果转化纠纷具有多元化的表现形式。王锋的研究早于《促进科技成果转化法》的出台。他认为，科技成果知识产权权属纠纷有成果署名权属纠纷、专利申请权纠纷和专利权属纠纷、职务与非职务发明创造成果权属纠纷、非专利技术使用权和转让权属纠纷四种表现形式[3]。程亮指出，我国产学研知识产权纠纷的起因可划分为四类：

① 潘越，潘健平，戴亦一 . 公司诉讼风险、司法地方保护主义与企业创新 [J]. 经济研究，2015，50（03）：131-145.

② 张卫平 . 民事诉讼基本模式：转换与选择之根据 [J]. 现代法学，1996（06）：4-30.

③ 王锋 . 科技成果知识产权权属纠纷及其防范 [J]. 科研管理，1995（04）：57-62.

技术成熟认定上的争议、知识产权归属上的争议、职务成果的权属纠纷、利益分配①。工信部知识产权中心的研究员吴艳认为，与大学研究人员的职务发明有关的纠纷主要有发明人与单位的职务发明权利归属、与职务发明人署名权有关的职务发明纠纷、与职务发明奖励报酬有关的纠纷三类②。这种分类方式相对更贴近我国研究型大学转化的实际情况，更具实践指导意义。

科技成果转化纠纷，在研究型大学与企业的背景下，并非简单地等同于"知识产权纠纷"或"专利纠纷"。其涉及大学与企业之间在科技成果的转让、许可、作价投资或联合转化等环节中，因合同约定不明确或未能履行而引发的"知识产权"或"专利"的权属运作障碍。笔者认为，研究语境下的"科技成果转化纠纷"涵盖了专利纠纷、权属纠纷和权益纠纷等多个方面，表现为合作双方在分歧产生时的一种对抗态势。在本研究中，"科技成果转化纠纷"应被界定为"在科技成果转化过程中所发生的包含各类权利冲突在内的法律争执"。其核心在于合作的一方或双方感知到技术合作开发、技术转让合同中的某些权利被对方侵犯。这些权利包括但不限：专利申请权及衍生的专利权、非专利技术的使用权和转让权、著作权、发现权与发明权以及其他科技成果权。因此，科技成果转化纠纷的实质就是科技成果转化合作中围绕上述权属所产生的法律冲突。概念的澄清有助于更准确地理解和处理科技成果转化过程中可能出现的各种问题和挑战。

三是科技成果转化纠纷的归因。科技成果转化纠纷的产生可以归因于三类主要因素。第一种成因是由合作双方信息不对称引发的道德风险，对科技成果转化合作产生不良影响，进而引发纠纷。辛爱芳指出，合作双方之间存在的信息不对称会给合作带来道德风险，并且会通过改变合作方式来阻碍产学研的实现。产学研合作中的双方实际上形成了一种委托—代理关系，这种关系完全建立在双方互信基础之上。然而，由于一方往往占据天然的信息优势地位，优势方可能冒着道德风险，利用"信息先手"损害对方利益。Lee等学者对美国产学研的调查显示，大学的科技成果发明人更倾向于以委托方式与企业合作，而非建立紧密的合作研发形式。这可能是因为技术供给方不希望过多暴露信息给企业，而是保持双方在合作信息方面的不均衡状态，从

---

① 程亮. 论产学研合作中的知识产权纠纷及解决 [J]. 科技管理研究，2012，32（06）：164-166.

② 吴艳. 论职务发明纠纷解决机制——兼评《职务发明条例草案（送审稿）》[J]. 中国软科学，2015（03）：9-15.

而维护学术研究的独立性①。

第二种成因来自技术研发的自身规律。周寄中和薛刚列举了技术创新过程中存在的多种技术风险，如"技术不成熟""技术不成功""技术可能被模仿或被其他技术取代""技术的生产转化能力不足""原材料不可得"和"技术前景不确定"等②。这些风险原因均指向了创新研发过程中所要面临的客观存在的失败风险。

第三种成因来自合作双方对于合约事实的认识错误和模糊。其中，技术成熟认定的争议源自业界对新产品缺乏统一的认定标准。大学通常以是否得出结论或结果为判断标准，而企业则更关注能否直接投产。这种认知差异在实践中常常导致双方产生分歧。另一种是知识产权归属的争议。由于合同约定不明、不清晰或不履约等，合同存在无效或效力不足的情形。这可能与合同签订中对法律常识的认知差异有关。此外，职务成果的权属纠纷同样值得关注。使用权、转让权的约定与实际操作不相匹配，例如发明人在大学岗位上的成果，在被大学实施转化后无法明确发明人的收益，可能会引发纠纷。

3. "纠纷"的诉讼与非诉讼解决渠道

科技成果转化纠纷的处理方式主要包括诉讼和非诉讼两大类。

支持"诉讼观"的学者坚信，诉讼途径是解决当前科技成果纠纷的首要渠道。首先，纠纷的民事特性决定了诉讼在本质上应是平等民事主体间的问题解决方式。然而，科技成果财产的公益性，以及长期形成的知识公共品观念，使得这类诉讼在社会影响力上与其他纯粹财产关系纠纷有所区别。其次，人们对诉讼的消极与积极两面有着辩证的认识，这将有利于更为有效地解决纠纷。徐静村指出，通过诉讼形式处理纠纷的正当化过程，不仅体现了双方当事人依靠公权力实现自身价值和法律社会价值的可能性，而且为预防纠纷再次产生、避免社会资源二次浪费提供了重要参考。最后，技术派学者的观点强调，知识产权的确认对诉讼解决方式的最终结果具有决定性影响。陈敏分析了英美法系与大陆法系在专家证人认定制度上的差异，并针对知识产权纠纷的认定提出了改进建议。他认为，只有在权利得到确认的情况下，

---

① Yong S L. "Technology transfer" and the research university: a search for the boundaries of university-industry collaboration [J]. Research Policy, 1996, 25 (6): 843-863.

② 周寄中，薛刚. 技术创新风险管理的分类与识别 [J]. 科学学研究, 2002 (02): 221-224.

双方才更倾向于通过避免诉讼来减少损失①。

另一方面，非诉讼纠纷解决方式正逐渐融入我国的社会纠纷治理体系，其在化解矛盾冲突方面的作用也日益受到学界重视。支持调解的一方主张，构建多元化的调解机制能够打破诉讼渠道的"零和博弈"思维，为纠纷解决提供双赢或者多赢的新思路。这种避免诉讼的解决途径，又被称为替代性纠纷解决方式（alternative dispute resolution，ADR）。国内学者饶传平论证了我国科技纠纷的"可 ADR 性"，并为这种替代性的多元解决思路在我国科技领域的适用划定了明确的边界②。"ADR"鼓励有关部门将非诉讼的调解手段作为解决知识产权纠纷的首选方法。通过完善接诉机制和扩大受案范围，将科技纠纷纳入非诉讼调解的范畴，为当今社会纠纷解决提供了创新性的思考方向。

关于调解案件的受理范围，不仅涵盖了传统诉讼渠道所能解决的权利义务类纠纷，还能吸纳那些难以通过诉讼来化解的矛盾纠纷。例如资金投放不及时、技术人员待遇等不适宜通过诉讼途径处理的问题，都可以尝试通过调解来达成和解。其优势在于，鼓励双方随时、多次商讨方案，且不受民事诉讼"一事不再理"原则的限制。当前，越来越多的学者呼吁，应当重点强化成果转化工作团队能力③和个人素质的鉴别④，细化效率评价标准，并提高成果转化中"知识产权人"的法律意识。此外，建立一种共赢的联盟型利益分配机制，以及稳固研究型大学与企业间的信息沟通。总体来看，寻求替代性解决方案的观点并不是直接从利益相关者之间的本质冲突来解决问题，而是通过提供一种缓和双方冲突、畅通有效沟通渠道的方式来寻找另一种解决纠纷的可行路径。

4.*"科技成果转化诉讼"*

笔者认为，我国学术语境下的"科技成果转化诉讼"是指人民法院在转化纠纷当事人及其他诉讼参与人的参与下，为审理并解决科技成果转化相关权属纠纷而开展的一系列活动。从诉讼中涉及的主要权利属性出发，可以

---

① 陈敏. 知识产权诉讼中确认科技知识的鉴定［J］. 上海市政法管理干部学院学报，2000（02）：63-65.

② 饶传平. 论科技纠纷的 ADR 解决［J］. 科技与法律，2005（01）：24-28.

③ 潘喜华，李亚光. 高校知识团队管理初探［J］. 山东省青年管理干部学院学报，2004，（04）：94-95.

④ 廖志豪. 基于素质模型的高校创新型科技人才培养研究［D］. 华东师范大学，2012：144-160.

将科技成果转化诉讼归类为民事诉讼类案件。民事诉讼的核心要义是解决"平等主体"间关于人身、财产权利和义务的纠纷；而科技成果转化诉讼则更专注于围绕知识产权、财产权等权利内容的诉讼解决程序。

科技成果转化诉讼的成因相当复杂。国内学者通常将其按照纠纷类型划分为三种：科技成果署名权纠纷、职务与非职务发明成果权纠纷，以及科技成果在转化过程中产生的纠纷[①]。本研究重点关注第三类问题，该问题又可进一步细分为关于"权"的纠纷和关于"合同"的纠纷。在"权"的纠纷中，主要涉及未获得发明人许可，以获取经济利益或进行不正当商业竞争为目的，私自将他人成果进行生产销售的侵权行为。而"合同"的纠纷问题则涉及双方当事人在科技成果转化合同的生效、履行、变更、解释和终止等过程中产生的争议。这些争议既包括技术合同中关于金额和其他事实约定的纠纷，也包括涉及技术秘密泄露或私自将专利转让给第三人的侵权行为。

科技成果转化纠纷并非注定会演变为科技成果转化诉讼。此前提到的替代性纠纷解决（ADR）机制，为产生分歧的平等民事主体提供了一个至关重要的沟通和评判的平台。如若采取非诉讼方式解决纠纷，一方面能够规避冗长复杂的诉讼过程，为大学和企业减少额外的非必要的法务经费开支；另一方面，庭外解决机制也有助于挽回冲突双方的社会声誉，如果双方能够通过私下非公开方式来梳理矛盾症结，将可避免非必要诉讼为合作破裂双方带来新的次生伤害。

科技成果转化诉讼应被当作解决科技成果转化纠纷问题的最后手段。科技成果转化纠纷是研究型大学无法回避的一项社会事务，由于 ADR 机制的存在，且研究型大学可以通过事先沟通消除信息差，化解信任危机，因此科技成果转化诉讼不应成为研究型大学与受让方之间解决科技成果冲突的惯常工具，而是在谨慎权衡各方利弊得失后方才审慎使用的。在应对转化诉讼问题时，除了要考虑诉讼代理人的专业水平外，研究型大学的成果管理部门和成果转化责任人也应具备足够的专业知识，通过将技术能力与风险预防能力相结合，也许可以避免科技成果转化最终演变为对簿公堂的双输局面。

---

① 于向阳. 谈科技管理中知识产权法律诉讼［J］. 统计与管理，2014（07）：105-106.

四、核心概念之间的关联

本研究揭示了"科技成果转化风险""科技成果转化纠纷""科技成果转化诉讼"之间存在如图 2-1 所示的内在逻辑关系。科技成果转化风险的集合由多种风险因素构成，呈现出全面性的基本特征。若在转化流程中忽视风险对各环节的潜在影响，研究型大学的科技成果转化工作将可能会经历①合作→②失败→③纠纷→④诉讼的冲突升级过程。

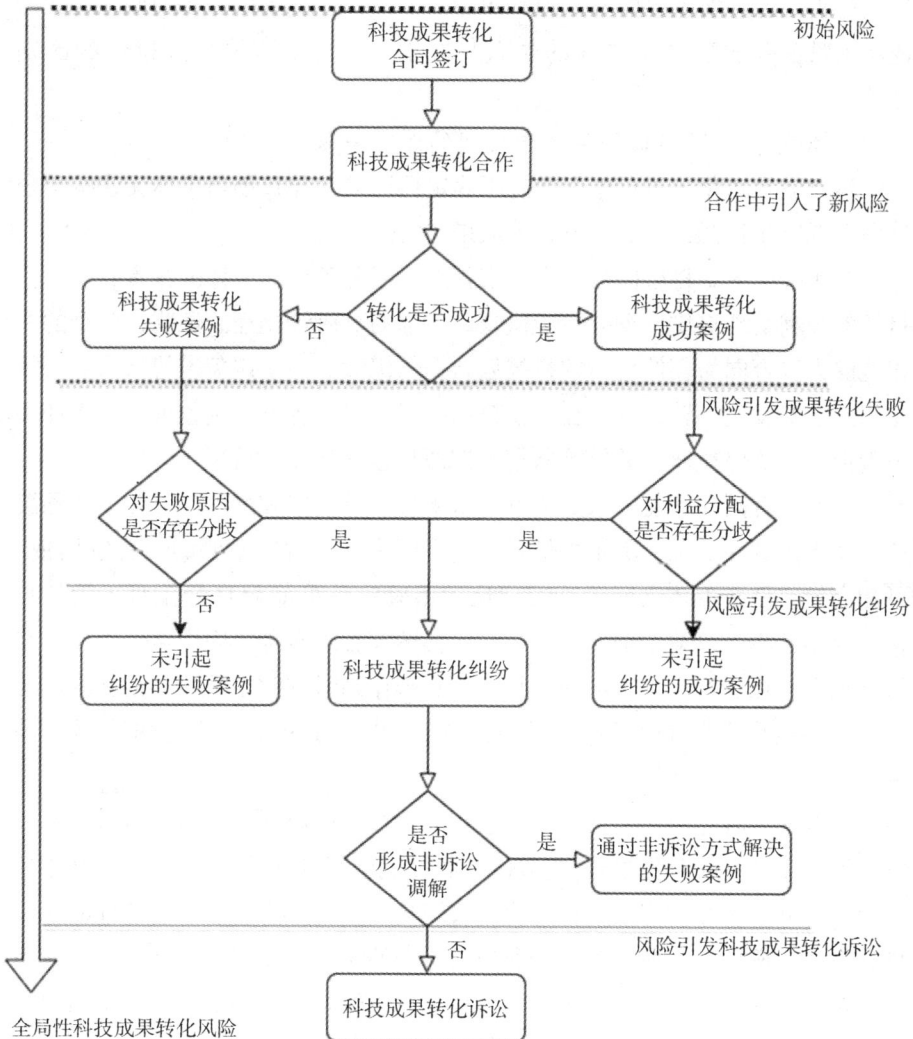

图 2-1　科技成果转化风险与"合作""纠纷""诉讼"等概念的关系

值得注意的是，科技成果转化中的部分风险可能会随着转化过程的推进而扩大、缩小或消亡。因此，我国的研究型大学在推进科技成果转化时，所面临的各类风险本身就充满了不确定性。任何风险的介入、退出或持续存在，都有可能对成果转化的最终结果产生深远影响，甚至可能引发无法调和的诉讼局面。

对于本研究而言，确定各类风险的介入节点并明确介入科技成果转化过程的方式至关重要。同时，研究哪些风险因素最终导致科技成果转化诉讼发生也是研究的一项重要内容。为了明确以上内容，需要摸清相关概念之间的逻辑关联，并明确概念之间的联系与区别，还需要澄清相近概念的区别之处。

1. 合作、纠纷与诉讼等概念之间的逻辑关联

科技成果转化的过程中存在着不确定性因素，导致创新主体无法按预定计划实现转化目标，从而引发科技成果纠纷。

在实践中，签订合同可以在一定程度上明确各创新主体的权责，为合作目的的顺利实现提供依据并给予监督。各国的科研转化经验证明，健全的法律能够为以合同为契约范本的科技创新提供保障。为了避免道德失信和经济受损的情况发生，转化双方在科技合同中努力协商各方的利益诉求、责任和免责情形，确保科研在低风险状态下按照日程逐步接近目标。

然而，合同在功能上只是双方对未来合作的期望和预测，无法完全预测还未发生的各种情况。除了失信行为，合同中义务约定不明的"真空地带"可能会导致创新主体之间的冲突。这种不确定性可能源自合作双方的信息差、合作环境中政策变动、金融风险、自然灾害等多种风险因素。因此，在科技成果转化合作中，合同内容只能基于合作当时的时空环境和创新主体的资源条件进行有限的预测，而其内容将不断面临未来不确定风险因素的挑战。

科技成果转化纠纷是指在科技成果转化过程中出现的纠纷和争议。一般情况下，当各方在合作过程中实现了利益诉求后并达成转化目标后，合作各方应该能够最终圆满完成合作，或者将转化合作进一步转变为持续性的联合创新事业。例如，一些大学和企业通过长期的合作与创新，最终建立了长期的战略合作关系。在大学与企业进行科技成果转化合作的过程中，理想的结果是通过这一过程将实验室中产生的新技术转化为规模化的产品，实现双赢或多赢的局面。为实现这一目标，各方都会尽力通过各种方式避免冲突，减

少纠纷发生的可能。

科技成果转化诉讼是一种零和博弈的解决方式，也是研究型大学、企业和全社会最不愿看到的冲突形态。如果能够通过其他非诉讼方式来解决纠纷，双方将能够最大限度地减少合作失败所引发的损失，并避免额外的资源消耗。

2. 科技成果转化与科技成果转化风险的关系

科技成果转化风险是指在科技成果转化过程中存在的各类潜在因素，是引发科技成果转化纠纷的前提条件。这些风险因素隐藏在转化过程中，是导致纠纷发生的重要原因。

一方面，风险不一定会导致实际的科技成果转化纠纷。在进行协同创新过程中，通过明确各方的权利与责任，合作双方可以化解或分担潜在的风险。对于能够化解的风险因素，合作双方可以通过沟通及时纾解矛盾，例如研发过程中遇到的生产条件问题，可以通过企业的社会资源调动来解决。对于不能化解的风险因素，合作双方也可以通过约定来分担风险可能造成的现实损失。例如，成果转化中可以约定亏损情形下的利益分享机制，从而降低风险给某一方带来的实际损失①。因此，理论上合作主体可以通过事先的机制设计来规避风险，并将应对纠纷的方法预先写入合同中。

另一方面，科技成果转化纠纷受到各种转化风险因素的实际影响。对于研发过程来说，未经验证的创新产品的产生必然伴随着失败的风险；而科技成果转化这一具有指向性和目标性的创新过程，则更为强调研发者将技术需求转化为可转化成果的能力。对于技术交易过程来说，技术出让方和受让方之间可能因为技术吸收能力、市场金融风险、新法规约束等不确定因素而引发利益冲突，从而导致与转化成果有关的纠纷。即使前述过程顺利进行，产品推向市场的过程中仍然需要应对市场接受度和来自其他竞品的竞争风险，从而导致企业之间出现市场纠纷。总体而言，科技成果转化纠纷的全过程潜藏着各类不确定因素，这是由创新过程的风险本质所决定的必然结果。

根据以上分析，研究假设存在着一个风险导致合作主体之间法律纠纷的影响机制。其中，一些风险能够单独触发纠纷，造成合作创新失败；而其他一些风险可能需要与其他因素共同作用才能引发创新主体之间的冲突。实践

---

① 杨军，杨煜. 科技成果转化纠纷的实证分析及对策建议［J］. 知识产权研究，2019，26（02）：11-30+257-258.

中发现，科技成果转化风险以多元化的组合形式影响创新过程，单一风险可能无法单独引发危机并造成实际损失。因此，在风险识别和工作中，应尽可能综合考虑所有风险因素，并深入探索这些风险因素引发诉讼的机制。从诉讼案例中提取风险方面的经验，有助于研究型大学和企业在未来的创新合作中预先识别可能引发纠纷的不确定因素。

对于研究型大学的风险识别和防控工作来说，通过以上关系梳理，笔者认为科技成果转化风险可以通过主动治理或自我消解，在科技成果转化过程中被部分地"过滤"掉（见图2-2）；然而，一些风险可能无法通过转化治理过程来化解，并且受管理者治理能力的限制，可能自始至终无法被感知和识别。最终，这类未知风险可能会在某一转化阶段引发转化失败，从而导致创新主体之间的纠纷。其中，风险引发纠纷的过程，可看作协同创新过程中未及时应对风险从而引发冲突的一种不利情况；而纠纷升级为诉讼则是由于未及时采取措施化解那些维持冲突关系的风险，从而导致了更为严重的冲突局面。

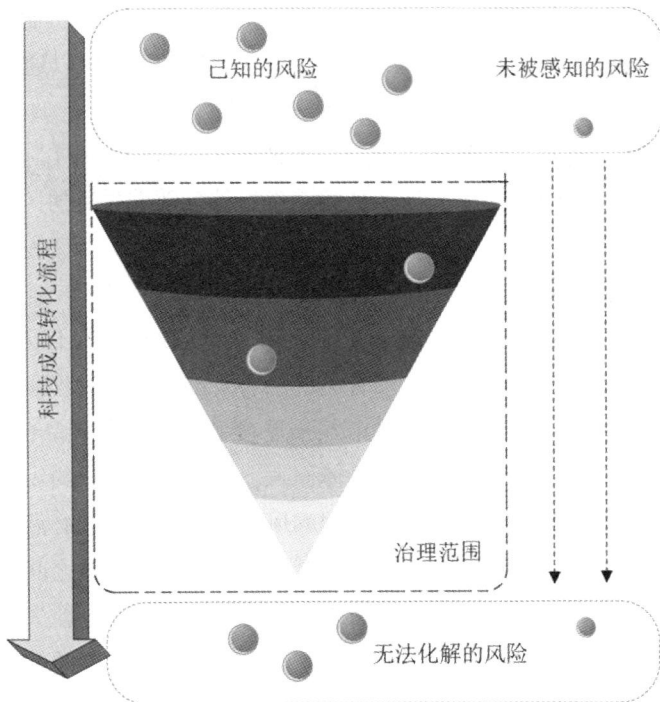

图2-2　科技成果转化过程中的风险"过滤"机制

因此，各类科技成果转化风险贯穿于研究型大学科技成果转化整个过程。如果研究型大学和企业在自身治理能力或态度方面存在不足，可能导致无法及时识别并化解这些风险。正是这些未被有效应对的风险，成为导致科技成果转化纠纷并最终引发科技成果转化诉讼的根本原因。

第二节　风险管理理论

虽然"风险"概念在东西方社会中被广泛认知，但将其作为学术概念并纳入现代社会和经济研究领域，则是在 20 世纪 30 年代以后才逐渐发展起来的。风险管理理论首先是以一种与过去不同的管理理念的形式被引入学术界。尤其是 20 世纪 80 年代以来，风险管理理论体系通过吸纳多个学科的知识体系和方法不断充实壮大。进入 21 世纪以来，随着次贷危机、地区冲突和全球性疫情等各类社会风险问题的不断涌现，风险管理理论已从传统的企业管理领域拓展到其他新兴问题的研究视域。

在过去的半个世纪里，社会学、经济学、管理学等不同学科的专家学者对工业化及后工业化时代的社会和组织风险进行了深入研究，并形成了两种对立的学说。乌尔里希·贝克支持风险客观存在的观点，认为"风险是一种未被认知和发展起来的自然科学和人文科学、日常理性和专家理性、兴趣和事实的共生现象"。阿赫特贝格对贝克的观点曾有评论①："风险社会不是一种可以选择或拒绝的选择。它产生于不考虑其后果的自发性现代化的势不可挡的运动中。"吉登斯等学者也认同风险的客观存在性，认为"有些风险是大家必须共同面对的"。也有学者宣称风险是具有物质特性的客观实体，并认为风险是可计算的、可补偿的，具有管理上的强可操作性。

然而，随着对风险认知的不断深入，一些学者发现有一部分"风险"是无论借助何种预测方式都无法被发现的，只有在造成实际损失并被人们注意时，才第一次被人们认知。这一派学者认为，风险是人们在实践生活中通过主观建构得出的，并主张应当通过深入人们的"心灵"来重新认识风险。这些学者从后果论的立场出发，认为风险的补救措施并不能完全用金钱来衡

---

① 阿赫特贝格，周战超. 民主、正义与风险社会：生态民主政治的形态与意义 [J]. 马克思主义与现实，2003，（03）：46-52.

量。例如，在大型自然灾害或事故发生之后，对死伤者的亲人造成的精神损失，政府或有关部门是无法简单地通过金钱计算得出的。当然，持主观论立场的学者也承认："风险实际上并没有增多或加剧，相反只是被察觉、被意识到的风险增多并加剧了。"

虽然两派学者在风险的本质属性、风险识别方法、风险测量的规模和范围等焦点问题上持有不同观点，但他们都共同认为，关注和应对风险已成为全球化时代无法回避的治理挑战。经过长达一个世纪的论证，学者们共同推动了风险研究层次的提升，使得该问题的相关研究由原先的技术、方法或管理策略逐渐发展为一门新兴的管理学科。

在现代管理学的视野下，组织在生存和发展过程中面临着来自具有动态性和不确定特征的外部环境的挑战。然而，传统的管理工具在面对风险时普遍"失灵"，使得企业不得不寻求一种能够识别、衡量和掌控这些不确定性因素的方法。1976 年，库明斯首次将现代经济学分析方法中的"最优解思维"引入公司管理研究工作，提出通过保险工具降低风险对公司造成的损失。之后，德国学者乌尔里希·贝克反思了人们传统风险思维在认识观方面的局限，认为风险实质上是"对现实的一种虚拟"，并以动态性视角和引入人文考量的方式彻底颠覆了之前对风险的纯粹而朴素的认知。1992 年，耶茨和斯通提出了风险的三因素结构模型，将"潜在损失""损失规模"和"损失概率的不确定性"作为反映风险内涵的特征框架。在此基础上，学界卷入对不确定性概念的争论之中，并形成了不同观点。总体而言，对风险的不同认知影响了风险管理的运作方式。

当代风险管理的理念越来越贴近人们的社会实践，决策者要重新审视风险引发冲突机制背后的复杂特性。随着对研究的不断深入，风险认知、识别和防范策略等成为管理科学和其他学科理论研究的新课题，并逐步形成了综合多学科交叉的风险管理理论新体系。国内学者汪忠、王东等从层次演进、管理技术和管理观点等维度描述了近三十年风险管理研究的发展图景。他们认为，从认识观的角度来看，从静态观到动态观再到整体观的路线说明观察视角正不断丰富；从研究理性来看，风险管理的工具理性在实践中经常失灵，促使人们反思风险管理对后续的影响，推动了组织在自身风险治理行为对公平正义、法律、道德等方面价值理性考量的复归。

近二十年来，风险管理理论研究的前沿阵地不断扩展，其研究应用已深入各领域的研究和管理实践中。其中，卡尼曼和特沃斯基提出的前景理论将非理性的决策心理纳入了风险理论分析之中。该观点认为，人们在面对自己和组织的盈亏时，做决策所采纳的思维方式往往是不对等的，对受到外界因素"包装"的信息容易失去理性的判断能力，从而造成选择的"不变性"失效。同时，越来越多的心理学家也警示额外信息对决策的干扰，这类观点的提出也否定了传统管理学"更多信息意味着更准确判断"的假设。

当前，高等教育领域的治理工作面临着持续变动的内外部不确定性因素的挑战。为了应对这些挑战，风险管理思想逐渐在该领域被引入一些研究中。重视对科技成果转化过程中各类风险因素的研究，可以将不确定性思维引入大学管理工作中，增强大学管理的风险危机意识。科技创新工作时刻伴随着风险，这些风险可能会对大学的创新工作及其延伸造成危害。

为了更好地认识创新中的风险问题，西方发达国家自 20 世纪 70 年代陆续成立了风险评估机构。国际风险治理理事会（International Risk Governance Council）是 2004 年在日内瓦成立的一个国际性非营利组织，旨在建立一个国际范围内的风险评估研究的讨论平台，期望通过建立一套学术、产业、治理各界共同认可的标准化风险管理模式，以期更好地应对世界科技发展中的不确定性问题。可见，国际、国家、区域各层级部门和社会力量高度重视科技创新过程的不确定因素，对风险管理能力提升投入大量精力和资源。

在科技成果转化的管理实践中，将静态风险和动态风险有机融合并形成系统的风险观，为科技成果转化诉讼问题的分析提供了包括横断面和阶段性分析在内的综合视角。早期的静态风险观主要应用于企业风险保险工作，适用于考察风险在某一时刻的静态特点。然而，随着项目周期和规模的增长，风险的波动性和阶段差异性使得对风险的观察需要结合变动的外部环境来进行动态考察，这时横截面研究已无法满足对动态问题研究的需要。特别是人们越来越意识到科技成果转化纠纷是一个基于契约的知识传播与建构过程，要求在考察风险对纠纷的影响时应该综合考察科技成果转化的各个发展阶段，分析冲突的关键节点，掌握风险因素对纠纷作用机制的全貌。尽管科技成果转化冲突表面上看是对知识传递的阻断，但实际上技术知识的传递并非如理想一般能一蹴而就。基于此因素，应当将诉讼的形成与校企合作中的其他冲突及其风险的发展联系起来一并考察。

综上所述，风险问题在事实上已经成为大学科研管理研究必须面对的一个现实挑战。传统确定性研究的基本假设及其合法性正受到日益增加的内外部不确定性的挑战。因此，风险理论不仅是一种研究理论，更可以作为一种管理工具，在研究型大学的科研创新实践领域中得到广泛运用。

一、"风险"

"风险"一词在人们的生活中经常被使用，在各个领域常用于表达不确定性的概念。近年来，随着世界性金融危机、重大生产事故等对人类生活产生重大影响的事件不断发生，使得"风险"这个从古至今长期寓存于社会生活中的概念，逐渐在更广泛的人与自然、人与人之间的交互中，为人们所深刻感知。

然而，尽管其应用范围较广，频次较高，但人们往往忽视了这一概念的本质含义以及其背后重要的实践价值。如果只停留在文字的表面意义上，就会错失理解、识别、评估和处理"风险"的宝贵机会。通过在不同情境和背景中探寻"风险"的历史文献，我们可以发现学者们从不同的研究视域对其内涵进行了探讨。因此，笔者将从语义学、管理学、社会学和信息科学等角度对"风险"概念进行梳理。

1. 从语义学的角度看"风险"

"风险"现象自人类文明开始以来就存在。在世界不同时期和不同民族的文字中，都能够找到对"风险"这一现象的记载。

商朝已出现表示风险偶然性和不确定性含义的词汇，如古语词汇"劫数""险象环生""风云"等①；同时，也有表达因风险造成心理困扰和财物损失的词汇，如"灾""难""坎"等；此外，还有一些词语强调了机会、机遇等积极的一面，如"否极泰来""枯木逢春"等。

像"买卖""机会"等词语一样，"风险"一词在古汉语中由两个语素组合构成。第一个语素"风"常用来形容举棋不定的情境，描绘在未曾发生和突然发生之间摇摆的不确定特征，暗示事件结局的不确定性；第二个语素"险"表达"不安全"或"危险"，意味着可能给人与大自然带来现实的危害（harzard）。因此，两个语素结合起来，可表达一种危险的不确定性情形。

相比于东方文化，西方文明在中世纪甚至更早期前对"风险"的理解仅限于"危险"这一层意思，与近现代理念的有所不同。吉登斯在历史考

---

① 高盼. 现代性视域下当代技术风险问题研究［D］. 苏州：苏州大学，2017：32.

证中指出，西方中世纪前的人们对风险的认知并非源于自然，而是从神秘命运或宗教神赐的语境来引出①。在长达近千年的中世纪，由于宗教在西方文明中的绝对统治和话语权，人们在遭遇"风险"时往往诉诸神秘力量，缺少对现实世界的理性思考和科学探索，导致世俗经验一直未能凝练出风险现象背后的本质规律。

除了受到基督教影响的欧洲文明，一些学者也考证了"风险"概念在近东文明的起源与发展②，认为阿拉伯文中的"危险"（hazard）是近东文明"风险"一词的源头。该词由阿拉伯世界表意为骰子（dice）的"Al-Zahr"发展而来，其含义已开始显露出不确定性特征。但是综合来看，神秘主义范畴内的"风险"概念始终让人们确信，灾祸是"命中注定的劫数"，而非人们经验生活中的盖然性体现。

然而，在西方社会，近现代意义上的"风险"一词最早于16世纪德国的印刷出版物中出现，并在17世纪经由法语与意大利语的传播演化传入英语世界③。艾瓦尔德（Ewald）指出，"风险"一词来自拉丁词源中的"risicare"，含义是"进入风险"或"面临风险"。这一词汇是全球大航海时代航海贸易业及附属的保险业发展的产物④。风险在现代英文中写作"Risk"，其词根是意大利语的"Risco"，源于航海过程中可能遭遇的暗礁（reef）或礁石（rock）⑤。吉登斯追溯了概念的起源，认为近现代人们对风险的认识在两个历史背景之下得以深入：一是来自近千年西方世界的探险家们前往未知地区的考察活动，二是起源于重商主义者早期的航海业金融贸易活动。从这一时期开始，人们对"风险"的认识已逐渐与中世纪前的神秘主义相脱离，呈现了客观的、不可抗的、成规模等属性的可能性的自然主义色彩。由此，人类社会对"风险"的界定开始脱离"神性"的责任因素，尝试从客观的自然角度，而非宗教角度来理解和解释风险，并开始尝试通过评估和预测来减少或消除风险的影响。

① Giddens A. Risk and Responsibility [J]. The Modern Law Review, 1999, 62 (1)：1-10.
② Stahel P, Douglas I, Van der Heiden T, et al. The history of risk：A review [J]. World Journal of Emergency Surgery, 2017, 12 (1)：1-8.
③ 戴坤兴. 风险意识的哲学思考 [D]. 南昌：江西师范大学, 2021：9.
④ Hamilton C, Adolphs S, Nerlich B. The meanings of "risk"：A view from corpus linguistics [J]. Discourse & Society, 2007, 18 (2)：163-181.
⑤ 杨晓龙，王鹤岩，宫娜. 近几年风险社会研究述评 [J]. 西安电子科技大学学报（社会科学版）, 2011, 21 (02)：70-74.

18世纪的欧洲，随着工业化和城市化进程的加快，"风险"越来越为各领域所重视。人们希望找到一种科学方法，来能衡量和控制"风险"。因此，"风险"研究逐渐走向科学化，统计学和概率论成为人们认识和处理不确定性的工具。保险业的兴起和扩张也客观印证了这一语义的转变。到了19世纪，风险已不再仅仅被认为是"自然"现象，而是随着人们认识的深入与社会问题紧密相关。有学者认为，风险已经成为近现代理解世界的一种新视角。现代科学通过重新定义"风险"一词，试图来消除不确定性，并尝试借助可测量性掌控和超越"风险"。

在今天的社会，"风险"的含义已经发生了深刻变化，更精确地指明了"发生危险的可能性"，而不再简单地被认为是神秘的"神意"或自然现象的"暗礁"。过去的200年间，风险的观念在人类决策和行动中越发频繁地出现，推动各个领域思维范式的转变。在现代性理论框架之下，风险的测量受到可能性"可知或不可知"的影响。"风险"语义发展到一个新的阶段，即中性地描述发生某种情况的可能性。

《现代汉语词典》将"风险"定义为"可能发生的危险"[①]，即"可能遭到损失或者失败的不安全情形"。《大辞海：政治学社会学卷》对"风险"一词的界定更为接近实践生活，具体指"人们在生产建设和日常生活中遭遇能导致人身伤害、财产损失及其他经济损失的自然灾害、意外事故和其他不测事件的可能性"。从更为宽泛的含义来看，风险是自始至终伴随着人类社会的一种基本现象。可以说，人类历史就是人们在化解危机过程中应对并超越风险的过程。因此，风险学家形成了一种共识，即人类史上各时期的不同社会形态，其实都是风险社会的不同表现形式。

综上所述，随着社会不断进步发展，人们对风险的理解也在不断地演变。从中世纪早期基于信仰的宿命论，发展到大航海时代的概率论，再到近现代复杂性理论对风险的解读，"风险"的含义与人们对自然和自我认知的变化紧密相连，深深影响着人类的生活。当下，人们越来越清楚地认识到：风险无处不在，并且风险将会永远存在。

2. 从社会学的角度看"风险"

工业社会出现之前，人类就展现出与其他生物不同的优越性，并且产生

---

① 中国社会科学院语言研究所词典编辑室. 现代汉语词典 [M]. 7版. 北京：商务印书馆，2007：391.

了表现为探索精神的征服欲望。人类征服自然的思想可以通过文艺复兴时期的文学作品来窥见。这种思想表现为人类希望超越大自然的渴望，通过不断扩张和争斗来支配和占有更多的自然资源。培根将这一理念凝练为"知识就是力量"的"实验哲学"世界观。可以说，人类肇始于控制自然的观念，成为现代风险意识形态的根源。

20世纪中叶以来，工业社会的运转机制出现了微妙的变化①。一项决策可能产生的灾难性影响，表明工业社会正在加速过渡到风险社会。可以说，社会学视域下的风险是指人类社会改造自然所带来的一系列的复杂性风险。就此问题而言，笔者从以下几个层面对社会学视域下的"风险"概念进行了归纳总结。

一是社会学视域下的"风险来源"研究，将风险概念划分为"自然"与"人为"两大类。曹勇认为，现代风险社会语境下的风险与中世纪和近代的自然风险有所不同，更多的是一种"人为制造"的危险②。工业主义被看作"自然环境的人化"的转变过程，在把人类推向"地球主宰"的角色的同时，也让人类群体面临如空气灾害、沙漠化、温室气体、物种灭绝、温度与海平面持续升高、核污染等各种可能的致命危险。虽然这些事件发生的可能性较小，但不加节制的现代性一旦触发风险，其后果将极其严重。现代性不仅意味着进步和文明，也带来了事物的毁灭和社会生活的巨大破坏。随着工业化进程不断推进，现代性渐渐暴露出人们未曾预见的负面后果。吉登斯描绘了在工业主义影响下，人类社会未来可能面临的图景，认为未来社会可能是一系列破败不堪、受到严重损害的人类社区。

现代风险的产生也与现代性内含的负面效应密切相关，现代性的"暗面"可能孕育出风险社会。"风险社会"的概念主要指的是"被人为制造出来的风险"，而这种人为的风险已经成为人类发展过程中的主要威胁，可以说是人类知识有意或无意创造的现代性的负面影响。例如，核战争的可能性、生态灾难、人口爆炸、全球经济的崩溃、投资市场的动荡等，都是人为制造出来的风险。

近代以来，社会和经济生活的深刻变革给现代风险的基本形态塑造了新的轮廓：首先，由于人类对自然和社会生活干预的规模和程度持续扩大，人

---

① 贝克，王武龙. 从工业社会到风险社会（上篇）——关于人类生存、社会结构和生态启蒙等问题的思考 [J]. 马克思主义与现实，2003（03）：26-45.

② 曹勇. 现代风险的历史演进及其哲学内涵 [J]. 社会科学家，2011（08）：15-18.

类的决策及其后续行为将会取代大自然的作用，成为风险的主要源头。换言之，人为风险将在未来的风险体系中发挥主导作用。其次，尽管人类借助现代治理机制的各种治理手段提高了应对风险的能力，但与此同时，也必须面对治理带来的副产品——次生的人为风险，即制度化风险（包括市场风险）和技术性风险。这就是所谓的由风险应对引发的新风险，形成了一种风险迭代效应。人为风险及其治理引发的"再风险"已成为现代风险体系中的主要类型。当条件成熟时，人为风险可能会对社会造成极端影响，甚至引发全球性威胁。例如，为降低战争风险而展开的核竞赛可能导致全球核战争的次生危机。此外，事实上也确实存在着一些发生概率极低但后果非常严重的风险，比如由于人类系统工程设计的疏忽而引发的切尔诺贝利核泄漏事故、福岛核泄漏等问题。这类风险在很大程度上改变了人们对生产生活的感受，诱发了全球化风险意识的觉醒，使人们对风险社会产生了群体认同。

二是认识论与学派之间的论争，将"风险"逐步从朴素的自然观中剥离并上升为一个社会学概念。在对风险社会这一社会学认识论的不断探索中，形成了有代表意义的一些理论源流。具体如下。

道格拉斯和拉什等学者的风险文化理论提出，风险社会的形成体现了人类对风险认识的深化[1]。风险作为一种心理认知的结果，在不同文化背景下，有着不同的解释和表述，不同的社会群体在面对风险时也各有理想的应对策略。因此，风险认知及其研究在当代社会背景下已经蜕变为一种文化现象，而不只是停留在社会秩序问题的层面。

劳的新风险理论从现实主义的观点出发，认为风险社会的出现是由于人们发现了更新的、影响程度更大的风险[2]。如，在一些社会形态下极端极权主义思想滋长，引发了种族歧视、贫富分化或民族性缺失等社会问题；又或，局部地区的突发事件也可能引发进一步的社会灾难风险，如民族、地区和国家层面的区域战争可能引发核战争危机、全球性金融危机等。

以贝克、吉登斯等人为代表的制度主义理论将马克思和韦伯等学者提出的"阶级社会"视域下的中心论题确立为：在资源绝对匮乏的社会中，社会性财富以何种方式分配，这种方式在实质上是不平等的，但同时也是"合

---

① 张恩明. 风险社会理论相关研究文献概述 [J]. 探求，2008（01）：26.
② 杨雪冬. 风险社会理论述评 [J]. 国家行政学院学报，2005（01）：88.

法"的。贝克认为,风险社会有两个显著特征:一是充满不断扩散的、人为的不确定性;二是导致现有的社会结构、制度以及关系倾向于更复杂、更偶然的、更难预测的状态。在这里,现代风险与古代风险被区分开来,这种区分是现代化以及现代性本身带来的结果。"风险社会"理论就是在这一背景下产生的。

可以说,"风险社会"与"社会的风险"已经成为当前社会学研究的重要视角。无论从哪种流派的观点来尝试定义"风险社会",都不可回避风险作为一种社会现象的本质属性。识别不同历史时期的社会背景下合作双方可能出现的纠纷,可以帮助解决其他理论在道德和利益两难困境中政策失灵的问题。将风险社会理论引入研究,有助于理解研究中的时空观念,进而打破科学问题在原有的政治领域和非政治领域间的边界。

三是对风险的利弊二重性的认识不断深化,使人们更为全面地感知到"风险"带来的"危"与"机"。近30年对风险的研究表明,当前国内外学者已经对风险的二重属性基本达成了共识。一方面,风险意味着不确定性和危险性;另一方面,风险也是发展创新的驱动力。风险社会并不总意味着危害,"许多理论和理论家们没有察觉到风险社会的'机会'"。吉登斯指出,风险具有明显的两面性,一方面,"它的本性决定了它可能引发危害性后果的可能性";另一方面,如吉登斯所言,风险是"致力于变革的社会的推动力",同时也是"经济活力和包括科技创新在内的绝大多数创新的源泉"[1]。

四是对我国风险社会研究历史的梳理发现,风险概念正在逐步被引入各研究领域。我国对风险社会研究的关注起源于2003年"非典"。从研究深度来看,国内学界对社会风险的研究可以分为早期、中期、近期三个阶段。在早期,学者沿袭西方传统的研究范式,并将"风险社会"视为一个新的西方研究领域。在中期,结合国内外一些社会现象,国内学者们开始聚焦风险社会的一些热点问题,如贫富两极分化、群体性事件、"邻避"等,推动研究逐步融入有我国特色的研究语境。近十年来,随着互联网经济的蓬勃发展,社会实践中的一些新生风险经新媒体发酵而引发研究热潮。风险社会理论从国外学界传入,已形成了一些通过本土化社会视角考察本土问题的成果。劳东燕、张明楷等学者将风险社会问题引入法学研究中,为刑法和经济

---

[1] 吉登斯. 第三条道路及其批评 [M]. 北京:中共中央党校出版社,2002:139.

法学的研究提供了重要的理论支撑①②。杨雪冬等学者延伸了外国风险社会理论的全球化解释路径，通过探讨后工业化时代全球化治理中的风险复杂性问题和生态学研究中的环境破坏问题，给出了国内语境下风险社会问题的本土化解释。风险社会下的风险治理问题成为近年来学界各个领域研究的热点话题。

在高等教育研究领域，风险社会理论正在深度介入人才就业、研究与教学的安全管理、大学舆情管控等议题。然而，当前高教领域的零星研究无法充分体现该理论对于大学研究的珍贵价值。同时，需要关注的是，"风险"研究及其理论在高等教育领域的理论意义还未在学界得到充分重视。近年来，环境、安全、卫生等公共事件频发，大学治理改革也被提上研究日程。如大学生就业③、高校应急管理④、大学舆情治理⑤、大学校园安全教育等研究都显示了风险社会这一概念对大学科技管理的十分重要但尚需继续深入的理论价值。

将风险社会理论引入高等教育研究领域的重要性，不仅在于该理论能够提供风险识别的工具或风险评价的方法，更在于它终结了传统社会研究观点对自然（nature）和传统（tradition）主导性的固有假设，帮助研究者重新确立这样一个理论：风险并非来自自然环境，而是由社会活动人为构建⑥。因此，对高等教育管理问题的研究应将风险社会纳入基本前提，推动"风险"上升为管理研究的基本范畴。

3. 从心理学的角度看"风险"

国外的心理学家对"风险"和"风险认知"有着基于各种不同角度的定义。Fromme 等认为，风险能够在正向和负向同时对人们造成一定后果⑦。而 Sitkin 和 Weingart 则将风险定义为决策中可能产生的重要结果和不希望发生的结果中存在的不确定性。Sitkin 和 Pablo 进一步提出，风险是一个多维度的复杂概念，具体包括结果的不确定性（Uncertainty）、预期（Expecta-

① 劳东燕. 公共政策与风险社会的刑法 [J]. 中国社会科学, 2007 (03): 126-139.

② 张明楷. "风险社会"若干刑法理论问题反思 [J]. 法商研究, 2011, 28 (05): 83-94.

③ 陈旭峰. 从社会学视角看大学生就业难问题 [J]. 教育学术月刊, 2010 (12): 71-74.

④ 李碧媛. 国外高校突发事件应急管理的经验与启示 [J]. 中国管理信息化, 2013, 16 (17): 105-106.

⑤ 石新宇. 当代大学生网络舆情分析及对策研究 [D]. 辽宁大学, 2016: 56.

⑥ 夏玉珍, 吴娅丹. 中国正进入风险社会时代 [J]. 甘肃社会科学, 2007 (01): 20-24.

⑦ Fromme K, Katz E C, Rivet K. Outcome Expectancies and Risk-Taking Behavior [J]. Cognitive Therapy and Research, 1997, 21 (4): 421-442.

tions）以及可能性（Potential）三个方面①。他们还指出，拥有较高风险性的决策一般具有以下特征②：①期望的结果有着较大不确定性；②决策目标相对于低风险决策更难实现；③可能发生的后果中包含了更极端的不利局面。Yates 和 Stone 也认同风险的多维性观点，认为风险的心理学定义应包含损失（Loss）、损失的显著性（Significance）和不确定性（Uncertainty）三个基本元素。③

"风险认知"是"风险"在心理学研究中的下位概念，用以描述人们对风险的反应和直观判断。在广义上来看，"对风险的认知"包括人们对风险的基础评估和反应。Sitkin 将风险认知定义为个体对于特定情境的风险性的评估，包括了对于情境不确定性的概率估计、对于不确定性可控的概率以及对这些估计的信度。在此基础上，Sitkin 和 Pablo 进一步将风险认知定义为"决策者在评估决策情境时考虑的风险"，其核心内容包括决策者如何解读风险环境、风险的可控性和概率估计，以及对风险估计的信度④。Slovic 提出，当人们使用风险思维去评估各种可能产生危险的事物时，大多数人主要依赖对风险的直觉判断，即这里探讨的"风险认知"。⑤

Gregory 和 Mendelsohn 指出，风险具有多个层面的特性，其中一些特性会影响个体对风险的感知，而另一些则不会⑥。他们认为，影响人们对风险认知的特性包括了即刻性、灾害发生的可能性以及灾难是否会波及他人。此外，Yates 和 Stone、Slovic、Blaylock⑦等学者将影响风险认知的因素总结为

① Sitkin S B, Weingart L. R. Determinants of Risky Decision-Making Behavior：A Test of the Mediating Role of Risk Perceptions and Propensity [J]. Academy of Management Journal, 1995, 38 (6): 1573-1592.

② Pablo L, Sitkin S, Jemison D B. Acquisition decision-making processes：The central role of risk [J]. Journal of Management Official Journal of the Southern Management Association, 1996, 22 (5): 723-746.

③ Yates J F, Stone E R. The risk construct [J]. Risk-taking behavior, John Wiley & Sons, 1992: 1-25.

④ Sitkin S, Pablo L. Reconceptualizing the Determinants of Risk Behavior [J]. The Academy of Management Review, 1992, 17 (1), 9-38.

⑤ Slovic P. Informing and Educating the Public about Risk [J]. Risk Analysis, 2010, 6 (4): 403-415.

⑥ Gregory R, Mendelsohn R. Perceived Risk, Dread, and Benefits [J]. Risk Analysis, 2010, 13 (3): 259-264.

⑦ Blaylock B K. Risk perception：Evidence of an interactive process [J]. Journal of Business Research, 1985, 13 (3): 207-221.

个体因素、期望水平、风险沟通、可控程度、风险性质、公众知识结构、成就动机以及事件的风险度等。

总之，采用心理学视角切入研究的国外学者，主要对风险的主观认知、感知与测量等进行深入考察。根据已有研究，可以认为风险认知是影响日常生活和劳作的各种因素通过在人们心中投射而形成的心理感受和认知，是评估公众心理恐慌程度的重要指标。

在国内学界，孟博等学者通过对文献进行提炼[①]，分析了风险感知研究中亟须解决的定量化分析这一关键问题，并给出相应的解决策略。该研究运用心理测量和社会认知模型，构建了风险感知研究的模型，并且对风险感知的影响因子进行量化测量。该研究发现，情绪因子导致了人群中的63%在面对风险时态度产生了波动；同时，风险目标因子影响着风险等级的个体评估；最后总结得出，风险感知是人们产生行为决策和风险判断的基础，情绪因子应成为今后有关研究的重点。

李景宜通过比较分析，建立了一个全新的风险感知研究指标体系，并通过问卷调查分析了大学生由于个体差异而产生的风险感知能力的强弱差异[②]。该研究认为，在风险信息的传播方面，学校教育角色远逊于各类媒体；女大学生的风险感知能力强于男生；文科生的风险感知能力强于理科生；低年级学生的风险感知能力强于高年级；城市大学生的风险感知能力强于县镇大学生。此外，对个体特征与风险感知指数进行相关性分析结果显示，学科差异与风险感知的相关性最显著，其次分别是年级、性别和生源地，而年级差异与风险感知呈明显的负相关性。

国内学界研究表明[③④]，公众的风险感知状况能够反映社会发展变化对人们心理状况造成的影响及人们的反应。通过梳理国内外的研究成果，发现在心理学视角下，国内风险研究的焦点主要集中在探寻人们对风险认知的各种启发方式，或是尝试构建判断风险的认知力和理解力的框架。在此视角

---

① 孟博，刘茂，李清水，等.风险感知理论模型及影响因子分析［J］.中国安全科学学报，2010，20（10）：59-66.

② 李景宜.公众风险感知评价——以高校在校生为例［J］.自然灾害学报，2005（06）：153-156.

③ 李华强，范春梅，贾建民，等.突发性灾害中的公众风险感知与应急管理——以5·12汶川地震为例［J］.管理世界，2009，（06）：52-60.

④ 范春梅，贾建民，李华强.食品安全事件中的公众风险感知及应对行为研究——以问题奶粉事件为例［J］.管理评论，2012，24（01）：163-168.

下，人们被视为对风险有着个体主观反应的主体。然而，已有研究很少在更广阔的社会、文化和历史的背景下去研究风险认知。在此背景下，与更为精确的专家评估相比，公众对风险的判断被描述为有偏见的、不明智的，或者信息闭塞的。

实际上，除心理因素外，诸如政治和文化等其他环境因素在风险产生过程中同样扮演着重要的角色，影响着大众对风险强烈程度的认知。例如，大众对机构和团体的信任、个人及其所在组织的文化类型、持有的价值观等，这些因素常常被心理学研究视角忽视。可以说，心理学研究方法为风险研究领域提供了重要的测量工具；但与此同时，不能忽视风险现象在多元解读视角下显现出的本质特征。这也就需要在今后研究中承认并重视风险问题研究过程中心理学视角的客观局限性。

4. 从信息学的角度看"风险"

信息不对称理论（asymmetric information theory）是微观信息经济学研究领域的核心理论之一。"不对称性"或"非对等性"（asymmetry）指的是在某一资源的占有上，存在不均等或不对称的状态[1][2][3]。通常将信息不对称分为三种基本类型：

（1）买卖双方间的信息不对称。交易的其中一方享有比另一方更为丰富的信息或市场行情，导致交易中原有的正常秩序被打破。

（2）买方平等主体间的信息不对称。

（3）卖方平等主体间的信息不对称。

简言之，信息不对称即"有些人掌握的'关于某事的信息'比其他人更多"的情形。在科技成果转化的过程中，信息不对称是指参与转化的买卖双方在对交易信息掌握程度上存在的不对等或不均衡状态。

在对二手车市场交易模型深度分析后，阿克洛夫提出了信息不对称可能导致交易主体进行"逆向选择"[4]。"逆向选择"是指，在信息不对称的情况下，"信誉越差的借款人反而更容易获得资方的青睐"。在市场经济活动中，那些持有更多信息的一方往往占据有利地位。他们可能利用信息差，甘

---

① 辛琳. 信息不对称理论研究 [J]. 嘉兴学院学报，2001（03）：38-42.

② 仵志忠. 信息不对称理论及其经济学意义 [J]. 经济学动态，1997（01）：66-69.

③ 路小红. 信息不对称理论及实例 [J]. 情报理论与实践，2000（05）：337-339.

④ Akerlof G A. the market for "lemons"：quality uncertainty and the market mechanism [J]. Uncertainty in Economics，1978，84（3）：235，237-251.

愿承担道德风险去行事①。这种情况在后续的各领域研究中不断得到证实。

我国一些学者进一步研究指出，科技成果转化过程中，转化方和接收方存在的信息不对称主要表现为技术信息、市场应用前景信息、交易成本信息、有效需求信息四种形式②。这些信息的不对称可能引发市场"逆向选择"，造成"劣币驱逐良币"。当前，我国的技术交易市场主要有技术合作型、契约型合作型和一体化三种产学研合作模式。这些模式或多或少暗藏了各种形式的信息不对称问题，可能导致大学的决策者决策失误，从而阻碍各方对资源的合理有效配置，加剧了成果转化失败的风险。

进一步来讲，信息不对称有可能引发"低质量成果驱逐高质量成果"现象，也就是前面提到的技术接收方的"逆向选择"。这导致在寻找转化成果时，企业可能受到大量冗余而无效的商业信息的干扰。另一方面，因为信息不对称，大学与企业间可能存在需求上的缺口，使得科技成果转化链条两端的技术与社会之间产生持续的张力③，从而降低市场运行的效率。为了解决信息不对称引发的转化失效问题，需要深入研究和分析信息不对称的根源。然而，当前国内关于这类问题的研究成果不多。国内一些学者，比如武利和黄传慧等，将引发信息不对称的原因归纳为社会与人为两大因素，认为信息垄断、从业人员的专业化分工、企业的有限理性等都可能引发信任危机④。虽然其他学者提出了可能存在的不对称因素，但聚焦具体问题开展深入研究的仍然较少。

除了"逆向选择"，同样值得重视的问题是"道德风险"。在知识产权交易完成后，技术供方可能会面临买方的"道德风险"，发生不守信用或不履约的情况⑤。在实践中，这种风险主要表现为逃避约定的偿付义务以及在取得资金后不兑现技术承诺的形式。此类风险也是信息不对称的一种，其内在动机来自借款人的信用失效。在转化过程中，交易各方存在的不诚信个体，往往因为缺乏有效的约束机制并占有信息优势，因此能将道德风险转嫁

---

① 吴恒煜. 信息不对称的市场：逆向选择、信息传递与信息甄别 [J]. 商业研究，2002（23）：19-21.

② 黄传慧，郑彦宁. 科技成果转化中的信息不对称问题研究 [J]. 科技管理研究，2011，31（23）：188-191.

③ 郝凤霞，陈忠. 论技术与社会之间的张力 [J]. 中国科论坛，2004（06）：115-119.

④ 武利. 科技成果转化中的信息不对称问题研究 [J]. 科技经济市场，2016（05）：181.

⑤ 沈映春，魏潇潇. 高校技术市场交易的道德风险及契约设计的优化 [J]. 产业与科技论坛，2015，14（20）：44-47.

给合作方，使得转化过程中的潜在风险转为实际损失。

对本研究而言，信息不对称理论为涉及合作的研究课题提供了一种风险认知新视角。将信息不对称引入到技术供给方的决策制定过程，能够提前规避权衡两难的道德问题，并尝试通过设计合理的沟通机制来解决。不同于传统交易思维的"货币—物品"交易属性，大学科技成果转化的所有环节都会经历信息不完全情境下的"货币—承诺"交易过程。因此，实践中将"逆向选择"和"道德风险"的考虑因素纳入科技成果转化风险问题的研究，为因果分析提供了新视角。在探索人类合作问题时引入社会理性，是在传统社会科学研究仅强调单一技术理性之外的一种新思维方式。

二、"科技成果转化诉讼风险"

根据核心概念解析与定义，本研究所关注的"科技成果转化风险"可以界定为：在科技成果向产业转化的过程中，可能出现的可预测或无法预测的情况，这些情况阻碍了转化目标的实现。这些阻力来自客体、主体以及外部环境等带来的不确定性因素，这些因素可能引发转化失败、利益冲突，并进一步导致纠纷。这个定义融合了信息学、心理学、社会学等学科对风险内涵的理解，强调了风险在心理主观性和客观存在性两个方面的辩证统一。

科技成果转化诉讼风险具有以下特征。

科技成果转化诉讼风险有多种类型和表现形式。一个事物在发展过程中，会受到来自内部、外部的各种不确定性因素的影响，因此最终走向具有一定的不确定性。科技成果转化诉讼风险指的就是在科技创新生产和成果转化之间可能出现的引发诉讼结局的各种不确定性因素。在我国研究型大学的转化过程中，因成果的不成熟、科研成果资产性质的模糊以及市场环境的变动，都可能改变科技成果转化合作的结局。如果对这些风险因素不及时加以处理，纠纷就可能升级为诉讼。

风险具有普适性，并不面向具体的创新主体。科技成果转化的风险既是转化企业获取利益的障碍因素，也是防止其他创新主体获得竞争优势或模仿借鉴的一道屏障。一旦科技成果成功实现转化，相关知识产权法律将会保护其依法占有的权益。在实践中，科研难度越大，转化风险也越高，往往能给创新者的风险投资带来额外的回报。换言之，创新风险对于创新主体的危害一经解决，信息不对称的情况将会转而持续作用于其他创新主体的创新或模仿过程。

受到人类社会发展的诸多限制，实践中无法完全感知和识别所有的风险。谢晓非曾指出，大众对客观事物的认知水平必然影响他们对该事物的态度，尤其是那些无法被直接感知的风险，人们往往会对其不利后果有所夸大或轻视。Langford 等人进一步提出了风险感知的多维动态模型，认为感知是人与外界事物交互的关键环节，是对外部客观世界在心理活动中的反馈，这种反馈能够左右人们的决策行为。然而，这种能力却并非总是能够及时有效地处理所有外部信息①。在实践中，各种风险客观存在，但人们对各类风险的认知往往受到自身认知水平的限制，对风险及其后果的理解可能会被认知限制干扰。因此，在研究型大学科技成果转化过程中，总是存在着某些无法被创新主体的管理人员所感知的风险。这些风险最终将导致转移项目走向冲突的终极状态——诉讼。

当前，学界对"科技成果转化诉讼风险"问题的探讨还处在初级阶段，一些研究还未能将诉讼风险与其他类型有效进行区别；同时，受到风险管理理论方法的限制，面对研究型大学科技成果转化诉讼风险的生成，以及创新主体、客体和环境之间的关系的考察，风险管理理论当前未能提供恰当的研究工具。因此，有必要采用宏观视角下的系统论思路，对研究型大学科技成果转化诉讼风险的识别与防控这一复杂课题进行全面审视。

第三节　创新生态学理论

"生态学"概念最早由德国生物学家哈克尔提出，定义为"研究有机体及其周围环境相互关系的学科"。1935 年，英国生态学家坦斯利进一步提出"生态系统"的概念②。不同于之前的生物学理论，"生态系统"理论将生物与其生存环境视作一个有机的整体，将古典生物学世界观中孤立、静止的个体能动地联系起来，以系统论的视角进行考察。

人类群体的社会生活表现出动物性特征（animalism）。尽管经过 300 多

---

① Langford I H，Marris C，Mcdonald A L，et al. Simultaneous Analysis of Individual and Aggregate Responses in Psychometric Data Using Multilevel Modeling ［J］. Risk Analysis，2010，19（4）：675-683.

② 范国睿. 美英教育生态学研究述评 ［J］. 华东师范大学学报（教育科学版），1995（02）：83-89.

万年的演化，人类已经逐步从生物界"脱颖而出"，但人类的繁衍生息和社会的发展仍未能脱离其所处的自然环境。相反地，经历农业和科技的革命，人类逐渐适应、改造并加工自然生态，构建了网络结构化的人工生态系统。通过这样的分析过程，坦斯利、奥德姆等学者进一步构建了"整体论"（holistic）研究体系①，提倡在研究人与自然交互过程中采用新的认识论。因此，生态学理论是生态学家在研究生态过程中引入系统论、信息论、集合论和控制论的综合结果，体现了生态学研究的现代化发展走向。

"生态系统"理论的基本观点认为，"生物群落"与其无机环境共同构成了一个复杂的生态系统。系统中的每一个群体都扮演着不同的生态角色，通过参与能量循环和信息交换，以适应所处的环境，并生存下来。生物体之间的相互作用呈现多样性，有的通过竞争和淘汰来确保自身生存，有的则通过共生方式相互依存。因此，生态学理论隐含了一种"多元化"的研究视角，认为一个系统内部必然存在多样化的物种，并且这些物种有不同的生存和繁殖方式。在此前提下，生态学理论为研究者提供了从宏观、中观到微观的多元视角，可以通过分解总系统或将子系统组合为大生态的方式，来全面解构和理解复杂的系统。

高等教育系统的生态系统理论对于风险管理研究的开展具有视角和方法上的补充作用。首先，与其他生态系统相似，高等教育系统也表现出整体性、结构性、层次性、变异性和相对稳定性等基本特征。学者郭丽君等提出，高等教育生态系统是系统内各类要素及其与自然、社会环境的互动所构成的一种非线性的、开放的复杂系统②。具体来说，随着人类社会的发展，高等教育生态系统也不断演进，它具有自身的生态区域特性，其内部成员建立了多要素、多层次和多样态的"生存规则"。其次，高等教育生态系统可以通过反馈来实现生态自我调节功能，以维持系统良性运转。因此，运用生态学思路不仅可以有助于把握大学科研创新的系统性特征，也帮助研究者深入理解高等教育系统的生态演替历程、区域性特征、有序性、自我调节功能，以及系统中创新主体的信息流、物质流、能量流的运转特性③。

---

① 奥德姆，巴雷特.生态学基础［M］.陆健健，等译.5版.北京：高等教育出版社，2009：15.

② 郭丽君.教育生态视阈下的高校教学评价问题研究［J］.湖南农业大学学报（社会科学版），2017，18（04）：91-94.

③ 贺祖斌.中国高等教育系统的生态学分析［D］.武汉：华中科技大学，2004：24-26.

更为重要的是，近年来风险管理理论作为一种新兴理论被引入高等教育系统的研究体系中。该理论独特而新颖的思维方式为科技成果转化问题带来新的研究进路，而风险的动态性特征因传统风险管理理论的方法局限性在研究深度上难以突破；通过将生态系统理论融入风险管理体系，为科技成果转化诉讼风险问题的研究补充了一个观察风险动态发展过程的视角和方法，在高等教育系统中科技成果转化子系统与外部环境产生摩擦冲突的整个阶段，都可以为风险识别和防控提供模型化的研究工具。

研究型大学科技成果转化生态系统是，由高等教育系统与外部系统交互形成。从生态学的视角来看，高等教育系统由多个子系统组成。而科技成果转化生态系统是高等教育系统与社会总体生态系统的交叉部分，可以理解为是高等教育系统与外部进行物质、能量、信息交互的一个功能性子系统。在这个交互过程中，科技成果转化生态系统的有机组成部分需要面对来自系统内部与外部环境的挑战。当高等教育系统的有机体进入科技成果转化的演化进程时，将必须面对各种不确定性的风险。

从 2004 年美国发布《维护国家的创新生态体系、信息技术制造和竞争力》报告首次提出"创新生态系统"概念以来，生态系统理论已从最初对自然科学中生态理论的拟态化研究，逐步发展成为系统理论的一个重要分支。其概念、框架和模型也在不断明确和发展之中，研究"仍然具有较大的想象空间"[①]。Mercan 等人指出[②]，未来的创新生态系统研究应在解析创新组织结构的同时兼顾创新过程中的事件。在我国，"创新生态理论"的研究经过 20 年的发展，在学理和实践两个层面都取得了一定的成果。在一些城市的工作报告和相关政策中，"创新生态"这一概念不断涌现。然而，我国的"创新生态系统"研究仍处于早期阶段，未来需要深入研究我国大学创新生态中创新要素的动态关系和互动过程，以便更好地认识和化解创新系统中科技成果转化过程的潜在风险。

一、"创新群落"

瓦尔明在研究植物与自然界关系时，将"群落"（community）定义为

---

① 陈劲，阳银娟. 协同创新的理论基础与内涵 [J]. 科学学研究，2012，30（02）：161-164.

② Mercan B, Goktas D. Components of innovation ecosystems: a cross-country study [J]. International Research Journal of Finance and Economics，2011，76：102-112.

"由一定数量的种群组成的天然群聚"①。"群落"概念表达了由一群相似的同种群个体组成的较为稳定的有机整体，是整个生态系统中具有生命力的结构单元。在植物和动物生态学的理论假设中，"群落"中的各个种群生存在特定的时空环境中，其分布状态是有序的，种群之间、种群与周围环境之间通过持续交互来维持整体的生存。

植物学家和动物学家们在对生态环境进行观察时发现，个体和种群之间存在着复杂的动态相互作用机制。因此，为更好理解这种生态学现象，学者们提出"生物群落"这一概念，用以表述生态系统互动关系中相对稳定的一类关系组合，并逐渐从生态学学科中分化出"群落生态学"这一研究旁支。总结发现，"生物群落"有以下一些基本特征。

①"生物群落"是各类物种及其周围环境条件共同组成的有机整体。生态群落无法脱离外部环境而封闭地存续。在其演进过程中，它时刻与其他群落或周围环境进行能量交换。脱离时空环境，物种之间的关系将发生改变，群落构成将不复存在。因此，在研究"生物群落"时，应辩证地看待作为宏观世界的子系统兼具开放与封闭的双重属性。

②"生物群落"内部的物种之间存在着相互作用的、相对稳定的、有序的共存关系。任意物种之间并非经随意组合便可以组成"群落"。换言之，"群落"的共生关系是根据物种各自的特性以及外界无机环境的各项条件同时决定的。通常来说，物种之间经过一定时间"磨合"来组成"群落"。为了实现生存和延续，各个物种既需要与其他物种之间建立稳定、协调的能量流动关系，也需要与自身生存的环境构成某种"平衡状态"。因此，可以说对系统中的"群落"开展研究，是从宏观视角了解整个系统演进过程的一个关键环节，同时也是从中观视角将生态系统由个体到整体串联起来考察的过程。

③"生物群落"是一个充满动态性的概念。在物种内部，新老不断交替繁衍，通过维持物种的外部功能来确保整个物种的延续；而物种与物种之间，则存在着动态的互动作用机制，无法适应这种动态变化的个体将面临被"自然淘汰"的风险。

"创新群落"是通过借鉴"生物群落"中种群与环境互动机制来研究技术创新问题的一个新概念。在区域创新过程中，不同创新主体（即创新

---

① 瓦尔明. 植物生态学（植物群落研究引论）[M]. 北京：科学出版社，1965：4-7.

"种群"）之间通过互动来交换创新资源，在创新生态系统中共同实现主体的自我存续和共同演化。

科技成果转化生态系统实质上可被看作一个创新生态系统。从整体社会与自然环境看，创新生态系统是社会和自然总环境的一个子系统，包含了创新主体以及支持创新生存发展的周围环境。一些学者认为，创新生态系统由多个子系统组成，通过子系统之间建立的互动关系形成了利于生态可持续发展的创新氛围，使系统中的个体能持续增长。

从外部的宏观视角来看，创新群落（innovation communities）是由各类创新主体共同构建的一个关系集合，也是创新生态中的基本单元。对于我国当前的科技成果创新生态而言，图 2-3 中的集合关系结构展示了我国研究型大学科技成果转化生态与上下位概念之间的包含与被包含关系。其中，分属不同"种群"的研究型大学、企业等创新主体结合形成了创新群落，共同推进科技成果转化事业；创新群落与其相关的创新要素组成了创新生态环境；而随着社会与自然这一总环境的不断演化，人类社会构建创新生态环境也在不断调整发展，以满足新的需求，应对新的挑战。

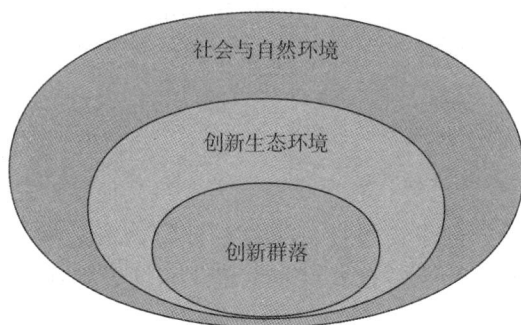

图 2-3 创新生态系统与上位环境的关系集合

从中观视角来看，可以更详细地审视创新联合体内部的紧密结构。图 2-4 展示了群落内部各个创新种群主体之间的功能运作机制。其中，为了确保自身的生存发展，研究型大学、企业和服务机构之间通过相互作用建立了多层次、多样态的联系。在理想状态下，以齿轮嵌合的方式形成协作的"关系要素"。协同创新是当前开放生态下的一种复杂网络结构，通过各主体之间的协作来汇集生态环境中的"创新因子"。通过资源共享行为，协同创新消除了创新联合体内部各个主体之间的信息壁垒。

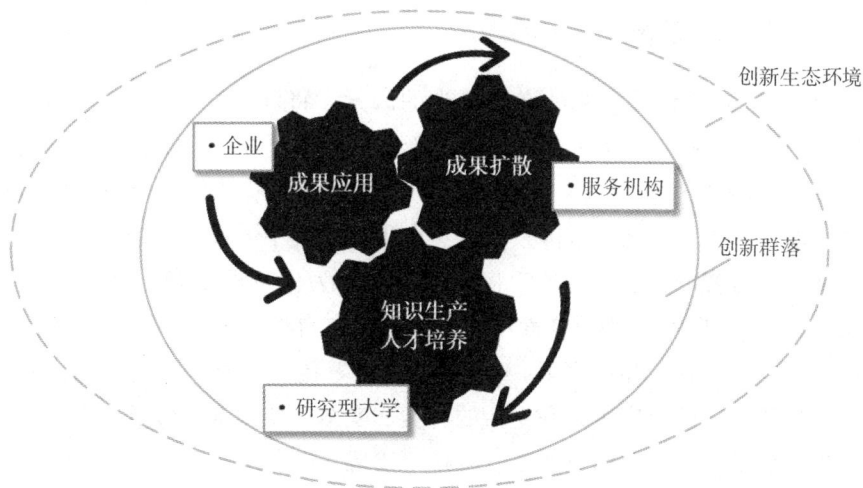

图 2-4　研究型大学创新群落的功能运作机理

从微观视角来看，创新主体是由具有相同价值诉求的创新个体组成的种群（population）。在研究型大学科技成果转化生态系统中，"创新种群"主要包括研究型大学、企业和技术中介机构三大类。此外，由于政府部门主要通过政策、金融、文化方面的政策来影响成果转化，因此应将政府部门视为"创新群落"的外部环境因素。

种间关系（interspecific relationship）是指群落中不同种群因相互作用而形成的关系要素。根据生态学理论，种间关系一般可分为中性作用、正相互作用和负相互作用三种类型。其中，中性作用表示种群之间没有相互作用，它们在同一时空环境下平行存在，互不影响，各自占有一定资源和空间；"正相互作用"表示种群间建立了互惠性的积极协同关系；"负相互作用"则表示种群间存在消极竞争关系，其中一方或多方因相互作用而遭受损失。除种间关系，种群内部个体之间也存在着互助或斗争的关系。在理想的成果转化生态中，各个种群通过相互作用建立协同的"创新群落"，在大学、企业、技术中介机构等各种群之间形成了动态、均衡、可持续的互惠共生关系①。良好的种间关系有助于促进科技成果的转化和应用，推动创新生态系统的发展和创新的持续演进。

---

① 樊霞，贾建林，孟洋仪. 创新生态系统研究领域发展与演化分析［J］: 管理学报，201815（01）: 151-158.

二、"创新要素"

"要素"是指构成事物的必不可少的因素。将词义分解来看，一方面，"要素"中的"要"暗示了某一因素对于事物的必要性，如非必要，只能称为构造事物的"因素"；另一方面，"要素"中的"素"意味着该属性是构成事物的基础单元、成分或因素，是考察事物过程中的最基本单位。

从劳动过程的角度，管理学将生产要素分为"物质要素"和"非物质要素"两类。其中，"物质要素"主要包括来自自然界的能够影响生产和生活的必要生产资料。相比之下，"非物质要素"受到人类认知的限制，是人们主观构想而成的决定生产和生活的各类非实体必要因素，包括但不限于技术要素、劳动力要素、信息要素、管理要素等。

创新是一种充满创造性、高度专门化且高度社会化的人类劳动过程[①]。顾名思义，创新要素是指构成创新劳动的必不可少的因素。从管理学视角看，创新要素体现为与创新活动相关的各种资源和能力的组合。李培楠等总结认为，管理学研究对创新要素的界定存在着多种标准，既可以从直接或间接的角度看，将技术、资金和人力资本等归为直接因素，将政策环境、文化环境和基础设施等归为间接因素；也可以从结构或功能的角度来分，将各类要素归纳为主体要素、支撑要素和市场要素三类[②]。与此相似，还有主体、资源和环境这一要素划分方式[③]。

在生态学视角下，科技成果转化生态系统中维系转化生态系统正常运作的创新要素，其最基本内容包括了推进转化的群落要素、作为转化客体的成果要素、维系创新群落间协作的关系要素以及环境要素。客体、主体、主体间的关系和外部环境四个要素之间相互独立又缺一不可，并与其他要素形成相互作用的影响机制，共同维持了科技成果转化生态系统的运作。

1. 群落要素是生态系统中的主体性因素

考察群落要素的主要方式是研究生态中群落内部的物种创新能力、物种多样性与聚集性。研究型大学相较企业有着产出科技成果的优势，因此也形

---

① 刘诗白. 论科技创新劳动 [J]. 经济学家，2001 (03)：4-14.

② 李培楠，赵兰香，万劲波. 创新要素对产业创新绩效的影响——基于中国制造业和高技术产业数据的实证分析 [J]. 科学学研究，2014，32 (04)：604-606.

③ 许庆瑞，蒋键，郑刚. 各创新要素全面协同程度与企业特质的关系实证研究 [J]. 研究与发展管理，2005 (03)：16-21.

成了相对外部的"知识势差"①。这种创新力上的天然优势吸引了对技术革新有着强烈需求的企业来寻求合作。研究型大学正是借助这一过程完成了知识的扩散，从而实现了大学的社会使命。与此同时，企业的创新能力也体现在其如何成功地"吸收"高等教育机构的知识成果，并将这些科技成果内化为实现社会生产目标的一部分。此外，技术中介机构也在这一生态中发挥作用，通过中介服务能力进行互动，并通过获取报酬来维系自身的生存与发展。

姚艳红等提出，评估创新生态系统中群落健康状况的关键指标是系统的物种多样性、技术领域多样性和市场多样性。在生态系统的演进过程中，群落构成比例的变化会影响生态系统的发展路径，并决定种群间的关系。如果相同种群间的异质性较强，例如研究型大学之间在科研领域和知识生产模式上存在较大差异，那么它们之间的种内竞争程度较弱，各自发展空间更广阔；相反，如果同质性过强，则大学间的竞争将变得更激烈，对资源的争夺烈度将加大。而在不同种群之间，如果多样性呈现出不断丰富的发展态势，种群各自的专长和特色更明显，则竞争压力降低，但同时达成合作的机会也随之减少。

另一重要指标是种群内部和种群之间的聚集性。种群内部聚集性较强的情况在现实中体现为大学城、"学院路共同体"、"企业集群"等形式，其聚集有助于资源共享，从而提升整体效率。而种群间的聚集性则表现为通过"大学科技园区"等空间聚集方式来形成产学研联盟。这种聚集使不同种群在相同相邻空间内共享资源，促进知识的相互交融。

2. 成果要素是科技成果转化过程中的客体性部分，是承载知识与产权"能量"流动的载体，是推动成果产业化的生产力保障

在研究型大学内，科研人员按照现代知识生产的模式进行基础研究。他们结合外部科研资源，通过每个参与创新过程的个体的智力劳动，生产知识"能量"。当知识通过申请专利或经过其他认证过程被组织和封装为特定阶段的可转化成果时，大学就开始与企业进行"能量"的加工与交换，此时的科技成果转化过程组建起了一个共生单元。因此，可以说，在要素发挥功能的过程中，成果要素与群落要素是相互依存、密不可分的。

---

① 陈武. 知识传播机理的物理学视角探讨——从知识势差的角度来解释知识流动 [J]. 科技和产业，2010, 10 (01)：110-113.

对企业来说，成果要素关乎其生存。一项技术工艺的改进可能会让企业在一段时间内在某一行业领域内占据绝对领先地位。因此，企业在评价成果时，除了要仔细观察该成果的技术成熟度，还需要着重关注该成果在产权维度上的可转化性。

3. 关系要素是构建成果转化过程中主体、客体、环境之间关系衔接的必要因素

现代系统论相对于经典系统理论的重要进步在于，将研究的焦点从传统的整体性问题转移到了整体与部分的关系上。科技成果转化过程的生态化解读正是基于这种理论视角的转变而形成的。引入生态学理论的根本原因在于，生态化视角能够提供一个联系而非孤立的解释框架，不仅涵盖系统、组织（也就是创新群落及其中的种群）和个体三个层次，同时也将它们紧密嵌合在一起。如果仅仅从研究型大学或企业的单一视角来看待科技成果转化过程，科技成果、群落和环境之间的关系可能只会像一个"黑盒子"一样，虽然能看到它的整体轮廓，但很难了解到内部具体的互动机制。

在科技成果转化生态系统中，研究型大学、企业和技术中介机构等创新种群间呈现出共生关系。袁纯清提出共生关系的三个基本维度，即共生单元、共生模式和共生环境。刘建生指出，对于共生单元来说，创新生态中的大学、企业等法人组织具备了生物学意义，这些组织如同生物有机体一样，经历着诞生、演化和消亡的过程表现出的特征，在趋利避害的过程中与外界进行交互往来[①]。在共生模式方面，从行为角度审视，创新群落中的不同组织之间存在互惠共生、寄生和偏利共生三类合作模式；如果从过程性角度考虑，各类组织间的交互频率可以划分为点共生（即单次共生）、间歇共生（即多次点共生）、持续共生（即连续不间断共生）和一体化共生（就是两个种群最终化为一个无法分割的种群)[②]。在共生环境方面，除了与其他种群之间交互外，这些组织实际上也与周围环境形成了外部共生关系，需通过适应外部环境来维持生存[③]。

---

① 刘建生. 产学研合作模式再探讨——基于共生理论的视角 [J]. 北京交通大学学报（社会科学版），2012，11（01）：102-106.

② 刘洋，丁云龙. 论产学研合作模式的进化——一个共生进化视角的透视 [J]. 北京理工大学学报（社会科学版），2011，13（01）：43-49.

③ 邵云飞，詹坤，钱航. 共生理论视角下高校协同创新共生一体化研究 [J]. 科技进步与对策，2015，32（08）：150-154.

摩根和汉特提出了关系营销的双中间变量模型，认为信任是双方建立合作关系的关键因素，它受到"沟通""机会主义行为"和"共同价值"三个因素的影响[①]。在科技成果转化生态系统中，大学和企业可以通过增加沟通频次、探索和形成种群间"共同利益"，以及约束各自机会主义冒险行为，从而建立互信关系。同时，技术中介机构的参与，能够为合作双方建立信任的三类因素提供行为策略上的建议，从而减少双方冲突。

创新生态系统与自然生态有许多相似之处。除了为主体提供"能量"，环境特征也在不经意间影响着生态群落。例如，政府通过制定规范性政策，可以促进创新种群之间的协作；通过完善司法体制，可以消除种群间的隔阂。金融部门则通过提供资源支持，扶持初创企业完成其创业项目，并且引入风险投资（Venture capital）工具以缓冲企业技术吸收的压力。总的来说，外部环境通过影响创新群落的演进形态来间接改变种群之间的关系形态。因此，本研究认为，环境因素应被视为关系要素考察的重要组成部分。

第四节　利益相关者理论

利益相关者理论（Stakeholder Theory）是一种基于治理思维的组织管理理论。在该理论提出之前，普遍接受的主流理论是股东至上理论（Shareholder Primacy Theory）[②]。原先的主流理论假设，传统企业主要依靠股东在实体资本上的投入来支持其经营。通过建立企业，股东群体共同参与经营，并分享经营产生的剩余价值。每个股东按份额享有分配剩余财富的权利，同时也需要按份共同承担由剩余价值带来的风险。

然而，随着全球化进程的推进，企业面临的环境正在发生激烈变化，企业内外部的矛盾和摩擦越发尖锐，从而增加了企业的经营风险。股东至上理论在新时期被证明无法保证企业依靠传统经营理念继续产生增值效应，使得

① Morgan R，Hunt S. The Commitment-Trust Theory of Relationship Marketing［J］. Journal of Marketing，1994，58（3）：20-38.

② 楚永生. 利益相关者理论最新发展理论综述［J］. 聊城大学学报（社会科学版），2004（02）：33-36.

企业经营面临治理失效的困境①。

到 20 世纪 60 年代，西方逐步形成了一套有别于传统的"股东利益至上"的新治理范式。弗里曼、唐纳德森等学者首次对"经典主流理论"在应对复杂环境中的滞后与失灵进行批判，并提出应全盘考虑企业运作中所有参与者及其利益诉求②③。这种新的理论因而被称为"利益相关者理论"。弗里曼等学者剖析了"股东至上"观念的缺陷，认为该观念虽然关注到经营活动中出现的所有相关人员，但只是将这些群体视为股东利益团体之外的"工具"或"手段"。然而，实际情况恰恰相反：所有的利益相关者在参与企业发展过程中逐步形成了整体性的利益诉求，这种诉求实际上反映了利益相关者参与分配利益与共同承担风险的意愿④。可以说，从股东利益优先向利益相关者的转变，可以视为在组织治理权、治理参与者和组织目标等方面走向现代化治理的重要变革。从股东风险自负，到利益相关者共同分担事业中的各类风险，一方面体现了现代情境下组织治理难度的增大，另一方面也印证了"组织作为利益相关者的纽带"这一全球化经济发展模式正在蔓延⑤。

为何要将利益相关者理论引入科技成果转化研究中？从功能论的角度看，德里克·博克曾指出："大学承担的社会职责，即任何国家大学存在的目的。这种社会职责包括了培育人才、发现新知识和社会服务活动。"⑥ 大学是一种特殊的社会组织，除了"教书育人"的基本职能外，还在社会各部门间的关系和功能运转中起到重要的枢纽作用。如果在庞大的社会系统中缺少了大学在人才培养和知识生产方面的贡献，而其他社会部门又无法提供必要的解读显性和默会知识的能力培训⑦，那么这一系统就缺乏承载知识流

---

① 贾生华，陈宏辉. 利益相关者管理：新经济时代的管理哲学 [J]. 软科学，2003（01）：39-42+46.

② Freeman R. Strategic Management：A Stakeholder Approach [M]. New York：Cambridge University Press，2015：25.

③ Donaldson T，Dunfee T W. Ties That Bind：A Social Contracts Approach to Business Ethics [M]. Boston：Harvard Business School Press，1999：155.

④ Freeman R E，David L R. Stockholders and Stakeholders：A New Perspective on Corporate Governance [J]. California Management Review，1983，25（3）：88-106.

⑤ 陈宏辉. 企业的利益相关者理论与实证研究 [D]. 杭州：浙江大学，2003：37-56.

⑥ 王晓阳，张京顺. 美国大学的社会责任与学术自由理念 [J]. 清华大学教育研究，2000（04）：115-121.

⑦ 姚威. 产学研合作创新的知识创造过程研究 [D]. 杭州：浙江大学，2009：113-120.

动的必要渠道。在科技成果转化的过程中，各个环节的知识流动与人才供给都需要大学来提供基本保障。这种供需关系使得大学和企业在应对技术创新时，不能忽视利益相关者。管理者不能将自己的治理视野仅局限于组织的边界之内。正是由于研究型大学在与其他社会组织或个人产生交互的过程中实现其组织的功能价值，这个过程不可避免地会引起大学与其他外部利益相关者之间的摩擦。因此，利益相关者理论成为研究型大学在实现自身社会功能过程中查找风险因素的重要工具。

从关系论的角度看，当今社会的大学，其与外部环境的交互日渐频繁而密切。一方面，大学追求自治，期待自主性发展；另一方面，大学又无法回避政府和市场对高等教育的干预。与面向企业股权与经营管理权配置的出发点相比，大学管理中的资源配置问题既有相似之处又有所不同。在治理过程中，管理者必须面对具有多元文化背景和多样利益诉求的利益相关者群体，这使得大学的行政管理人员、教授、出资者、学生和校外创新企业等，在应对与教学任务不同的大学科研创新问题时难度倍增①。受到组织自身文化特性的影响，大学的管理者需要面对与企业不同的资源压力，在处理内部各个利益群体和外部相关参与者在合作创新上的诉求时，必须谨慎应对。一些学者分析认为，大学在拓展其社会责任版图的过程中，物质资本的相对稀缺性逐渐下降，而非物质资本的相对稀缺性却在上升。这种稀缺性的变动使得利益相关者在参与大学治理过程时面临着"调整或淘汰"的压力。为了应对创新带来的风险，大学不能简单地照搬企业管理中物质资本所有者优先的治理思路，而需要更多地关注与利益相关者之间的关系，努力调整以避免各方的利益冲突。由此可见，从关系论的视角看，引入利益相关者理论是对创新生态学理论的一种补充，提供了一种将利益相关者纳入科技成果转化诉讼风险的识别和防控研究的实用工具。

近年来，越来越多的国内外学者开始将利益相关者理论应用于高等教育管理研究领域，不仅在全局性和系统性层面上提升了问题的研究深度，也促使大学管理从行政管理的概念向治理概念转变。现代的研究型大学不再仅仅是传承知识和培养人才的社会组织，而是逐步发展成接受全社会各利益相关群体监督的文化多元性的机构。阿尔特巴赫也曾论述："大学不是一个整齐

---

① 田培杰. 协同治理：理论研究框架与分析模型 [D]. 上海：上海交通大学，2013：105-106.

划一的机构，而是一个拥有一定自治权的各种团体组成的社会。"① 大学的行政管理人员、以教授为代表的教学科研人员、学生和政府等都通过积极参与大学的治理来实现自身的价值。因此，对于大学科技成果转化问题的研究，需要准确地识别出这些利益相关群体，唯此才能重新理解大学治理及其制度的深刻含义。否则，忽视这些大学内外的利益相关者，就可能在风险源头和风险介入机制方面出现盲点，从而影响研究的信度和效度。

利益相关者理论为研究型大学的科技创新由"他治""自治"向"共治"的发展路径提供了理论支撑。识别出研究型大学科技成果转化过程中的利益相关者，就是深入了解当前阶段大学科研创新过程中的参与者及其利益诉求的重要研究环节②。通过将个体与组织的利益相关性以及参与大学治理的意愿和能力纳入研究视野，能有效将注意力从传统思维中解放出来，并重新聚焦在那些易被研究者忽视的利益相关对象上。

小　结

本章主要对研究中的核心概念进行了辨析与界定，包括"科技成果""科技成果转化""风险""研究型大学科技成果转化""研究型大学科技成果转化纠纷""研究型大学科技成果转化诉讼""研究型大学科技成果转化诉讼风险"。

其中，"科技成果转化"既是管理学研究中出现的概念，也是一项科技管理实践工作，其拥有自身的发展规律和特点。科技成果的基本特征、转化的过程以及转化方式等内容构成了科技成果转化的基本要素。在此基础上，将研究型大学科技成果转化定义为：在多种风险因素作用下，研究型大学与企业等生产部门通过合同形式约定转移相应权属，实现从经认定的"科技成果"向"产品"转化的再创新过程。

梳理发现，不同学科视野中的"风险"有着不同的含义，但大都囊括了不确定性与危害性后果这两个共同特征。在研究型大学科技成果转化过程中，暗藏着各类不确定性因素，可能导致转化失败，进而引起纠纷。如果不

---

① 阿尔特巴赫. 比较高等教育：知识、大学与发展 [M]. 北京：人民教育出版社，2001.

② 胡赤弟. 高等教育中的利益相关者分析 [J]. 教育研究，2005（03）：38-46.

对不确定性因素进行妥善处理，纠纷就可能最终演变为科技成果转化诉讼。

为了进一步阐明"科技成果转化"与"风险"的关系，引入了"科技成果转化纠纷"和"诉讼"的概念。法律实践中，科技成果转化纠纷并不是静态的概念，而是一个综合多种因素并持续发展的过程，包含各种阶段的纠纷形态。而"诉讼"是纠纷进一步激化的形态，同时也是确保"纠纷"解决的一种手段。厘清"科技成果转化纠纷""科技成果转化诉讼"，有助于揭示纠纷的机制，拓展研究视角，进而从冲突两面性的辩证分析科技成果转化过程中各种风险因素的本质。

在研究型大学科技成果转化过程中，内部和外部的各类风险因素对纠纷的产生与发展起到了决定性作用，并可能通过引起诉讼形式阻碍成果转化的实施。

为更好地理解以上概念及关系，研究引入生态学理论作为系统思维的补足，借助风险管理理论和利益相关者理论解决研究中的不确定性问题。从生态学视角来看，创新主体以合同为连接媒介，以科技成果的生产和开发权为核心标的，协同开发和扩散新技术，推动新产品与新工艺的发展，最终实现转化。然而，生态系统中的风险持续存在，会在转化过程引入失败的不确定性，一些风险可能伴随着纠纷发展的始终并最终引发诉讼。

第三章　我国研究型大学科技成果转化的探索与挑战

　　与发达国家相比，我国研究型大学科技成果转化的风险管理实践，以及对相关问题开展的学术研究均起步较晚。通过四十年来的探索、学习、积累和反思，我国研究型大学走出一条具有本土特色的科技创新道路，在成果落地方面取得丰硕成果。但是，在借鉴他国经验的同时，我国高校也曾陷入政策移植失效、风险识别失败和评价效果不佳等现实困境。这些问题来自大学内外部各方面风险的综合影响，阻碍了科技创新的持续增长，成为影响社会和谐有序发展的不确定因素。为了扫清障碍、走出困境，有必要回看我国大学科技成果转化管理工作的改革经历，找出阻碍科技创新的关键因素，并考察官、产、研各部门应对挑战的历史经验，加深对科技成果转化风险因素的理解。

　　一是解读我国研究型大学科技成果转化生态系统的要素构成，对系统中的各类要素进行详细考察。

　　二是梳理我国研究型大学科技成果转化实践的历史脉络。我国研究型大学科技成果转化生态发展至今已走过四个历史阶段，其间各类要素配置的变化推动了科技成果转化生态的演进，生态系统演进过程中的诉讼风险也在悄然发生变化。

　　三是通过总结发现各时期国家科研创新体系建设的重心受到三种创新范式演进的影响。

　　四是分析我国研究型大学在科技成果转化过程中遭遇的风险挑战，尝试理解我国产、研、介等各个创新群落在应对相关风险因素的治理过程中的变化。通过分析发生在不同时期各类型的转化障碍，复现各部门对科技成果转化风险的识别过程，并且从不同部门的联合治理过程中，动态地审视科技成果转化这一多因素作用下的复杂系统的演化轨迹。

第一节　我国研究型大学科技成果
转化生态系统的要素构成

创新生态系统由其中主要的生态主体和生态要素构成。回顾新中国成立以来研究型大学的发展历程，可以看到科技成果转化系统逐步复杂、各要素的均衡性也在逐步增强。创新系统的要素也经历了多样化和功能细化的演变过程。总体来看，我国研究型大学科技成果转化生态系统的基本要素由群落要素、成果要素和关系要素三部分构成。有些学者指出，在我国的创新生态中，基本要素包括主体要素、知识要素和环境要素①。笔者认为，这种分类方式虽然考虑到了科技创新过程中的"人""物"与"情境"，却没能给出这些要素之间互动过程的关联性解释。因此，本书在此基础上提出了关系要素的概念，将环境因素也纳入动态的视角中，并通过审视科技成果转化生态中主体与主体、主体与环境的互动关系，更全面地理解生态系统中的各类要素。

一、群落要素

科技成果转化过程的本质在于知识生产者、知识应用者和知识扩散者之间形成的协同创新过程。各创新群落要素在同一时空环境下经历动态演变，通过自我调节与相互作用，实现各自在科技创新生态中扮演了不同角色。

1. 作为生产群落要素的研究型大学

研究型大学在科技成果转化生态中扮演着知识"生产者"的角色，是创新的发起者和知识的原始创新主体，也是人才能量流与技术能量流的源头。在技术能量的流动中，研究型大学通过汲取生态中的原始生产资料，组织系统内部及周边研究人员进行知识的直接生产工作，通过其突出的"溢出效应"，推动系统整体的创新进步。对于人才能量的流向，大学的产出中包含了相对稳定的以研究为事业的校内教职工，同时，也包括具有一定流动性的研究生群体，在知识积累和技术能力上有较高的潜力。

研究型大学是肩负多重社会功能的巨型化组织。其战略定位的演进经历

---

① 裴忠贵. 高校院所技术转移生态系统结构与运行机制［J］. 中阿科技论坛（中英文），2020（12）：13-16.

了不断复杂化和深化的历史进程。克拉克·科尔曾指出，"高等教育的历史，很多是由内部逻辑和外部压力的对抗谱写的"①，阐明了研究型大学在社会环境中的定位受到来自整个社会环境的持续性张力的影响。更进一步地说，研究型大学的发展历程不能回避人类发展的整个历史。面对社会变迁对大学"育人"职能需求的压力，大学必须平衡来自组织内外的各种因素，以确保其生存和发展。随着知识生产模式的转变，大学不得不应对来自外部社会对创新能力和创新人才的双重需求。那些以知识传授为主要职能的大学需要适应新的历史定位，将基础研究和应用研究的社会职能纳入其职责当中。

外部宏观社会环境对研究型大学内部和种群间带来的压力，无疑成为影响研究型大学进化发展的主要驱动力。回溯至柏林大学的创立，政府和社会民间机构一直扮演着为研究型大学提供持续的创新能量的核心角色。科技革命和世界格局的变迁，无论是最为紧迫的国防需求，还是通过技术领先推动经济领先的竞争需求，各国政府部门及企业都会选择通过直接经费投入及其他创新资源，来引导或控制研究型大学的研发趋势。

研究型大学的组织结构对其未来发展走向起着决定性作用。无论是内部的科层制度，还是学术自治团体的学术积极性，学术利益相关者以正式或临时的学术共同体的身份参与大学治理，通过巩固自身的科研能力来提升其社会影响力，进而开拓科研资源版图。例如，大学教授通过展现其成果和产出来争取同行更高评价，并在经费竞争中取得优势。学术荣誉和头衔能显著提升学者在全社会的知名度，帮助学院和大学建立稳定的社会关系网络。学者组成的学术共同体共同保护学校的社会声誉，在学科评价中获得竞争优势，以此帮助大学提升排名，在政府经费和社会创新资源方面得到倾斜。

研究型大学创新种群内部存在着一种"遗传"关系。具体来说，大学通过逐步健全的科研与人才培养体系，以及与社会和周边社区的互动，提升其社会影响力，从而建立起良性的发展机制。以上工作实质上是大学通过持续保持其创新输出能力，并将这种能力以"基因"的形式刻入自我繁衍过程。大学已被证明是社会环境中典型的学习型和创新型组织。大学组织以相互学习、代际模仿和人才流动的规范为约束，建立起注重知识创新和传承的内部"基因遗传"机制。这种机制能够确保大学的创新精神得以在组织内部延续和发扬，从而推动大学的持续进步和发展。

---

① 克尔. 高等教育不能回避历史 [M]. 王承绪，译. 浙江教育出版社，2001：2.

对于研究型大学来说，鉴于新中国成立以来人口增速显著，为了满足人民生活水平提高和国家安全战略的需要，工业和服务业的发展势必超越农业，成为国家增长的首要驱动力。另外，随着城市化进程的加快，劳动力人口也面临多元化的分工和专业性提升的现实压力，这也使我国研究型大学的社会职能与发达国家呈现相似的发展路径。

大学创新群落的"创新基因"决定了其存在"变异"的可能性。开放的生态系统导致生存环境中的资源要素不断变动且总量有限，迫使创新主体为了稳固其在生态系统中的生存和繁衍能力，必须在适应生态环境的过程中寻求变革以获得更好的"生态位"。由于"生态位"始终处于动态变化状态，唯有通过拓展群落的资源生态位与需求生态位，才能够使创新群落借助适应和改造环境的经验来谋求发展机遇①。为了实现这一繁衍目标，研究型大学不能消极地回避社会对"第三使命"的需求②。发展进程中，各国研究型大学积极拥抱变革的变迁历程，也印证了这一观点③。

在国家创新系统的构建过程中，大学由于生态地位的天然优势，掌握了较优质的创新资源。这些资源的有效利用对于国家基础科技和高新技术的研发以及成果转化具有决定性的作用。横向来看，大学承载超过半数的国家级重点实验室或者国家级工程研究中心等重要研发机构，同时为各类机构提供关键的人才和技术支持。这一现象可以从大学在国家自然科学基金、国际科学技术进步奖励中的贡献比例中得到验证。研究型大学的存在价值在于对财政资金的有效利用，以及对科研人员生产力的合理配置。如果能够进一步转化其科研成果，吸收社会各种资本投入，特别是与其他国内外科研机构或高新企业形成良性的竞争与合作关系，将进一步推动经济稳步增长，提供民生福祉，实现国家财力和人力资源的高效利用。

2. 作为应用群落要素的企业

企业不仅是整个系统环境中创新需求的发起者，同时也是创新成果的加工者和消费者。作为创新的主导力量，企业对行业和区域经济发展起到至关重要的推动作用，其对技术创新和转化的能动性作用直接体现了所在区域的创新能力。企业将自身拥有的劳动力、生产资金、创新人才以及来自内部和

---

① 范国睿. 教育生态学 [M]. 北京：人民教育出版社，2000：20-21.

② 李世超，苏竣. 大学变革的趋势——从研究型大学到创业型大学 [J]. 科学学研究，2006（04）：552-558.

③ 王战军. 中国研究型大学建设与发展 [M]. 北京：高等教育出版社，2003：3-9.

外部的新技术等"能量"进行整合与再加工，形成产品以及利润等群落产出。因此，从宏观来看，企业是科技成果转化生态中技术的消费者和产品的生产者，通过其转化能力来推动系统内创新活力向新产品的转化和迭代。这种能力的强弱，直接决定了企业的竞争优势和市场地位。

从外部观察，企业在生态环境中占据自己的"生态位"（ecological niche）。与自然生物学概念不同，企业的生态位既受到外部环境的影响，使其被动地进行变化，同时也受到企业主动竞争行为的影响。或者说，"生态位"理念相比"市场定位"的概念，更加强调了企业与环境之间，企业与企业之间的相互关系和相互作用[1]。企业通过占据适合自身发展的"生态位"才能更好地实现社会功能与价值[2]。当企业识别到生态环境中的不确定性因素时，可以通过调整自身"生态位"来提升生存能力并降低生存成本。而与生态中的其他种群进行协同创新，积累技术资本，是企业通过拓展生态位，针对环境变化防范生态危害的重要战略选择。

从内部观察，企业拥有复杂的层级结构，并采用自上而下的管理模式。在生态系统中存续下来的企业，除了掌握充足的社会资源，通常还有独有的创新文化。企业的管理者和一般员工可能随着时间的推移升职或离开岗位，但是企业创新文化却渗透并根植于每个人的工作理念中。强大的组织文化是提升企业绩效的重要保障。虽然不同企业之间的文化类型存在差异，但是这种差异并不一定与企业绩效的提升有直接的联系[3]。因此，任何生态系统中寻求生存的企业都应具有其独特的文化特征。

企业的吸收能力同样对其在生态系统中的生存与发展至关重要。刘长勇等认为，企业的知识吸收能力是由研发投入、学习强度与方法、先验知识存量以及组织学习机制共同决定的[4]。处于落后情况的企业通常会从生产制造成熟产品开始，逐步积累组织的生产制造知识，形成独有的人才选拔和培养机制。通过持续学习新观念，以及对企业内外的知识组织联合体进行持续投入，最终构建出具有内发性的自主创新吸收能力体系。

---

① 许芳，李建华.企业生态位原理及模型研究 [J].中国软科学，2005（05）：130-139.

② 梁嘉骅，葛振忠，范建平.企业生态与企业发展 [J].管理科学学报，2002（02）：34-40.

③ 卢美月，张文贤.企业文化与组织绩效关系研究 [J].南开管理评论，2006（06）：26-30+67.

④ 刘常勇，谢洪明.企业知识吸收能力的主要影响因素 [J].科学学研究，2003（03）：307-310.

3. 作为扩散群落要素的技术中介机构

在创新生态系统中，技术中介机构作为生态网络的中间结点，虽然并未像大学和企业那样扮演着创新主体的角色，但其在整个创新生态运转中起到了主要辅助者的重要作用。在推动协同创新、调节所在区域创新网络运转等方面，它们像"黏合剂"一样，能够对生态系统中的薄弱要素进行资源的调整与补充。

表 3-1　技术中介机构各服务类型的功能侧重

技术中介 服务类型	技术中介服务内容				
	硬件设施	软件设施	法律咨询	管理咨询	技术咨询
技术孵化	☆☆☆	☆☆	☆	☆☆	☆
技术市场	☆☆☆	☆☆☆	☆☆	☆	☆
转移代理	☆	☆☆	☆☆☆	☆☆	☆☆
技术扩散	—	—	☆	☆☆	☆☆☆

附注3：☆☆☆——主要功能、☆☆——次要功能、☆——一般功能。

我国的科技成果中介机构具有明显的多样性特征。一方面，随着大学和企业对技术传播功能的理解加深，越来越多的创新实体通过自建或者联合建立技术中介机构。例如，大学科技成果转化服务中心、产业园、校园技术孵化中心等大学溢出的关联结构；另一方面，具有技术交易经验的专业经理人也建立了独立于各创新主体的创业中介公司。

我国的技术中介机构根据职能被划分为推动技术商品化、技术扩散和产品社会化这三种服务模式。前两种模式的主要职责是促进我国的研究型大学与生产企业之间建立紧密的对接关系。其中，主要工作包括对实验室的技术成果进行中试、市场研究或生产规模扩大，最终给生产企业提供合格的产品生产模式；后者的主要任务在于将成熟的产品或服务推向目标客户群体，以扩大产品的市场影响力和商业效应。

二、成果要素

科技成果是研究型大学科技成果转化生态系统中承载知识和产权流动的关键载体。一方面，科技成果转化是知识转移和共享的过程，因此，科技成果具备知识成果的基本特征。另一方面，科技成果转化也是通过交易来实现生态资源的共享，由此，科技成果同样具有知识产权所蕴含的人身权和财产权特性。

一是科技成果的首要特征是非显而易见性，也就是所谓的原创性。一项新技术、新工艺、新方法的新颖性体现在该项发明并不是通过简单推理而轻易获得的，而是凝聚了发明人群体的集体智慧对大量资源整合后的创新思想的结晶，标志着其高度的独特性。

二是科技成果的技术生命周期具有阶段性特征。对于知识成果而言，其成熟度提升过程是思维中的知识成果在实际生产条件下不断精进的物化过程（如图3-1所示）。这一成熟度的评估标准，除了体现人们在实施转化生产时的工艺成熟外，也反映在人们对技术成熟性的心理认知上。在技术刚刚获得认证的初级阶段，由于技术产业化的不确定性因素较多，科技成果的转化可能会因风险因素而失败；然而随着技术成熟度的提升，不确定性逐步被识别并排除，风险性降低将会推动科技成果转化的质量提升；当成熟度发展到理论明确、工艺完备的状态，该成果的转化程度将达到巅峰，而此时技术的新颖性和效益可能会开始衰退。

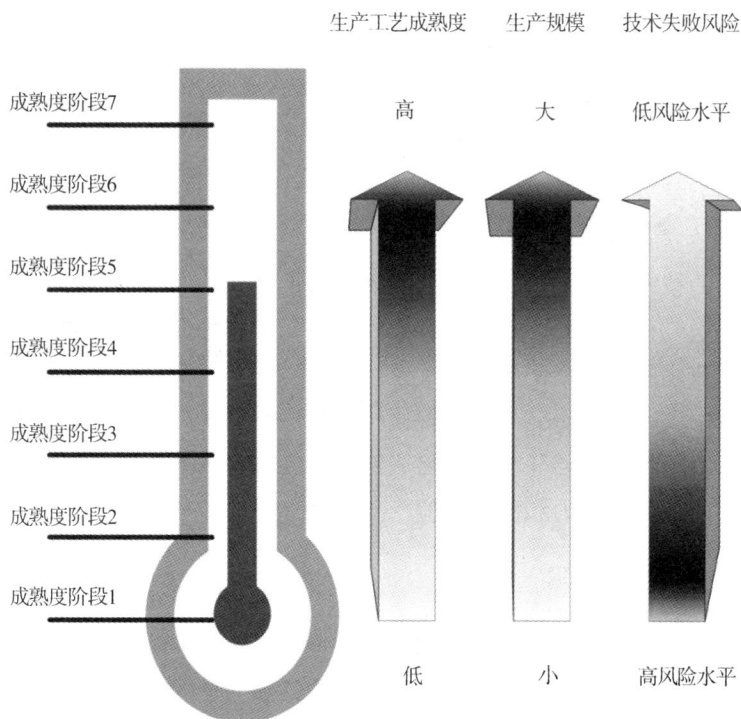

图3-1　技术生命周期中科技成果成熟度规模与科技成果特性的关系

三是大学的科技成果具有非物质性或无形性，这意味着其权属转让并不取决于物质载体的流动，而是更为注重科技成果的知识默会性。换言之，科技成果的所有权和其物质载体的所有权是截然不同的概念。进一步说，科技成果是研究型大学科研团队的集体智慧的产物，其存在既可以显性地体现为实验室阶段性产品或生产工艺的改进，同时也可以隐性地通过参与研发的高校科研人员的记忆得以保存。从知识的角度来看，科技成果转化的实现需要知识所有者将未被表达的"知识包"通过言传身教等载体传递，使得这一"知识包"中的各类信息经"拆解—传递—组合"的过程在知识接受者群体中得到再现[①]。

四是科技成果具有排他性。这一特性要求未经产权人的许可，任何个体或实体不得擅自使用实施，否则将视为侵权。研究型大学在与企业进行科技成果转化的过程中，需要消除此种排他性，即通过将成果的财产属性让渡给他人，从而获取相应回报。

五是科技成果的有效性往往依赖于特定的时空环境。如果一项科技成果的产权超出环境的规定限制，那么这项产权将会失去效力。这主要是因为科技创新生态环境需要在创新发明者的个人利益和社会的整体利益之间找到平衡。通过设定专利权的时效，发明人可以在特定阶段内获得奖励，并在下一阶段继续进行创新发明。除此之外，知识产权的地域性也在保护发明人所在国家的创新收益的同时激励各区域之间进行技术转移，进一步推动金融全球化进程，并加速人类命运共同体的融合发展。

三、关系要素

受到自然界中生态系统演进的启发，可以通过生态学的模拟来理解不同创新主体之间的"能量链"和相互关系。

1. 群落内部各"种群"之间的关系

在科技成果转化生态内部，大学之间存在竞争关系。由于创新资源的有限性，研究型大学需要在有限的创新"原材料"上展开竞争。在改革开放前的一段时期，受到计划经济制度安排的影响，高等教育系统内的创新资源由政府而非市场统一分配，各类科研材料、设备和资金在大学之间未形成竞

---

① 郭英远，张胜. 科技人员参与科技成果转化收益分配的激励机制研究 [J]. 科学学与科学技术管理，2015，36（07）：146-154.

争或交流。然而，随着创新生态系统对市场要素的引入，大学之间的竞争日渐激烈。一方面，它们需要向上游经费单位申请有限的科研经费，另一方面，也需要主动研究外部市场环境，探寻科研创新的需求，以便获取来自外部社会环境的支持。

企业之间同样存在着竞争关系。彼得·德鲁克认为："当今企业之间的竞争，并非产品和服务之间的竞争，而是商业模式之间的竞争。"随着全球化市场格局的形成，企业不但需要考虑区域和国内市场的竞争，更要将视线放眼到全球市场。翁君奕认为，客观来看，竞争既是企业面临社会环境的必然选择，同时也是企业生存的驱动力。如果没有足够的竞争压力，企业就无须担心产品竞争力下降以及长远利益损失的问题，这使得企业有更多时间和精力去通过技术难题来延续自身的竞争力①。外部环境的不确定性给企业带来了竞争压力，企业只有通过技术创新才能避免被其他企业瓜分市场份额。

研究型大学与企业之间通过形成共生关系来拓展自己的生态位。"生态位"理论认为，同一生态系统中的不同种群之间存在先竞争后共生的发展态势。由于环境资源的相对稳定性与分布上的不均衡，不同种群间对同一资源的竞争会导致种群间生态位的分异。这种分异一方面淘汰了竞争劣势的物种，另一方面使得留存下来的种群之间形成了稳定的共生关系。在企业与研究型大学共存的过程中，同一生态下的两个种群逐渐在各自生态位上找到平衡，种群之间的竞争不断减弱。对于高等教育机构而言，竞争表现在社会声誉和科研资源的校际竞争；而在企业领域则表现为同一产业内企业之间的商业竞争。

为了优化种群内部的生态位并促进"能量"的高效交流，大学与企业正积极构建产学研合作关系（如图3-2所示）。这一交流过程不仅涵盖了资金、技术、人才和产权方面的能量流动，还助力两个种群在各自领域内优化生态位，进而在外部资源能量的竞争中占据优势地位。

相对而言，技术中介机构在这一能量交互过程中扮演了加速合作、促进能量流动的辅助角色。虽然这一辅助者角色是非必要的，但是随着创新生态环境中能量竞争压力的加剧，大学和企业为了降低不确定性因素对自身生存的威胁，就需要通过引入这一辅助者来加强与另一创新种群之间的共生紧密程度。

---

① 翁君奕. 竞争、不确定性与企业间技术创新合作 [J]. 经济研究，2002（03）：53-60.

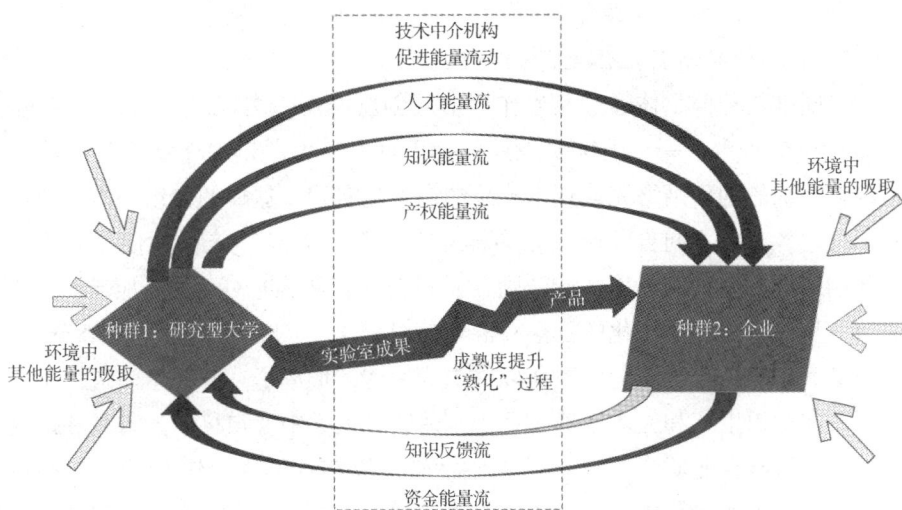

图 3-2　科技成果转化生态系统中种群之间的能量流动机制

2. "种群" 与 "生态环境" 之间的关系

生态学理论最基本的研究前提就是承认生态主体与环境存在互动关系。在我国研究型大学科技成果转化生态系统中，创新主体依赖于确定的环境生存法则来实现自我存续、发展和繁衍。按照学者李彦昭的定义，我国转化生态环境下的创新主体主要分为三种生存类型，它们分别是市场规则下的企业型组织、科学规则下的大学与行政规则下的政府机关。可以进一步推断，我国研究型大学科技成果转化生态内的中介服务组织同时受到了市场、科学和行政三方面的约束。随着生态系统中各主体间的不断交互，三者不仅需要遵守各自的主要环境规则，同时也会受到其他规则的持续影响和冲击。

正是由于动态环境下主体与环境之间不断相互作用，给科技创新工作带来了各类不确定性因素，也就是本书涉及的各类风险因素。在市场环境层面，随着我国科技创新环境向市场化方向发展，创新主体必须面临日趋动荡且复杂的外部环境，这些严苛的外部环境因素让企业陷入 "创新或倒闭" 的两难境地。

同时，具有强竞争力的创新主体能够从生态环境中持续获取养分。具体来说，创新主体通过其社会声望、激励机制以及人才培养机制从社会环境中吸收 "新人"。那些具备高级专业技能、能胜任科研任务或为成果商业化活动提供服务的人才，是创新主体获取生态竞争优势的重要战略资源。此外，创新主体也能利用其核心竞争力不断吸引和累计社会资金，形成以组织法人为信誉担保、以组织内部人才为资源联结点的社会资源网络。

3. 不同种群创新主体之间的关系

不同创新种群个体通过共生作用形成创新群落，实现组织的共生演进。Kash 等学者提出，一个国家实现经济突破性发展的关键在于掌握通过构建复杂自组织的创新网络完成技术成果的商业化实践，这样的自组织网络离不开网络内各节点之间自发形成的多样互动关系。美国"硅谷"便是自组织创新网络的典型案例。该区域鼓励企业间进行健康激进的竞争，加强非正式交流，从而构建起区域化的社会和商业信息网络[①]。自 20 世纪下半叶至今，研究型大学与企业之间的关系比以往更为紧密，形成了一种共生演进的生存关系。在知识生产和人才培养过程中，研究型大学中参与科研的教授和研究生群体通过与企业联合开展科研探索活动，以实现学术组织自身的生存运转。在这一生态系统中，大学负责提供知识生产能力，企业则负责将知识成果转化为具体产品，通过这种方式给予大学和社会丰厚的回报。

在我国的创新生态系统中，自改革开放以来的企业改革历程逐步提升了企业专业化研发能力以及生产技术水平的要求。由企业数量增长和创新资源稀缺所造成的不均衡状态，使得企业面临着"不创新就淘汰"的严峻生态压力。创新力是企业生存发展的重要支撑，除了企业自身建立研发团队，直接的技术接收过程也表明了大学这一知识生产种群对企业生存发展的重要意义。在此契机下，我国的科技创新生态正在经历一场内部和外部共同推动的演变，企业与研究型大学之间形成互惠互利的"共生"关系。

创新生态中的"共生"体现为创新上的互惠互利。生态学意义上，"共生"是指两个非同种生物主体之间的共存关系，这种关系既反映了主体间共同生存的方式，也展示了生态系统中能量交换的过程。在行为方式上，共生关系可以分为寄生、偏利共生和互惠共生；在组织方式上，可被进一步划分为瞬间共生、阶段性共生、连续共生和一体化共生。在我国科技成果转化生态环境中，创新主体之间以互惠共生为行为目标，以阶段性共生为组织目标。阶段性共生是一种暂时的共生关系，它始于签订转化技术合同，终结于合同约定的产业化条件的实现。为了实现企业和大学共同的生存目标，双方构建的共生体应当通过共生关系产出新的能量，并将产出的能量公平分配到各自组织中，从而维系双方的系统化生存。除阶段性共生外，一些企业尝试

---

① 周朴雄. 基于知识联盟的企业技术创新研究 [D]. 武汉：武汉大学，2005：119-120.

与合作紧密且未来阶段存在更多合作机会的研究型大学建立长期的共生关系，这种关系通常被称为"技术联盟"。

第二节　我国研究型大学科技成果转化生态的发展历程

新中国成立以来，我国研究型大学科技成果转化工作经历了多阶段的发展历程。通过在科技资金支持、税收政策、法律法规等多方面采取措施，我国自成立伊始逐步建立了适应社会发展要求的科技成果转化生态环境。为了激励大学和研究院所在科研成果转化方面的意愿，有关部门先后出台多项政策，对科研人员在资助和奖励方面逐步扩大政策优惠，并鼓励科研人员到企业中从事技术服务工作。本节从科研管理体系、法律政策体系、技术市场环境、人才交流体系等方面出发，对我国大学科技成果转化发展的四个历史阶段进行全面回顾，审视创新生态的培育过程。表 3-2 汇总了新中国成立以来我国大学创新生态所经历的四个创新发展阶段中生态要素属性的基本情况。

辩证地看，研究型大学科技成果转化的科研管理需要适应从传统计划经济体制向市场经济体制的转变过程。这不仅是各类资源条件在新政策与新环境下的调适，也是整个科研管理体制的重新塑造。另一方面，面向市场经济的国家体制改革工作，也迫切需要在创新领域实现突破性转变，来推动国家经济建设。简而言之，审慎处理科技创新体制改革中的"转化"问题，是解决政府与市场关系，平衡增长和稳定，以及加快扫清制约国家科研机制障碍的关键一环。

表 3-2　新中国成立以来研究型大学科技成果转化生态演进四阶段比较

生态特征		1949—1978 年 计划经济时期	1978—1995 年 市场萌芽期	1995—2008 年 转化增长期	2008 年至今 权属深化改革期
群落要素	"物种"多样性	☆	☆☆	☆☆☆	☆☆☆☆
	"物种"聚集性	☆☆☆☆☆	☆☆☆☆	☆☆☆	☆☆☆
	知识生产力	☆☆	☆☆☆	☆☆☆☆	☆☆☆☆☆
	知识扩散力	☆	☆☆	☆☆☆	☆☆☆☆
成果要素	技术的可转化性（技术成熟度）	☆	☆☆	☆☆☆	☆☆☆☆
	产权上的可转化性	☆	☆☆	☆☆	☆☆☆☆

生态特征		1949—1978年 计划经济时期	1978—1995年 市场萌芽期	1995—2008年 转化增长期	2008年至今 权属深化改革期
关系 要素	"物种"内协作	☆☆☆☆	☆☆☆	☆☆☆☆	☆☆☆☆☆
	"物种"间协作	☆	☆☆	☆☆☆	☆☆☆☆
	金融环境自由度	☆	☆☆	☆☆☆	☆☆☆
	政府支配作用	☆☆☆☆☆	☆☆☆☆	☆☆☆	☆☆
	法规完善程度	☆☆	☆☆	☆☆☆	☆☆☆☆
组织结构		举国计划	政府计划主导， 开拓市场	市场起决定 作用，政府 政策引导	中长期计划引导， 规范市场，下放 自主创新管理权
知识扩散模式		计划创新， 自行转化	自主+引进创新， 自主转化	联合创新， 自主转化	联合创新， 自主+扩散转化

附注4：程度由低到高为"☆"~"☆☆☆☆☆"，分别代表"非常低""较低""中等""较高""非常高"。程度划分基于国内张仁开[①]、吴寿仁等学者的研究资料，以同时期欧美国家科技创新典型范例为参考，采取五分法进行程度划定。

一、计划经济时期的举国创新原始生态（1949—1978）

1949年11月，一些西方国家推动成立"输出管制统筹委员会"（又称"巴统"），试图对我国科技与贸易进行全面封锁。为了打破这一局面，中央政府于1956年制定并实施了我国第一个中长期科技规划——《1956—1967年科学技术发展远景规划》（简称"十二年规划"），通过推动国防事业保障民生稳定与经济发展。十二年规划首次明确了新中国成立后国家科学技术的总任务、重点部分、科学发展方向、科研工作体制、科研机构和人员的配置等具体内容。在科技体制和基础条件等与西方发达国家存在较大差别的客观历史环境下，此时期我国政府结合本国创新文化、经济体制、政策环境以及科研能力等多方面实际情况，制定出了具有时代特色和战略指向性的"十二年规划"。考虑到经济基础相对薄弱，且各领域科技发展阶段均相对较滞后，在制定科技发展规划的先行阶段必须提前精准定位发展重点，明确

---

① 张仁开，杨耀武. 我国科技进步与经济发展的协调性评价研究［J］. 世界科技研究与发展，2007（01）：100-106.

战略方向。具体来看：

一方面，坚持党和政府对创新的绝对领导，自上而下建立起顺应我国创新生态发展潮流的科技领导体制。我国在新中国成立初遭受战乱、自然灾害和技术封锁，国内科技产业发展基本停滞，发展基本面相比其他国家较差。制订有明确引导性的科技计划是当时资源匮乏条件下的必然选择。为了实现1956年周恩来总理提出的找准"最急需的门类"的科技发展规划，特别筹建起中国科学院，并且在《关于中国科学院基本任务的指示》中明确了今后我国科学工作的总方针与基本任务[1][2]。

另一方面，看清这一时期我国整体人文和经济生态环境资源局限性的局势后，探索科学、技术和工程发展的本质规律，坚持以"科技举国"体制为根本，在重点领域加强引导。该时期科技规划顺应阶段性发展规律，坚持以生产实践带动各学科建设发展。"规划"制定初期，专家小组曾分为两派意见，其中部分专家认为应按照具体任务倾向偏重生产实践的规划，另一派则主张以学科为导向进行扎实的基础科学体系建设。为了在其中找到平衡，国家计划工作委员会提出"以任务带学科"为基本原则，在生产、科技和学科规划中形成了以56项具体国家科技任务为主、兼顾重点基础学科建设的计划草案。

当然，在确立导向为解决最急切发展目标的同时，该时期的科技规划也在一定程度上牺牲了发展的灵活性与能动性。结合各阶段的经验看，计划体制下的科学技术事业发展重视技术的即用性，强调科研任务的实用导向，客观上造成科技工作中各类资源难以向基础研究流动的局面。钱学森曾指出，"现代基础研究不仅包括各门自然科学中的纯基础研究，也包括广大应用科学和应用技术领域里的基础研究"，"是一个宽阔带"……"这些研究在不同领域和不同层次上，对现代经济和社会的发展起着重要的推动作用"[3]。在此前提之下，科研规划就不应仅以是否具有直接应用目的或背景为导向，而是应当兼容并蓄，在分清主次的同时，同步持续推进各领域的基础研究。

---

① 中国科学院官网. 中科院历史上的五次办院方针调整 [EB/OL]. [2009-09-23]. https：//www. cas. cn/jzzky/byfz/200909/t20090923_ 2515293. shtml.

② 中共中央文献研究室. 建国以来重要文献选编（第5册）：中共中央对中国科学院党组《关于目前科学院工作的基本情况和今后任务给中央的报告》的批示 [M]. 北京：中央文献出版社，1993：146-147.

③ 钱学森. 也谈基础性研究 [J]. 求是，1989（5）：5-8.

从研究成果的流动情况来看，1978 年以前，国内科技成果研发与转化环境较国外而言偏原始。研究资源配置过于依赖国家计划而非市场，造成大学和研究院所的创新成果无从交易流通，只能按计划交付指定的生产部门。具体来说，新中国成立后的这段时期，国内科技成果转化存在以下风险因素。

一是生产资料公有制确立了科技成果"为公所有"的基本所有制基础，使得此时期科技成果转化的权属界定模糊，在关系要素层面给成果转化流程埋下产权流失隐患的同时，也避免了围绕"产权"这一核心概念发生民事诉讼的可能性。1958 年，当时兼任国家科学规划委员会主任的聂荣臻副总理曾指出①："任何发明创造和研究成果都是全民的财产，必须得到充分的利用，也只有在我们社会主义制度下才有可能得到充分的利用。"《中华人民共和国发明奖励条例》规定，"发明属于国家所有，任何个人或单位都不得垄断，全国各单位（包括集体所有制单位）都可利用它所必需的发明"。但是，从法理学视角来看，"全民"并非一个具体的法律主体，这导致了该时期的发明成果缺乏适格的权利对象。因此，科技成果被定义为完全公共品②，无法以"财产"或"商品"形式在生态内自由流动，并且难以获得法益层面的保护。

二是研究型大学科技成果转化并没有形成市场交易与定价机制，转化渠道由计划直接指定，导致在成果要素层面存在着产权可转化性方面的不确定性，使得绝大多数成果错失了合作转化的机会。由于计划经济体制下国家缺乏市场化的定价议价体系，科技成果的经济效益很难通过论价交易来确定。例如，某省某高校在 20 世纪 60 年代发明了某新型号"柔化剂"，该产品能够有效提高纺织品的印染质量，并且相较老旧型号造价低廉，并且更具经济价值。然而，在向工业界推广过程中，缺乏"按质论价"的定价指导，导致一些工厂因实际成本超过收益而怠于推进。最终，该成果未能在全国轻纺产业中得到推广。学者龙尧在考察 20 世纪 70 年代某省科技成果转化的情况后指出，过去"吃大锅饭"的科技管理思维阻碍了科技成果的推广和应用③。片面追求技术的先进性而忽视了市场的流动性，将导致成果难以通过

---

① 聂荣臻. 聂荣臻科技文选［M］. 北京：国防工业出版社，1999：50-60.

② 雷家骕，杨洸，邓小清. 中国经济低质增长成因分析［J］. 中国经济问题，1994（03）：14-19.

③ 龙尧. 怎样促使科技成果尽快在生产中推广应用——黑龙江省科技成果转化为直接生产力的初步调查［J］. 科学学与科学技术管理，1980（03）：6-8.

推广获得经济价值。

三是大学和科研院所的科研条件相对较艰苦，生态系统中创新种群的生产条件也比较原始，使得科学实验和科研人才培养工作实践验证的难度较大，因此该阶段低创新产出的局面也在客观层面避免了纠纷发生。帅相志指出，20世纪80年代以前，大学科技创新条件较差，存在精密仪器设备数量少、计算手段与分析仪器相对落后、仪器设备不配套、科研队伍建设不健全以及没有形成实验室区域共享网络等现实问题①。该时期研究型大学的科研创新人员疲于攻克实验难题，较少出现能兼顾科研和技术推广的复合型人才。

总的来看，由于科技成果转化在主体和环境方面存在时代局限性，此阶段研究型大学的创新产出并没有与外部发生诉讼的机会，诉讼风险也就无从谈起了。此阶段转化风险主要源于原始的因素。国内科技成果转化工作主要受到经费、研发计划体制等方面挑战的影响，导致科研与生产部门之间的衔接不够紧密。同时，工业部门对技术需求与实际产能之间存在严重脱节。此外，在面对科技成果这一发展的"金钥匙"时，各级部门缺乏行之有效的技术推广手段。因此，当时我国各部门迫切需要改革经济体制和科研管理体制。

二、市场经济萌芽期的高校创新生态（1978—1995）

1978年，正值改革开放初期，经济增长亟须找到科技创新与经济发展之间的通路。为了尽快解决科技成果无法得到推广和应用的问题，有关部门和社会各界在政策体系和创新资源方面寻求外部支持。在这一过程中，科技政策承担了重要的引领作用。

党的十一届三中全会与全国科学大会的召开，为我国科技成果转化体制改革提供了契机。1978年3月，在北京召开全国科学大会上对未来一段时期国家科学发展事业提出了具体措施和建议。除了加强科学技术人才培养、建立科技人员评价制度、积极开展科普活动等举措，会议特别强调要"大力组织和加速科学技术成果的推广应用"，并鼓励"研究和消化引进的国外先进技术""加强国际科学技术合作和技术交流"。全国科学大会为后来国家科技政策的制定、试点和推行奠定了基础，统筹各项创新内容，兼顾生产

---

① 刘金松，帅相志. 高校科技创新成果转化存在的问题与解决对策 [J]. 当代教育科学，2015（03）：52-55.

和发展，使得加快大学科研成果转移转化、增强科学与经济之间有机互动成为改革开放以来我国科技事业发展的主要目标。通过集中精力落实中央相关科技体制改革的具体措施，我国大学科技成果转化体系得以初步建立。通过回顾该时期的各项工作，科技成果转化的政策体系可进一步分解为以下四个方面来解读。

一是将科技成果的管理与民事权利的归属进行剥离，将知识产权的概念融入科技管理的逻辑中。这一举措激发了各部门以及个人在研发与转化方面的灵活性，提高了成果的可转化性。然而，随着可转化性的提升，科技成果数量的增长也不可避免地导致了日后科技成果纠纷的增多。在科技资源的"公权力"属性与经济效益"私权利"属性之间做出明确划定，在重申科技成果为全民所有的同时，引入了西方法律体制中对成果衍生利益的民事法律关系的制度安排。这一创新性制度设计基于我国特有的制度环境，为科技成果的使用权、转化权、专利权从所有权中的剥离提供了有力的支持。

在此期间，从专利权派生出了发明权和发现权（1986）、转让权及获得利益权（1987）、著作权与邻接权（1990）、计算机软件著作权（1991）、科技成果相关权属（1996）以专利技术作价出资的权利（1999）等，标志着民事权益逐步在各个子领域取代了传统表述方式。如今，科技成果的"所有权"已逐渐演变为学理研究中的一个概括性词汇，在司法与制度实践中其实用意义已逐渐减弱。

二是在成果要素方面，为了加强可预测性的发展，我国初步建立了科技成果识别与评价体系。这一体系不仅将科技成果的"可转化性"引入高校科技管理的视野中，还引发了研究型大学内外对于创新诉讼风险的深入思考。在全国科学大会上，提出了国家科技成果体系建设的十项具体任务，其中包括"规范化识别和评价科技成果"，并建立"登记、鉴定、技术经济评价和管理制度"。其中还提出"科技成果未经严格鉴定，不能随便在生产上推广应用"。在投产前，生产部门要通过标准化检查确保新产品质量。这些要求不仅借鉴了国外科技创新体系的成功经验，还充分参考了新中国成立以来在科技创新工作中所积累的经验，标志着我国科技创新体系在政策层面的首次本土化改革，具有重要的里程碑意义。

在科技成果的工作与价值评价方面，我国在新中国成立后至 1978 年前的时间里，主要依据《保障发明权与专利权暂行条例》（该条例于 1963 年 11 月废止）以及《发明奖励条例》（1963 年颁布，后在 1978 年 12 月进行了修订）等法规条例来管理科技成果。长期以来，对大学和科研院所产生的职务性科技成果，我国主要采用了奖励性评价机制，这与西方国家采用的多元化激励措施存在较大差别。从科技成果的转化渠道来看，此时期我国的科研与生产部门坚持走计划经济体制下的科研道路，而国内这一时期尚未建立起重视专利权保护、鼓励交易和提倡交易规范化的专利交易市场。这样的状况在一定程度上限制了科技成果的广泛传播和有效应用，也影响了科研人员的创新积极性和科技成果的商业化进程。

表3-3 市场经济萌芽期的代表性政策文件摘编

文件名称	主要内容	法律意义	生态学意义	发布时间
《化学工业部技术转让试行办法》	除另有协议外，科技成果的所有权属于作者单位，但合作的委托单位有权优先转化并享有优惠	科技成果的所有权和使用权分离	成果要素的流转更清晰，减少了知识扩散过程中的产权不确定性	1983年2月
《关于省（部委）级科学技术进步奖的若干规定（试行）》	对科技成果的所有权单位按照隶属进行授奖	首次将成果的所有权与奖励制度挂钩	在各关系要素中建立起链接创新种群个体与创新成果的利益链条	1985年2月
《国防科学技术预先研究成果管理暂行规定》	国家出资完成的国防类项目，其成果所有权归属国家，由科工委和具体主管部门指定转化单位；成果作者的单位享有使用、转让和专利化等权利	明确技术的实施由具体部门指定，而非全民无偿使用；科研单位与国家各自享有其权益，细分了各主体的民事权利关系	明确并细化了关系要素中各"种群"间的知识流动与利益分配的一些基本安排	1989年5月
《科学技术进步法》《促进科技成果转化法》	财政支持的科技基金项目或科技计划，其发明专利权、软件著作权、集成电路布图设计专利权和植物新品种权，除涉及国家安全、国家利益和重大社会公共利益的外，授权项目承担者依法取得	进一步明确和细化发明权、著作权的权利享有制度	给予发明人充分的利益保障，同时避免重大公共性成果流失	1993年1月

在计划经济时代，科研计划管理主要表现为一种指令性和被动性的模

式。为了激发其主动性，更好地契合国家市场经济改革的整体战略，科研管理的调整势在必行。基于此，国家科委着眼于"更好地组织科技成果的登记、交流、应用和推广"，率先颁布了《关于科学技术研究成果管理的规定（试行）》。该规定不仅明确阐述了科技成果的报送流程，还提出了分级呈报和严格鉴定的要求，从而为国家各级部门在科技成果信息沟通方面提供了标准化的职责框架。这一规定对中科院等科研单位在后续科研管理的规范制定与管理实践产生了深远影响。此外，在此期间，某些部门机构首次对科技成果相关概念进行了明确界定（表3-4所示），这一举措为国家在科技成果管理的法治化建设道路上奠定了坚实的基础，并为后续政策的制定提供了清晰的概念支持。

三是在关系要素层面，促进创新成果的流动性，积极推动我国技术交易市场和服务体系建设。在改革开放之前，科技成果交流主要依靠体系内的计划分配，这种方式在一定程度上实现了"集中力量办大事"——集中当时社会环境下的有限资源形成创新合力。通过回顾新中国成立后的三十年科技领域的成就不难发现，在当时的国际社会环境之下，计划经济之下生产资源预先按计划进行分配，使得那些关系到国家基础民生与国内外安全的重点科技成果项目能够按时完成。然而，在实际工作中，各省市也发现"大锅饭"现象同样存在于科技领域，这在一定程度上阻碍了科技创新的良性发展。

表3-4　市场经济萌芽期有关科技成果相关概念的重要文件

日期	规定名称	机构	主要内容
1978.11	《科学技术研究成果的管理办法》	国家科委	将科技成果初步划分为 1. 自然科学研究成果； 2. 技术新成果（新的技术、方法、产品和工艺）； 3. 重大科技项目的阶段性成果
1984.2	《关于科学技术研究成果管理的规定（暂行）》	国家科委	进一步明确了科技成果认定范围，将国外引进的技术成果、技术转化中取得的新成果也包括在内
1984.4	《科学技术进步奖励条例》	国务院	提出对科技成果具有重大贡献的单位或个人应当给予奖励
1986.5	《中国科学院科学技术研究成果管理办法》	中科院	最早对科技成果给出管理细则的科研院所 明确科技成果需要通过鉴定（评审）才能接受登记并获得相关奖励

为了进一步激活科技成果转化工作，实现科技创新引领经济创新的国家战略，国务院及相关部门先后出台多项科技政策，重新构建了国家科技创新支持体系，同时强调了市场经济模式下大学等主体对科技创新的重要作用，打破了原先制约创新主体的制度枷锁。具体而言，国家科技成果转化市场化改革工作探索出了一套"小市场"与"大市场"相结合的政策组合（表3-5所示）。其中，"小市场"指的是中、微观视角下的实体交易市场，它的成立是为了在地方层面鼓励各行业内部建立规范化市场交易体系，形成行业内部议价和交易服务制度；而"大市场"则是指宏观经济调控下的国家市场经济，通过建立国家市场的统一监督管理机构，例如中国技术市场管理促进中心，负责对全国技术市场进行协调和组织，在政府、创新主体与生产主体之间构建联络机制，加速国内科技成果成熟，实现知识产权的产业化和国际化。

表3-5　市场经济萌芽期关于科技成果转化市场建设的重要文件一览

日期	规定名称	机构	主要内容	生态学意义
1985.1	《关于技术转让的暂行规定》	国务院	规定技术转让金额的征税范围，帮助单位和个人减免所得税征收；提出单位应对推进转让的个体提供5%~10%的奖励	通过进一步放宽税收环境因素来降低创新群落的创新成本
1985.3 1985.4	《关于科学技术体制改革的决定》《关于开放技术市场几点意见的报告》	国务院	提出"放开、搞活、扶植、引导"我国技术市场发展；首次将开放和建设技术市场纳入国家科技体制重点改革内容	建立促进"种群间"形成良性生态关系的专门机构
1986	成立"中国技术市场管理促进中心"	国家科委	建立技术市场统一管理职能	建立专门处理金融风险因素的顶层设计部门
1988	"技术市场管理办公室"	国家科委	负责全国技术市场管理工作；"火炬中心"的前身	建立专门应对转化政策环境因素的顶层设计部门

四是在创新环境层面，巩固和改进计划性安排，形成具有我国科技体制特色的国家科技计划体系。正确看待国家计划的重要作用，在"市场"与"计划"之间形成协调的过渡机制，是我国改革开放以来各项经济建设工作成败的关键。从计划经济向市场经济过渡的摸索过程中，政府和有关部门并

未全盘否定国家计划经济，而是在考察当时国家有限资源条件和国内外环境后，决定聚焦于影响民生和社会发展的关键瓶颈，并尝试通过制定科技发展计划，来规划和引导国家科技创新活动按照既定的轨道有序进行。

经过深入审议，五届全国人大五次会议通过了"科技攻关计划"，旨在引导和规范国家重点经济领域的科研管理，将重大公共性产业中的关键核心技术研发与应用列为未来工作的重心，以此推动一批具有战略意义的关键技术的发展。通过深入识别制约产业发展的"卡脖子"技术环节，逐个击破以实现产业突破。为此，国务院及有关部门经过调研后先后出台一系列具体政策，在广度和深度两方面推动科技计划逐项精细化布局。

经国务院批准，"星火计划"于 1985 年 5 月正式启动。该计划旨在引导农业技术逐步与国际技术标准接轨，并鼓励一批有实力的企业与研发机构联手，共同推广那些投资少、见效快的农业先进技术。作为改革开放以来首个专注于"三农"的科技发展计划，"星火计划"不仅致力于实现农村产业结构的有序调整，更通过加速农业科技成果的转化与普及农业科学知识，有效提高农民的整体收入。在此计划的有力推动之下，我国逐步在全国范围内建立 15 个星火产业带。这些产业带通过精心培育具有鲜明地区特色的产业与集群，实现了农村产业在空间布局上的优化与升级。

除"星火计划"之外，国务院还相继推出多项重要科技计划，如"国家重大科学工程和国家技术开发计划"、"国家重点工业性实验项目计划"、面向沿海地区高新产业发展的"火炬计划"、"国家新产品试产（试制鉴定）计划"等。这些计划致力于打破科研环境、实验条件、科技服务、技术试投产等瓶颈因素，为研究型大学和科研院所提供缓冲平台，有助于提升科技成果的成熟度，并增强技术转化的可靠性与稳定性。

《1996 年度全国重大科技成果统计公报》披露，前一年度，全国范围内登记在册的重大科技成果达 31 099 项，其中受到国家计划支持的项目达 3 635 项，占到成果总数的 11.7%。通过对实际产生经济效益的 7484 项成果进行统计，发现这些项目的国家资金投入累计达到了 426.7 亿元，而投入转化得到的新增产值累计超过 487.2 亿元。总体来看，计划实施十余年间，在国家计划的有力指导下，科技成果实现应用转化的项目呈现出稳步增长的态势。国家资金的精准投放为技术产业化的良性循环注入了强大的动力。

当然，在成果转化体系建设初期，各种环境因素使得科技成果在转化和应用方面遇到了重大挑战。1996 年，全国共有 27 733 个重大科技成果项目，其中未实现转化应用的有 9784 项，占比 35.3%。进一步调查发现，缺乏充足的资金支持（16.4%）是造成这一现象的关键原因之一；另外，还有 3.8% 和 3.7% 分别因技术不配套和缺乏接产单位而无法实现转化。在此阶段，资金、生产线和产业能力等条件与科技成果不匹配的情况较为普遍，这些现象在一定程度上成为我国科技成果转化应用的重大阻碍。

一方面，从政策主体的角度来看，该时期我国在制定科技创新政策时并没有对大学等部门进行深入研究，导致科技创新政策体系与法律保障体系之间存在断层。通过对 1978—1995 年间政策演变的分析，发现该阶段国家并未针对大学和科研院所的技术创新制定专门的政策或发展计划。研究型大学在该阶段经历了适应科研市场化转变的自我进化过程，但由于政策上缺乏针对性，导致了发展中的失衡现象。

另一方面，从政策重点的角度来看，该时期我国主要通过科技政策引导创新，手段上较为单一，财政、金融和税收政策方面的相关部门并未跟进形成政策组合，此时期还未出现用于引导研究型大学科技成果转化的专项经费拨款。国内的一些学者总结了该阶段创新政策的内容设计特点，指出由于该时期各行业的创新能力相对较薄弱，政策方面欠缺多维度综合施力的成熟的政策工具组合[1]。因此，此阶段国家科技政策的关注重点实际上应当放在支持具体的科技计划和创新工程的启动上。

三、转化增长期的市场主导生态（1995—2009）

1995 年是我国科技创新体制加速成果转化改革的重要历史节点。1995 年 5 月，国务院发布了《加速科学技术进步的决定》，标志着国家将"通过教育和科技引领经济发展"，即"科教兴国"确立为国家的战略方针。值此契机，我国财政政策和税收政策成为引领科技成果转化中环境要素升级的关键工具。具体来说：

1. 有序引导各创新"种群"完成内部创新环境的改革，通过优化系统内各类要素的配置，化解创新主体之间的潜在冲突

在此期间，国家采取的一项重要行动是协助大学等创新主体快速推进成果转化。随着我国各行业创新能力的普遍提高，国内企业逐步成为科技创新

---

① 徐喆，李春艳. 我国科技政策组合特征及其对产业创新的影响研究 [J]. 科学学研究，2017，35（01）：45-53.

的主要实体，而由政府牵头的创新计划和科技政策的效能出现"边际递减"①。为了应对这一新困境，中央决定助力科研机构加快转型，开始对下属科研院所进行转制改革，《关于非营利性科研机构管理的若干意见（试行）》随之出台。国家经贸委在此次机构改革中发挥了示范作用，在坚持非营利性科研机构继续保持不以盈利为目标、以推进科学进步为发展宗旨的总体发展原则引导下，于 1999 至 2004 年间推动了 242 个科研机构实现企业化改革。此次改革不仅仅是单位名称上的变更，也包括国有资产转为国有资本金、科研机构分化为科技型企业或技术中介机构、中央部属化管理转型为属地化管理，以及人员编制和配套保障、福利待遇等问题的调整。

另一方面，大力扶持中小民营企业发展，为创新链注入生产活力。《中华人民共和国中小企业促进法》经第九届全国人大第二十八次会议审议通过，进一步鼓励、引导我国非公有制经济的发展。该法旨在积极扶持民营企业的创业，改善中小企业的经营环境，为创新资本的健康发展提供了法律保障。实际效果显示，这一政策显著改善了我国中小企业的融资环境。此外，中小企业的增长同时也促进了国内就业环境的改善。截至 2009 年，我国中小企业数量达到 1040 万户，占全国企业总数的 99%，并提供了 75% 以上的城乡就业机会。这些中小型企业对我国经济方面的贡献超过总 GDP 的 60%，税收占比则超过五成②。

回头来看，此次科研机构的转型工作覆盖范围广，是按需完成国家科研机构的一次颠覆性改革，是对原科研管理体制中创新机制分类不完善问题的深度改进与提升。通过重新梳理科研机构在人员流动、社会职能、权责监管以及面向市场的角色定位等方面的规则，该阶段的改革为国家科技资源在下一阶段的均衡分配和运作提供了基础保障。

2. 通过国家技术创新工程体系建设提升关系要素中的经费支持力度

首先，相较于前一阶段，在科技创新的基础平台稳步建设的同时，加强了科技成果转化服务平台的建设力度。在一些重点产业率先试点"产业技术创新战略联盟"的建设，以打通企业与大学、科研院所之间的技术壁垒，明确了引领企业吸纳创新人才的重要性。其间，先后发布了《关于建立国

---

① 刘凤朝，孙玉涛．我国科技政策向创新政策演变的过程、趋势与建议——基于我国 289 项创新政策的实证分析 [J]．中国软科学，2007（05）：34-42.
② 新华社．我国中小企业已达 4200 万户，占企业总数的 99% 以上 [EB/OL]．[2007-06-07]．http：//www.gov.cn/wszb/zhibo91/content_ 673744. htm.

家技术转移中心的通知》（2003）、《关于推动产业技术创新战略联盟构建的指导意见》（2008）和《国家技术创新工程总体实施方案》等指导性文件（2009）。在以上方针指导下，我国逐步建立了以"国家为主导、主管部门及依托单位为辅"的国家重点实验室与重点工程技术中心经费支持体系（见图3-3）。

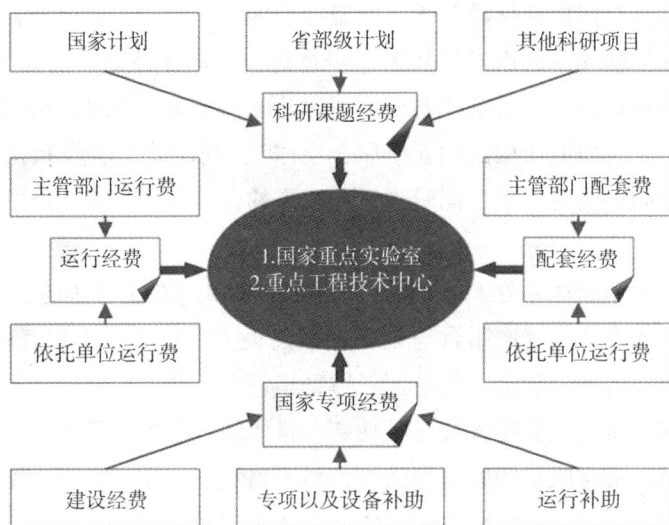

图3-3 国家技术创新工程经费体系的构成

其次，承接前一阶段的科技计划型政策导向，进一步地细化和拓展为制定并实施具体的"技术创新工程"与"成果转化行动"。除了科研机构体制改革工作外，此阶段主要工作如下。一是启动了"国家技术创新工程"和"技术创新引导工程"。通过认定一批"科研基础好、科技力量强、科技成果多"的大学技术转移机构，助力整合国家范围内各省市和典型创新区域的创新资源，进一步强化了地区之间的信息通道，加速各行业间共性技术的研发和扩散，推动完善大学和企业技术中心建设，以期更好地实现成果转化。二是通过牵线企业和大学，在科研重点领域建立了一系列以产学研联盟和技术产业化基地为代表的技术创新服务平台。例如，在"十二五"规划发布后，珠江三角洲地区的多个城市积极响应，建立了一系列国家、省、市级的技术服务平台。背靠某一技术领域的知识技术资源，服务目标直指某一产业技术创新的共性问题，从而在行业内的协同创新中，能够迅速找准着力点。上海市便是其中一个例子，上海市建立了上海市生物医药产业技术创新平台和上海市中小型电机及系统技术创新服务平台，推动市域产研深度融合。

最后，总结各个创新主体在"单打独斗"过程中遇到的转化效能不足问题。创新性地将促进官、产、学、研四类种群之间的融合上升为国家科技创新战略的关键环节，明确了职能部门在科技成果转化流程中的指导性战略地位。受到来自国内外学界关于三螺旋理论的研究的影响，以及日本、韩国等国官产学创新体系的启发，我国逐步将科技创新体系划分为政策、服务、监督与保证和运行四个子功能系统。通过建立由中央、省级、市级政府协调领导，校、企、研究所构成的互信联合主体①，利用政策法规和指导性意见增进各主体间的沟通频次，同时进行对成果的监督评价工作，以协调各方利益诉求。

国家技术创新体系在行业方向、经费投入和创新主体等方面的导向作用，使得在国家科技基础平台与创新体系建设方面积累了丰富经验。然而，同时我们也应看到，加速成长期创新体系建设也存在一些短板和不足。如各地区和领域的重点实验室发展并不均衡、科研领军人才储备不足、科研人员流动性不足、资本吸引能力弱等问题依然突出②。

3. 资本市场引入生态环境，通过风险投资新模式缓解企业种群的创新压力

为了进一步健全财政扶持有关政策，将面向中小企业和大学创新工作的税收优惠政策纳入政策体系中。为了加大对中小企业的扶持力度，颁布了《中华人民共和国中小企业促进法》，以鼓励各类非公有制创新型中小企业积极参与市场经济。这一系列举措不仅彰显了国家在指导经济建设中进一步开发市场的决心，也帮助大学、中小企业和中介机构扫清体制障碍，共同建立更加市场化的科技成果转化流程体系。此外，为了更好地实施《中华人民共和国企业所得税法实施条例》（2008 年起），敦促税务部门切实执行有关技术转移转让中"低于 500 万免征或减免企业所得税"的有关规定。2009年 4 月《国家税务总局关于技术转让所得减免企业所得税有关问题的通知》中给出计算方式的指导意见，有力地推动了高新技术产业的科技成果转化

---

① 海峰，张丽立. 官、产、学、研相结合的技术开发体系及运作机制探讨 [J]. 运筹与管理，1997（04）：105-109.

② 张德英. 国家科技基础平台与创新体系建设的思索 [J]. 科学管理研究，2007（04）：52-55.

工作。

4. 初步构建促进科技成果转化的法律保障生态化体系

尽管自改革开放以来，我国的科技体制已经历了充分的市场化改革试验并取得了明显成效，然而在 20 世纪末至 21 世纪初，我国的创新主体格局及其定位逐渐趋于稳定①。在此过程中，成果转化实践不断暴露出一些问题，其中最突出的是成果转化率低，以及科技与经济发展的分离。究其原因，一方面是科研机构与企业存在隔阂，难以建立协同的沟通渠道；另一方面，缺乏必要的法律保障来确保各创新主体之间利益的妥善调整②。

尽管在此期间，各部门通过一系列重点举措再次显现了力图接近并推进科技成果转移转化核心的决心，然而从整体来看，由于当时社会资本和人才储备的积累及其所带动的创新效应还未真正显现，政策体系仍未能与西方现代化的产学研支持体系实现有效对接。这种情况导致产学研之间出现"貌合神离"的非耦合状态，使得科技成果转化难的问题依然悬而未决。尽管国家技术创新工程得到了科技部等单位的联合实施，并在资源上获得了支持，且各工程在设计上也各有侧重，但是具体内容和措施却大同小异，未能真正实现"一项一策"。因此，该工程的影响力和具体实施效果亦十分有限。

四、转化权属深化改革期的多元化生态（2009 至今）

为了切实推进《国家中长期科学和技术发展规划纲要（2006—2020）》，国家各重要职能部委在广泛调研国内大学科技成果转化的现状后，将未来一段时期的工作重心放在进一步巩固和深化科技成果转化工作的立法保障与重点产业扶持政策上。

1. 确立科技成果权属，逐步健全法律保障体系

1996 年 5 月通过并实施的《促进科技成果转化法》，在一段历史时期内对经济社会发展的推动发挥了积极作用。然而，随着时代的快速变迁和经济社会发展的巨大转型，该法已难以适应科技、经济等领域日新月异的变化所带来的对法律支撑的新需求。以 20 世纪 90 年代为例，当时的科技成果转化

① 陈宝明.《促进科技成果转化法》修订的意义与主要内容［J］. 中国高校科技，2016（Z1）：16-18.
② 贾大平.《促进科技成果转化法》的立法背景与主要内容［J］. 科技成果纵横，1996（05）：13-14.

形态与当今社会大相径庭。随着合作双方对信息平等的需要日趋强烈，旧法对信息交流的支撑已然不足。另一方面，受限于当时的创新生态环境，旧法存在着"重理论、轻转化"的倾向，对于科技人员的收益分配、人员贡献考核机制等方面的考虑也显得不足。此外，科技成果的知识生产与企业需求之间的脱节，科研计划组织与市场结合不够紧密等问题，都表明前一历史时期的法律制度和体系亟待更新和完善。为了从制度层面更有效地解决这些实践中的困境，十八届三中全会上提出了新时期科技成果产业化的新的总体要求。具体来说，2015年修订的新版《促进科技成果转化法》在以下两个方面进行了重要修改。

一方面，为了疏通从研发到产业化应用的创新渠道，鼓励和引导大学科研机构与个人自发地开展转化工作。新版《促进科技成果转化法》修订了"科技成果"的定义，增加了"通过科学研究与技术开发所产生的具有实用价值的成果"的表述。近二十年来，科技进步对经济发展的深远影响凸显了市场在资源配置过程中的决定性作用。这一变化冲破了旧思想的藩篱，同时尊重科技人才劳动收益的观念也通过修订得以体现。此外，《促进科技成果转化法》给出了科研成果评价体系的具体实施策略，要求相关部门明确岗位职责，及时建立有效的绩效考核与评价体系，加大对成果转移绩效做出重要贡献的单位与个人的支持力度。

另一方面，推动《民法典》《专利法》颁布并修订配套专门法律，为科技成果转化诉讼提供更为具体的法律依据。表3-6总结了其中的重要内容。2021年1月1日起正式施行的《民法典》，首先进一步明确了职务发明的权属问题。第847条指出："职务技术成果是指执行法人或者非法人组织的工作任务，或者主要是利用法人或者非法人组织的物质技术条件所完成的技术成果。"该表述明确规定了高校、院所等创新主体内研发人员因职务成果产生而享有的权利和义务。其次是进一步完善了科技成果的处置、收益和分配制度。从前高校对其持有的科研成果的可自主转让、许可或者作价投资等行为，经修订后其权力已下放至大学和研究所，这一改动也达到前一阶段部分学者的预期①。最后是进一步放宽了职务发明的奖励制度。《转化法》明确提出对成果完成人及做出重要贡献的相关人员进行激励，一方面明确了奖励

---

① 秦洁，宋伟. 对《促进科技成果转化法》修订的几点思考［J］. 中国科技论坛，2014（04）：10-14.

义务的重要性，另一方面充分尊重了大学、企业在奖励方面的自主权。

表 3-6　我国科技成果转化相关法律法规修订内容比较

部门法	修订前内容	新修订内容
	2009 年 8 月修订	2020 年 5 月通过，次年施行
《中华人民共和国民法典》（原《民法通则》内容）	第八十八条第四款　合同对科技成果的使用权没有约定的，当事人都有使用的权利。	第八百四十七条　职务技术成果的使用权、转让权属于法人或者非法人组织的，法人或者非法人组织可以就该项职务技术成果订立技术合同。法人或者非法人组织订立技术合同转让职务技术成果时，职务技术成果的完成人享有以同等条件优先受让的权利。（一般规定） 第八百六十一条　委托开发或者合作开发完成的技术秘密成果的使用权、转让权以及收益的分配办法，由当事人约定；没有约定或者约定不明确，依据本法第五百一十条的规定仍不能确定的，在没有相同技术方案被授予专利权前，当事人均有使用和转让的权利。
	第九十七条　公民对自己的发明或者其他科技成果，有权申请领取荣誉证书、奖金或者其他奖励。	第八百四十九条　完成技术成果的个人享有在有关技术成果文件写明自己是技术成果完成者的权利和取得荣誉证书、奖励的权利。
	第一百一十八条　公民、法人的著作权（版权）、专利权、商标专用权、发现权、发明权和其他科技成果权受到剽窃、篡改、假冒等侵害的，有权要求停止侵害，消除影响，赔偿损失。	第一千一百六十七条　侵权行为危及他人人身、财产安全的，被侵权人有权请求侵权人承担停止侵害、排除妨碍、消除危险等侵权责任。
《中华人民共和国专利法》	2008 年第三次修正版	2020 年 10 月修正版（通过）
	第六条　执行本单位的任务或者主要是利用本单位的物质技术条件所完成的发明创造为职务发明创造。职务发明创造申请专利的权利属于该单位。	第六条　执行本单位的任务……该单位为专利权人。该单位可以依法处置其职务发明创造申请专利的权利和专利权，促进相关发明创造的实施和运用。
	第十六条　被授予专利权的单位应当对职务发明创造的发明人或者设计人给予奖励；专利实施后，根据推广应用的范围和取得的经济效益，对发明人或者设计人给予合理的报酬。	第十五条　被授予专利权的单位应当……或者设计人给予合理的报酬。 国家鼓励被授予专利权的单位实行产权激励，采取股权、期权、分红等方式，使发明人或者设计人合理分享创新收益。
	第六十八条　侵犯专利权的诉讼时效为二年，自专利权人或者利害关系人得知或应当得知侵权行为之日起计算。	第七十四条　侵犯专利权的诉讼时效为三年，自专利权人或者利害关系人知道或者应当知道侵权行为以及侵权人之日起计算。

2. 重点扶持战略性新兴产业，形成集群式创新生态群落

自 21 世纪初以来，"战略性新兴产业"的建设始终被视为我国长期发展规划中的重要一环。2009 年 9 月，国务院曾连续召开三场关于新兴战略性产业发展的专题座谈会，时任总理温家宝参会并听取各领域专家的意见和建议。当时，新能源产业、传感网与物联网关键技术、微光电子材料、高性能结构材料、纳米材料等新兴技术的产业规模亟待扩大。为了有力推进这些关键技术领域的发展，2010 年 9 月，国务院常务会议审议通过了《国务院关于加快培育和发展战略性新兴产业的决定》，明确七大战略性新兴产业，分别是：节能环保、新一代信息技术、生物、高端装备制造、新能源、新材料和新能源汽车。为了支持以上产业健康发展，还提出通过强化科技创新、培育和营造良好的市场环境、加强国际合作、提升财税政策帮扶力度等举措来为新兴产业发展保驾护航。

在推进重点产业扶持工作的过程中，科技部、教育部、财政部联合发布了《"十一五"国家科技基础条件平台建设实施意见》。该意见明确了科技成果转化公共服务平台建设的核心地位，将其作为国家科技基础条件平台的重要组成。除了已有的研究实验基地和大型科学仪器设备共享平台、自然科技资源共享平台、科学数据共享平台、科技文献共享平台之外，首次提出在全国范围内建设"科技成果转化公共服务平台"。具体来说，通过构建"科技成果信息服务体系""技术标准支撑体系""公益与行业共性技术转化平台"，以促进各部门间科研与转化资源的共享。这些举措有助于提升国家农业、环境、公共安全与公共卫生等重点基础领域的创新能力，从而对国家基础战略的实施产生积极影响，并通过攻克技术瓶颈来保障可持续发展。

为了推进新兴产业的"一体化"协调发展机制，国务院在 2012 年 9 月颁布了《关于深化科技体制改革加快国家创新体系建设的意见》（以下简称《意见》）。文件明确提出大学应当更加紧密地与所在区域的产业结合，形成融"基础研究、应用研究、成果转化和产业化"为一体的协调发展格局。对此，吴寿仁指出，《意见》的现实意义在于鼓励建立新的专利联盟机制，旨在以专利技术作为主体之间合作的桥梁，通过相互优惠减免、交叉许可、联合许可声明等形式，共同构建联盟专利池，从而将单独的一项项专利的创新点串联起来①。

---

① 吴寿仁. 战略性新兴产业剑指何方？——《国务院关于加快培育和发展战略性新兴产业的决定》解读 [J]. 华东科技，2011（02）：14-16.

促进科技成果实施的各项措施，对于提升科技成果转化的成效，以及推动大学和企业形成紧密的合作机制具有至关重要的作用。在 2018 年全国的 11 000 项合作案例中，财政资助被证明起到关键作用，其有效推动研究型大学实现了超过 56.1 亿元的科研创收，同比增长 78.4%。可见，在科技成果转化过程中找准发力点，实施有针对性的财政资助和引导策略，能够助力研究部门与产业部门构建成果转化合作链条，不仅确保科技经费投入在产生成果后得到有效利用，还能有效防止国有资源的无谓流失。

综上，从 2008 年起的这一时期内，众多研究型大学的科技成果转化诉讼案例越发凸显一个事实：国家在科技创新治理方面虽然正努力朝着精细化治理方向迈进，但依然挑战重重。习近平主席在中央全面深化改革领导小组第二十七次会议上指出，当前和今后一个时期，是全面深化改革的施工高峰期，是落实改革任务的攻坚期，抓谋划、抓统筹、抓落实的任务依然艰巨繁重。要按照既定的时间表、路线图，更加注重发挥经济体制改革的牵引作用，更加有针对性解决各领域各层面各环节的矛盾和问题，强化基础支撑，注重系统集成，完善工作机制，严格督察落实，不断提高改革精准化、精细化水平，坚定不移把全面深化改革推向前进。[①] 通过立法和政策的逐步引导，实现科技成果转化的精细化管理，正是国家深化改革在各领域的具体实践与体现。

第三节　我国研究型大学科技成果转化
生态系统的范式演进

科技成果转化生态系统的演化历程受到了创新范式变革的深刻影响。在我国，科技成果转化生态四个历史阶段之间的跃迁，得益于三次重大的创新范式转型。围绕我国研究大学科研创新所进行的产业化升级，其核心在于坚持不懈地深化大学与产业界之间在创新生态中的互动，通过技术层面的合作与相互深入学习，构建一个开放的转化机制。

我国研究型大学科技成果转化生态系统的演化具有不可逆性、协同性、

---

① 人民日报．习近平：强化基础注重集成完善机制严格督察 按照时间表路线图推进改革 [EB/OL]．[2016-08-31]．http：//jhsjk．people．cn/article/28678464.

周期性与路径依赖性等特点。系统的发展过程可以高度概括为本土产学研创新范式经历的三阶段演化。图 3-4 中标明了演化中的三个关键转折点，分别对应 20 世纪 80 年代、90 年代和 2000 年后实现的三代创新范式的转变。下面将通过回顾不同历史阶段的重要社会事件和政策调整过程，更加清晰地提炼出这三次范式变革的核心内容及其深远影响。

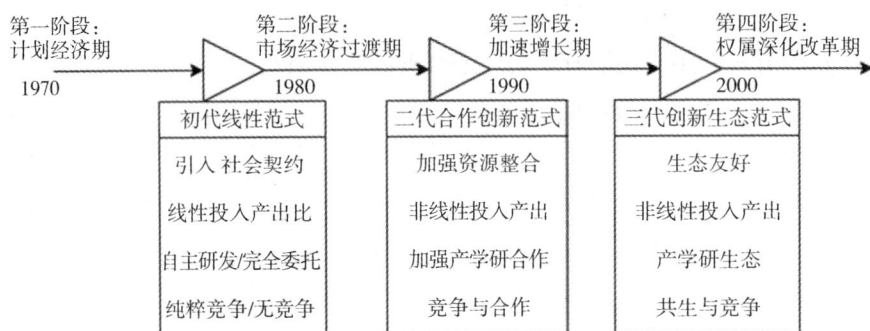

图 3-4　我国研究型大学科技成果转化范式的演进历程

一、线性范式下的生态开拓期

在计划经济向市场经济过渡的重要历史时期，我国的科技创新模式经历了显著转变，从计划性统筹安排科研生产，逐步转向"引入社会契约"和"强调线性投入产出比"等政策安排，形成了"线性范式"。德国学者拉采尔（Friedrich Ratzel）认为，生物体为了种群的持续繁衍，会本能地寻求更适宜的生存空间并从其发源地向外"扩散"，这一观点在生态学领域得到了广泛印证①。在此基础上，德国生态学家格雷博纳（Fritz Graebner）系统地阐释了扩散理论的内在机制，推动地理学、经济学和生态学领域研究范式的重大变革。这种范式变革不仅深刻改变了国家创新治理的理念、创新方式、文化特质和行为模式，也成了初代线性范式的重要思想渊源。范式的变革既反映了前一阶段科技成果生态在发展中的成就与困境，也体现了治理参与者对下一阶段通过改革创新促进科技生态优化升级的认知和规划设计。在完全计划经济时期，科技创新的效率受到一定限制。为了打破这一局面，必须适

---

① Farinelli F. Friedrich Ratzel and the nature of（political）geography ［J］. Political Geography, 2000, 19（8）: 947.

度引入市场机制，构建有利于科技成果扩散的交互空间（interaction space）①。

生态开拓期的主要发展策略聚焦于群落要素和成果要素的培育，进而为生态系统的早期生长奠定基础。此阶段是研究型大学科技成果转化生态系统的孕育与形成的关键期，其核心演进策略在于构建基本的科研价值链条，并稳固构筑转化生态群落的结构基础。随着开拓不断深入，创新要素的种类不断丰富，规模逐渐扩大，要素间的关系结构日趋复杂。这种变化为主体提供了较前一阶段更为适宜的生长环境，从而吸引了更多外来创新主体涌入这一创新生态。科技创新社会契约的引入，促进了商业信息、生产技术等默会知识的广泛传播，创新主体之间的非正式关系得以建立，并越发频繁地进行互动②。

随着生态要素逐渐多样化的创新系统与其外部社会环境的联系日益加强，创新生态系统能够吸引更多的创新人才以及其他类型的社会资源。在此机制的作用下，研究型大学科技成果转化生态系统中不同领域的创新主体之间形成了相互学习的技术溢出效应，进而构建了该系统对外部资源的强大的"虹吸效应"③。

当然，在我国成果转化生态的开拓期，研究型大学和企业作为系统中的主要物种，其种类相对单一。其间尚未形成完整的产业价值链，各个创新主体与外部其他创新要素也未形成价值网络。总体来看，该阶段的系统生态活力较为脆弱，一旦遭遇某一因素的严重打击，整个系统可能面临整体性崩溃的风险。

二、合作创新范式下的生态成长期

合作创新范式逐渐加大了对关系要素中环境配置的重视。进入20世纪90年代后，由于产业内部集中式、封闭式的创新模式遭遇了产能的严重瓶颈，大学与企业的互动创新开始受到重新审视。在学术界，以 Nelson 和 Freeman 为代表的学者，在深入比较各国科研政策与绩效的关系后，提出了

① Penn A, Desyllas J, Vaughan L. The space of innovation: interaction and communication in the work environment [J]. Environment & Planning B Planning & Design, 2008, 26 (2): 193-218.

② 蒋同明, 刘世庆. 基于自组织理论的区域创新网络演化研究 [J]. 科技管理研究, 2011 (7): 23-26.

③ 刘和东. 国内市场规模与创新要素集聚的虹吸效应研究 [J]. 科学学与科学技术管理, 2013, 34 (07): 104-112.

强化产学研互动的国家创新系统。该系统逐渐形成了自上而下、包括多级开放式协同创新体系的结构，涵盖了政府、区域、产业集群等多个层面。自此，封闭式的研发生产一体化模式被开放式协同新范式取代。同时，强调多方互动的新体系，也为后来创新生态系统的建立奠定了组织和生产的软基础。

在大学端，经过前一阶段的研发能力积淀，研究型大学已在学界赢得一定声誉，进而吸引更多社会资源融入其社会网络中。类似自然界的生态系统，产业生态系统的成长阶段不仅经历了研究型大学与企业的共生共荣，同时也促进了系统内知识成果向外部的扩散。在此期间，研究型大学的研发实力进一步深化，研发团队壮大，研发领域得到拓展，知识产出的质量和收益也随之显著提高。

在企业端，随着外部环境对创新需求的不断增长，越来越多的主体开始承担创新角色，关键种（key species）企业在激烈的市场竞争中从企业集群中脱颖而出。这些崛起重塑了新的创新价值体系，以关键种企业为核心的创新网络逐步形成并扩张，而生态系统的自我调整和优化能力也随之提升，使整个生态系统的健壮性与活力得到提高。以我国航天事业为例，几十年的科研与生产能力积累为相关的研究型大学、科研院所和企业铺设了坚实的基础，使它们成为引领领域科研创新的中坚力量，而中国航天科技集团有限公司、中国航天科工集团有限公司等关键种企业，也逐步成为产业集群中的领头羊。

三、新"生态"范式下的生态成熟期

改革开放经过四十余年的迅猛发展，我国研究型大学的创新生态逐步进入成熟期。在此过程中，内部的优势物种在市场化建设的滋养下，形成了既有竞争又有合作的创新格局。然而，随着 21 世纪互联网的蓬勃发展，产业信息化转型加速，传统的以企业与生产方为核心的开放式创新已难以满足指数级增长的市场用户对创新速度和个性化的需求。同时，产业界在创新实践中也逐渐认识到，市场资源的整体稀缺性（scarcity）使得企业完全依赖委托或自主研发所获得的产出与其庞大的研发投入之间无法匹配。

成果转化生态系统的成熟期特征越发凸显：系统中创新主体的物种数量大幅增长，价值体系相较于前期更为健全，研发生态的价值网络结构也变得更为错综复杂。尽管系统的稳定性得到了提升，但创新风险依然不容忽视，创新联盟内部成员间的利益分配问题越发棘手。而创新资源的有限性也激化了企业间的恶性竞争。这种竞争态势进而加剧了与研究型大学合作的企业所承担的社会风险。

在此背景下，如何更加高效地利用有限的生产资料并将现有的创新部门进行整合，从而形成强大的创新合力，已经成为产业界和学术界共同面临的新课题。为了应对这一挑战，经营管理者和创新者必须跳出原有思维的桎梏，深入开发产学研协同创新能力。一方面，在卡拉亚尼斯提出的知识生产模式Ⅲ下，大学创新的公共利益属性得到进一步强化。由大学、企业、政府和公民社会构建的四螺旋模型，已成为适应未来社会环境下创新生态演进的新动力机制①。以巴内塔等为代表的西方学者强调，模式Ⅲ中的知识不确定性应受到更多关注，同步纳入"四螺旋"问题的研究范畴。另一方面，随着"生态友好型社会"（eco-friendly society）概念的提出，社会发展模式的转型过程也逐渐将创新对大生态环境的影响纳入基本考察体系。在这两大因素的影响之下，走向成熟的转化生态系统应将视线聚焦于公众信任危机和生态文明危机这两大新生的系统性风险。

表3-7 我国研究型大学成果转化生态系统三个时期的演进变化

生态特征	20世纪80—90年代	20世纪90年代—21世纪	21世纪至今
生态系统所处阶段	形成期	成长期	成熟期
知识生产模式	模式Ⅰ	模式Ⅱ	模式Ⅲ
知识流动形式	线性、点状分布	非线性	知识网络
创新的旨趣	纯粹的研究兴趣	创新促进生产的要求	创新与公共利益之间的平衡
创新的动力机制	双螺旋	"三螺旋"	"四螺旋"
范式变革的主要因素	社会创新契约	协同创新开放系统	生态友好公众利益
生态中的主要风险	原始科研与生产条件	合作	生态破坏与公众信任
发展重点	成果要素与群落要素	关系要素中的种群间关系层面	关系要素中的种群与环境间关系层面

目前，我国研究型大学与企业之间构建的共生模式较为单一，共生关系不稳定，受到技术转移间断性的影响而形成了断点式共生格局。为了稳步提

---

① 武学超. 模式3知识生产的理论阐释——内涵、情境、特质与大学向度 [J]. 科学学研究，2014，32（09）：1297-1305.

升生态系统的生态多样性与健壮性，需要从外部环境激励和内部生态风险防范化解两个方面着手。具体来说，可以通过政策引导、市场激励等手段优化外部环境，同时加强内部风险管理机制的建设，从而降低生态风险的发生概率，削弱其危害性后果。

经过对我国研究型大学成果转化生态系统演进历程的综合考察，发现该系统呈现出要素日益多样化和交互频次不断加剧的发展趋势。在环境、群落和关系要素持续丰富的同时，重要政策组合的出现均触发了我国科技成果转化生态范式的根本性变革。在当前阶段，知识流动更注重利用知识网络来增强其可扩散性，而科技成果转化则更多地依赖于合同契约而非简单的命令或承诺。然而，随着系统内部不同创新物种群落之间关系的日趋复杂，以及与外部不确定环境要素的摩擦不断加剧，创新联盟成员之间的利益冲突也在增多。这种分配困境不仅表现为不同种群间在组织层面的冲突升级，还体现在环境中各利益相关个体的利益调适难度持续增大。

第四节　我国研究型大学科技成果转化的风险特征与挑战

一、我国研究型大学所面临的科技诉讼风险的特征

结合前节对我国研究型大学科技成果转化生态系统的发展历程、生态演进路径以及当前大学成果转化一般流程的深入剖析，可以初步探寻在当前科技生态环境下潜藏的风险表征。在这一生态系统中，我国研究型大学所面临的科技诉讼风险具有形态多样性、变动性、积极与消极并存、相对可计算性等特征。

1. 风险呈现多样性形态，因视角差异导致不同创新种群对风险的认知存在差距

从风险分布的领域来看，风险可以被划分为社会的、经济的、政治的、私人道德的以及职业道德的等多个类别。从风险来源来看，可将其划分为自然存在的、政策制度的、个体行为引发的三类。吉登斯进一步将风险来源总结为自然风险和人为风险两大类。

为了弄清楚科技成果转化过程中各类风险的来源，需要明确这些风险在社会大系统中的定位和层级。从生态学的视角出发，如果将技术供应方和接

收方所构成的科技创新联合体视作一个子系统，那么该联合体外部的政策、金融、社会环境因素等就可以拟化为创新的"自然环境"。具体到我国的科技成果转化领域，尽管风险的来源多种多样，但总体来看，这些风险大多源于人类社会的各种行为、决策、制度。那些纯粹来自自然界的风险，例如各种无法预知的自然灾害，已经被人类社会运转的制度设计所规避，因此并不在研究考察范围之内。由此，本研究中提到的"自然风险"应被理解为在科技生态学视角下，创新生态中来自创新体之外的各种风险。为了更清晰地划定边界并避免概念混淆，本书将来自创新生态的各类外部风险归纳并统称为"外部风险"。

2. 受到各类要素协同驱动的影响，风险具有了易变动的特性

从科技创新环境来看，创新主体在持续与环境及其他主体进行互动中，逐渐识别出科技成果转化过程中的各类风险。这一过程是随着时间的推移而展开的。同时，由于政策、文化、教育等环境因素的持续演变，创新主体必须保持与环境的紧密互动，灵活适应各种变化。因此，深入探究科技成果转化风险的过程性特征，既需要关注风险在不同时期的出现时机，又要追踪其演变过程，从而实现对横断面和历史阶段性的全面分析。

迪恩的理论为我们提供了两种理解风险的角度[①]。从社会学意义上来看，风险被视为当代社会的一个独有特征，反映了社会变迁的印记和当前社会形态的类型。而从"风险治理"的角度来看，风险则体现了人类社会统治阶级通过国家机器来实现理性风险计算的愿景。就我国科技成果转化的长期过程而言，风险展现出了社会学意义上所描述的变动性特征。然而，在当前的特定历史阶段下，风险似乎又呈现出可计算性的一面。

3. 风险对于不同创新主体而言"一视同仁"，兼具积极和消极的双重特性

风险所具有的危害性同时也为生态中的创新者面对其他竞争者时构建了一道屏障。当创新者通过不懈努力取得突破，完成了成果转化的既定目标，其背后的创新复杂性、知识产权的法律保障，以及率先占领市场所带来的利益等优势，都将成为其他有创新意愿的后来者难以逾越的风险障碍。2015年，《促进科技成果转化法》的再次修订，明确赋予了我国研究型大学在科

---

① 亚当，贝克，房龙. 风险社会及其超越：社会学理论的重要问题 [M]. 赵延东，等译. 北京：北京出版社，2005：41.

技成果收益和自主处置方面的权益。尽管如此，在实际操作过程中，依然能够觉察到研究型大学在科技成果转化道路上所面临的种种困难。

二、我国研究型大学在科技成果转化生态系统中主要面临的挑战

具体来说，从当前转化困境的表象来看，我国研究型大学在科技成果转化生态系统中主要面临着认知层面的模糊性、政策与实际的低匹配度、高昂的专利费用、成果分配模式的不确定性、司法实践中的地方保护主义，以及风险影响的无差别性这六点挑战。

一是群落要素方面，成果价值认知存在模糊性，估值过高或过低的混乱情形较为常见。一方面，由于科技成果转化成功率偏低，这使得有意进行转化合作的企业难以预见其回报。同时，大学与企业双方对于成果转化的潜在收益也存在不同认知和预期。无论是发达国家还是处在发展上升期的我国，高端、前沿领域的产业化都面临较大困难。在极有可能失败的情况下，企业对利益的前景缺乏信心，而大学则因为前期投入巨大，希望能够通过转化获得经济补偿。因此，供需两端存在成果价值的认识差距。

二是法规环境要素方面，存在政策法规匹配度不高的问题。由于大学科技成果的处置程序较为烦琐、规定不健全，难以形成高效的管理机制。大学的科研部门、管理部门、资源部门和法务部门往往各自负责，导致在成果转化流程中缺少一个在科技创新方面统筹指导与管理全局的主导部门。同时，为了降低管理风险，各部门不可避免地通过严格的制度设计来确保本部门在相应环节的合法性和合规性。以 N 大学为例，根据其《促进科技成果转化管理办法实施细则（试行）》规定，如果转化涉及的金额超过 200 万元，则除了初审、复审、学院等二级单位以及项目工作组的逐级审核，还额外报校长办公会审批。更为令人震惊的是，该校的成果转化由知识产权办公室、科技成果转化中心、法律事务室、国有资产管理委员会办公室、校产管理办公室、资产经营有限责任公司、人事处、财务处、科技处和成果来源二级单位等十余个部门分步骤、分流程共同参与管理，给校园创新成果的产业化额外增加了不必要的程序。

三是政策环境要素方面，由于大学和企业的科研成果专利维护费用极高，大量待转化和已转化成果面临着被迫流失的风险。目前，我国研究型大学的科研管理部门及专利人仍然有放弃专利申请的消极倾向，导致大量创新成果无用武之地。一些科研人员在发现成果转化的经济前景时，囿于产权制

度，会选择放缓专利申请进度，甚至不申请专利或著作权。学者徐彰认为，研究型大学科研中的职务犯罪有两个主要原因。除了因为难以承受职称评定、学位获取或考核压力，导致部分人员违背成果转化规律以及相关法规外，另一个主要原因是当前一些大学的科研管理制度与现实环境严重脱节，国有资产认定、转化、作价评估工作持续受到落后体制的束缚。此外，当前阶段我国的专利维护费用收费标准相对较高（表 3-8 所示）。例如，一件国内申请和维护的专利每年需要超过 900 元的费用，而且专利在国际布局和申请过程中的费用更高。长期来看，这对于学校来说是一笔沉重的经济负担。让人感到左右为难的是，放弃专利申请并不能从实质上保护科研成果或节约成本，反而加剧科研成果流失的风险。

表 3-8　国际 PCT 布局与国内发明专利申请及维护收费标准

国内专利费用明细	收取费用	PCT 费用明细	世界知识产权组织费用
发明专利申请费	900	代国际局收取的国际申请费	9280
复审费	1000	代国际局收取的手续费	1390
1—3 年（每年）	900	进入中国后的阶段	
4—6 年（每年）	1200	发明申请费	900（国内专利分离）
7—9 年（每年）	2000	宽限费	1000
10—12 年（每年）	4000	译文改正费	300（1200）
13—15 年（每年）	6000	复审费	1000
16—20 年（每年）	8000	无效宣告请求费	3000

附注 5：来源为 https：//www.cnipa.gov.cn/art/2021/12/24/art_ 332_ 172420.html；单位以人民币计。

四是群落要素方面，大学科技成果转化的收入分配管理难度较大，组织内部面临着利益冲突引发的信任风险。长久以来的科研规律表明，一项科技成果的产生往往需要由牵头人带领多名科研人员进行长期协作研发，而高校研发团队的人员流动性通常较高。因此，在成果能够进展到合同签订阶段之前，应提前考虑国有资产流失问题，充分考虑到人员流动性以及个别科研人员可能存在的泄密方面的"道德瑕疵"。此外，在签订合同后，即便成果最终转化并实现投产，但由于转化期间的固定收入和浮动收入的评估难度较大，导致原本参与研发的科研人员由于所在大学或院系的收益约定不明，无法维护自己的收益权益，从而可能进一步加剧人才与成果的流失。

五是环境要素方面，司法体系的地方保护主义倾向可能对合作双方权利产生不对等影响。对于参与诉讼的主体来说，如果与法院在地理位置上接近，可能由于地方保护主义倾向和"司法权力地方化"而影响判决的公正性。张维迎等人以某直辖市基层法院的六百余份民商事案件判决书为对象进行分析①，发现纠纷双方与法院之间是否在同一地域的差别，将会对诉讼的胜负产生明显影响。换言之，法院的司法监管和审判逻辑可能受地方保护主义思维影响，从而对诉讼的公平审理带来风险。此外，潘越等人对 2006 至 2012 年在 A 股上市的 391 家高新技术公司的涉诉信息进行统计，发现司法过程中的地方保护主义会对公司的诉讼结果产生干扰，进而对创新合作造成负向作用②。

在探讨案件中涉及的合作资金时，必须考虑到合同签订当时的客观限制条件，以及合同金额在当时和现在的购买力之间可能存在的差异。例如，我国过去十年的人均国民生产总值（GNP）逐年上升增长，反映了随着国家经济发展，国民的购买能力在增长。购买力受到居民收入、货币价值、消费者支出形态等多方面因素的影响，它在一定程度上展示了一段时期国家的宏观经济环境和物价水平。简单来说，人均 GNP 可以反映出不同时间段内货币的购买能力。因此，不能忽视不同历史时期的法律、金融情况、社会风气以及创新能力等作用下，人们对科技成果转化合同的经济价值的预估存在着差异。

六是在全要素方面，各类风险对群落的危害是无差别的，这在生态系统内对各个创新群落主体都会产生全局性的影响。风险具有全领域的生态特质，使得在考察风险问题时，必须进行系统的、动态的深度研究。如图 3-5 所示，埃斯特林提出了由三大创新群落构建的创新生态互动模型③。其中，包括研究、开发和应用在内的三大创新群落在整个国家乃至全球生态环境中生存，通过维持群落间的生态平衡来实现科技创新的可持续发展。

为了实现创新的可持续性发展，创新群落需要积极应对创新环境中的各

---

① 张维迎，柯荣住. 诉讼过程中的逆向选择及其解释——以契约纠纷的基层法院判决书为例的经验研究 [J]. 中国社会科学，2002（02）：31-43+205-206.

② 潘越，潘健平，戴亦一. 公司诉讼风险、司法地方保护主义与企业创新 [J]. 经济研究，2015，50（03）：131-145.

③ 埃斯特琳. 美国创新在衰退？[M]. 闾佳，翁翼飞，译. 北京：机械工业出版社，2010：9.

种不确定性因素。然而，各组织的风险识别和评价能力会有所不同，具有不同生态学特征的不同种群之间，对抵御风险的能力也会有所差异。准确识别创新体自身独特的特性，理解合作各方之间的合作关系的本质，以及全面了解创新生态环境中的各种环境因素，是通过风险规避和分担实现组织生存与发展的重要议题。

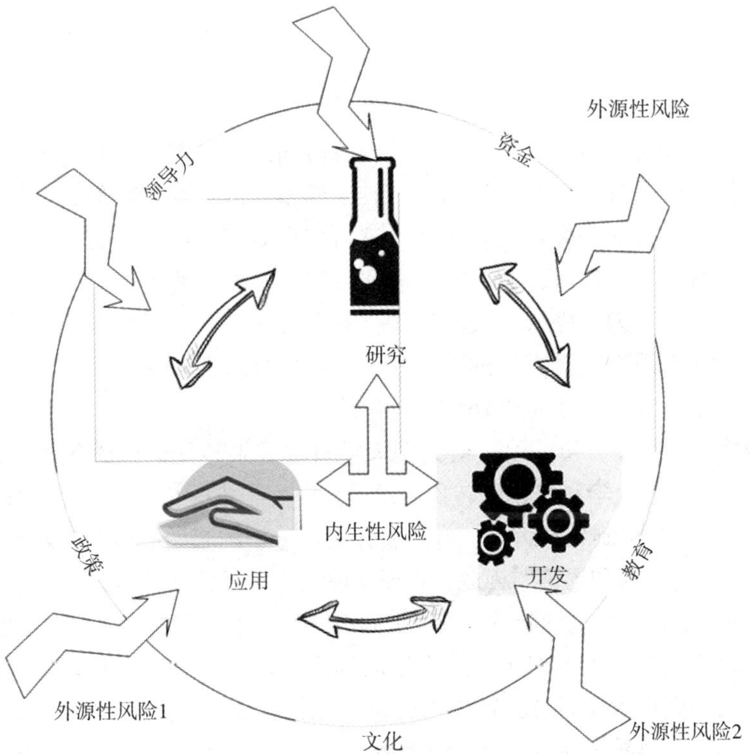

图 3-5　基于埃斯特琳的创新群落生态风险互动模型

通过当前风险表征的梳理，可以对近年来研究型大学创新系统中存在的风险建立初步的认知，为后续风险的识别与防范化解提供支持。笔者认为，为了能进一步明确我国研究型大学科技成果转化生态系统中各类风险的具体表现形式，加深对风险在学理层面的理解，并能结合我国研究型大学的实际情况识别和总结出当前国内生态环境下的主要风险因素，接下来有必要结合国内高校以往的科技成果转化诉讼案例，来分析风险的产生过程，及其对成果转化的影响机制。

第四章　研究型大学科技成果转化诉讼风险识别

科技成果转化是一个既复杂又系统的协同创新过程，受到包括新技术复杂性、技术供需双方之间知识沟通、转化能力，以及其他外部诸多条件在内的多重可变因素的综合影响。因此，这一聚焦知识转移的动态治理工作相当复杂，其过程较为耗时，并且转化期间可能因多个方面不确定因素的叠加作用而导致失败。为了降低失败的风险，需要对研究型大学科技成果转化诉讼过程进行深入探查，对引发诉讼的相关风险进行识别，并且明确影响转化的各类不确定性因素，从而更好地应对挑战。

根据第三章的分析，引发研究型大学科技成果转化诉讼的各类不确定性因素就是研究型大学科技成果转化诉讼风险。为了进一步查明这些不确定性因素究竟经过何种机制导致诉讼，有必要在实证分析的起始阶段首先对各类诉讼风险因素进行识别和提炼。为此，需要采取过程记录、情境再现和信息提取等手法对现实诉讼案例进行分析，以揭示诉讼产生与背后风险因素之间的关系。

本章将构建一个类似于扎根理论的诉讼风险识别框架，并运用该框架对涉及我国研究型大学的 22 个科技成果转化诉讼案例进行风险要素的提取。通过建构关于科技成果转化诉讼风险的本土理论体系，为后文有关风险生成路径的进一步研究奠定基础。

第一节　风险识别方案

国内外的学者普遍认为①②，就现代意义上的组织而言，实现风险管理、

---

① Cooper D, Chapman C. Risk Analysis for Large Projects: Models, Methods and cases [M]. Wiley, Cambridge, 1987: 18.

② 马林. 基于 SCOR 模型的供应链风险识别、评估与一体化管理研究 [D]. 杭州：浙江大学, 2005: 52.

治理的第一步是对潜在风险进行有效识别。这一基础性工作是客观应对风险危害的必要前提。对于大学科技成果转化管理和评价工作来说，识别转化环境中的各类风险因素是前提，对拓展理论具有重要意义。

根据弗兰克·奈特的经典著作《风险、不确定性和利润》中的二分法，风险可以划分为"确定的不确定性风险"与"不确定的不可度量的风险"①。在风险研究中，应当明确区分以上两类风险，通过及时识别那些容易被大众感知的随机性偶发事件，更好地把握成果转化发展过程中的危害因素。同时，我们也要认识到那些不可被预先认知的未知性因素，并对这些只有在实际造成损失后方才被认知的"真正"的不确定因素保持警觉。在本研究中，通过对国内科技成果转化诉讼案例进行风险识别，能够具体结合我国的实际情境找出并分辨各类不确定性因素。

本节的核心任务是构建一个适用于本国研究型大学与企业间科技成果转化全过程诉讼风险识别的具备可操作性的识别框架。考虑到科技成果转化可以被视为一种特殊的基于契约的供需合作关系，那么合作主体在围绕知识产权这一主体的行动过程中涉及的各类内部与外部因素，都可能对转化过程造成影响。所以，原则上环境中的所有潜在因素都应被纳入考察的范围。然而，通过对国内研究型大学科技成果转化实践的实际分析，能够发现并非所有因素都在诉讼形成过程中发挥关键作用。因此，在尽可能全盘考察各种因素的基础上，需要着重关注并提炼那些显著推动诉讼形成的风险因素。

回顾大学的发展历程，与产业合作以寻求共同利益，已成为研究型大学为维持生存、谋求发展和追求卓越而采取的重要策略。因此，在合作中如何妥善处理研究型大学知识产权的转移、转让与转化问题，就成为保障大学及其合作部门多方利益的关键。为了全面考察成果转化合作演变为纠纷的复杂过程，并充分识别作用其中的风险因素，就需要选择一种能够适用于本研究的风险识别方法。这就要求在明确识别框架之前，首先结合我国研究型大学科技成果转化的有关特点，明确识别框架应当遵循的基本原则。

一、风险识别的基本原则

1. 全程性和阶段性

科技成果转化是一个需要经过全流程才能最终实现结果的全局性过

---

① 奈特. 风险、不确定性和利润 [M]. 郭武军，刘亮，译. 北京：华夏出版社，2013：31.

程，同时也是可阶段性划分的片段化过程。一方面，科技成果转化全过程
需要考察各个阶段的风险，特别是那些影响网络内部知识流动性的持续性
因素。根据周竺等人的观点①，如果将科技成果转化视为一个整体，产学
研之间的合作实质上是组织间建立知识流动网络的过程，评价合作成功与
否的关键指标在于合作网络的流动性，而决定知识流动性的因素则包括了
网络的规模、组织之间的信任关系等网络特性。为了促进知识的流动，需
要以全局思维方式去看待影响网络中各种特性的那些不确定但持续作用的
因素。

另一方面，科技成果转化也是产学研合作的一个具体环节。制约知识流
动的各类因素可能在不同阶段起作用，这可能影响知识产权运作过程，并引
发冲突。因此，风险识别的方法选择和流程设置应当充分重视风险对转化过
程各阶段的影响，特别要注意处在不同阶段的风险因素的形态。例如，在软
件开发过程中，由于技术成熟度的持续提高，可能导致某些阶段的潜在风险
未被发现，并留到新的合作阶段，成为新版本的一部分，直到该风险被找出
并解决。所以，及早发现和处理这些潜在风险，可以有助于消除对科技创新
的持续性损害。

因此，在进行知识产权的知识流动过程中，既要全程关注可能面临的挑
战，也要具体研究每个阶段的变化特征，以便及时发现并处理各种风险。例
如，在意向阶段，考虑到知识产权转让模式的复杂性，通过签订正式契约能
够最大限度地在合作双方之间消除误解、增强信任、制约不当得利。一旦意
向达成并走向实施阶段，那么在不同模式的科技成果转化过程中就可能引入
新的风险因素，例如技术本身商业化的复杂度、后续各方资源投入的风险性
等。又比如，在成熟知识成果走向产业化的后期，由于研发周期拖延、市场
需求变化等未知因素，大学依然需要面临企业无法履约的境地。综上，围绕
知识和利益交换而展开的转化过程需要采取全程化的视角来分阶段提取风险
因素。

2. 系统性与外部性

科技成果转化体系是一个由参与转化的各方及其周边环境构建而成的社
会子系统。从外部向着系统内部深入，能够逐步将科技成果总系统这一观测

---

① 周竺，黄瑞华. 产学研合作中的知识产权冲突及协调 [J]. 研究与发展管理，2004，04
（01）：90-94.

对象细分为相互关联的多层级子系统。张运生认为，在现代创新生态系统中，各个主体在成功实现创新的路径上通常需要依赖他人。这种作为子系统的组织之间的相互依赖，可能会带来不同于传统风险的一些新型风险，如依赖性风险、关系风险、结构性风险和整合性风险等①。系统性原则可以为风险研究提供立体且全局化的思维方式。具体来说，就是要求在识别风险的过程中能够明确各子系统之间的风险如何在系统内部进行相互作用，并明确这些相互作用的过程是否会给其他组织带来不确定性因素，进而产生新型风险。

除了产生交互的子系统，从创新主体本身跳出来看，创新系统之外的环境也充满了不确定性。例如，从微观角度看，技术转化过程需要考虑到提供创新资料的合作方、竞争对手、产品消费者等利益相关群体②；从宏观角度看，涉及国家或区域创新政策支持的经济、法律、文化、政治与自然环境等因素③，在创新的长期阶段中都会潜移默化地影响成果转化工作。

3. 变动性与持续性

科技成果转化是一个动态且复杂的合作流程，它需要在不断变化的因素中实时调整风险识别的视角。臧秀清认为，在科技成果转化多个阶段的顺序推进中，风险带来的损失会随着投入的增加，以及转化失败或中止的可能性增加而增大④。具体来说，在一个阶段过渡到另一个阶段的过程中，不同的风险因素可能因为科技成果转化的状态转变而出现或消失。例如，在技术从实验室走向生产线的过程中，随着项目转化完成度的提升以及技术成熟度的提高，技术开发风险将逐步减小。但是，这个过程也将需要损耗大量的研发时间。随着研发总时间的增长，来自市场其他公司的竞争和挑战可能带来产品被技术性淘汰的市场风险。因此，大学与企业进行协同创新的过程中，系统风险的构成并不是静态不变的，而是由于各类风险因素的此消彼长而造成复杂的局面。

另外，对于那些尚未被识别但可能一直存在隐患的风险因素，也需要持

---

① 张运生. 高科技企业创新生态系统风险识别与控制研究 [J]. 财经理论与实践，2008，29（3）：113.

② 李春友. 利益相关者网络视角的复杂产品系统创新风险生成机理研究 [D]. 杭州：浙江工商大学，2018.

③ Karakaya F, Kobu B. New product development process: An investigation of success and failure in high-technology and non-high-technology firms [J]. Journal of Business Venturing, 1994, 9 (1): 49-66.

④ 臧秀清. 科技成果转化的风险及防范措施 [J]. 中国软科学，2000，22（4）：49.

续观察和识别。现有研究中，张以彬提出了一种面向供应链生产的风险识别框架，其中最重要的设计理念之一就是强调对供应商、零售商和中间人之间风险的持续性观察。尽管科技成果转化过程并不能简单等同于纯粹的供应链系统，但是这种在合作中持续关注危险因素的原则，可以借鉴到科技成果转化风险识别框架的设计中。

二、当前风险识别方法

在大多数情况下，风险并非显而易见，而是通过大量实践经验的积累被工作人员逐渐识别出来。随着经验的积累和视野的拓宽，管理者和技术人员对风险信息的认知能力也在提高，这使得涵盖风险识别工作的各个行业领域逐步形成了专业化的识别方法和特色管理制度。例如，在建筑工程领域，选择风险识别方法通常取决于项目性质、项目规模和项目管理人员掌握的分析技能①②。这种源于建筑工程领域多年积累的管理经验使得后续的工程能够在设计阶段参考前人的失败经验，规避那些不易察觉的工程风险。再比如，在临床医学领域，为了提高医药试验和手术成功率，通常会依赖反复临床试验得到的客观统计数据以及荟萃分析（meta analysis）③④ 来挖掘医疗风险中的因素。

在研究型大学的科技成果转化过程中，风险识别与一般企业的合作过程有所不同。在科技成果转化过程中，由于研究型大学与企业这对转化主体的利益取向有所不同，因此形成的诉讼风险具有一定特殊性和偶然性。因此，对于这一特殊过程的风险识别工作，应将通常的识别经验与本研究对象的特殊性相结合，给出针对性的风险识别策略与方法。

首先，从研发过程的特殊性来看，科技成果的研发过程具有形式多样、使用价值高且研发周期紧迫等特征。这就使得其商品化开发有别于一般产品，具有高转化风险、高附加值以及颠覆性的行业潜力⑤。随着研究型大学

---

① 钟登华，张建设，曹广晶．基于 AHP 的工程项目风险分析方法［J］．天津大学学报，2002（02）：162-166.

② 费朵，邹家继．项目风险识别方法探讨［J］．物流科技，2008（08）：139-141.

③ 李静，王家良．系统评价的方法与评价原则［J］．中华医学杂志，2001（01）：56-58.

④ 但汉雷，白杨，张亚历，等．Meta 分析方法及其医学科研价值与评价［J］．中华医学科研管理杂志，2003（01）：13-16.

⑤ 房德安．科技成果转化为生产力中的一个重要认识问题——科技成果作为商品的特殊性及其内涵［J］．中国工程师，1997（05）：15-16.

科技成果转化实践经验的积累，越来越多的学者认识到企业在转化合作中的主导地位。因此，"以企业为主导、大学为技术供给方"的双主体格局与一般的以技术交易为目标的合作模式有所不同。例如，跨国公司之间的技术交易通常依托成熟的合作模式，其技术的成熟度相对于在校园诞生的技术要高，技术合作的重点并不在技术的移植方面，而主要的风险因素出现在作为交易核心的技术之外。因此，科技成果转化合作中的风险特性使得识别各类风险的依据与其他商业或科技合作存在一定差别。

其次，各种风险识别方法众多，因此在选择识别工具时，应当对研究对象的特征进行综合考量，从而决定合适的技术或技术组合。在不同领域的风险实践中，根据其实际操作思路，产生了多种识别方法。表4-1列举了管理实践中一些较常用的风险识别方法。近年来，组织间合作的风险识别方法开始逐渐发展起来，其工作的主要内容分为两个部分：一是识别合作过程中的潜在风险及其特征，二是对风险进行追踪溯源。这些方法根据信息来源的不同，可以分为主观和客观两大类。利用主观信息源的识别方法更能凸显团队设计的优势，能帮助决策者在一定时间范围内及早识别出管理工作中可能遭遇的各类风险。然而，这样的方法由于基于主观视角，对风险的客观性认知较为匮乏，主要是根据习惯性经验，而非客观数据来发现风险。相对之下，虽然基于客观信息源的风险识别方法是依据客观数据来研究风险问题，但由于客观资料往往在事后获得，因此工作人员在项目实施前无法预知其他未被测量到的潜在风险。可见，科技成果转化过程的风险识别工作不应直接从其他领域的风险识别项目中借鉴其成熟识别技术。

总的来看，以上的风险识别方法均以提取各类潜在风险为重点；换句话说，在现代研究语境中，风险已广泛被理解为可能影响工程或事件的一种信息。因此，"风险识别就是风险信息的提取"这一观点已得到广泛接受，成为风险识别研究的基本假设与前提。

在提取风险信息的过程中，针对不同类型的研究主体需要具体分析。这就要求在科技成果转化这一特殊机制中的风险识别工作，必须提供与该过程特性相符的识别方法和程序。通过前期论述，我们发现虽然各类识别方法都具有其优势，但它们能否直接应用于本研究还需要进一步验证。另外，科技成果转化是一种再创新过程，它的特殊性可能在与周遭特殊环境、时机和主体的互动过程中产生与一般工程领域不同的特殊风险。

表 4-1　风险识别的方法及其特点

方法名称	信息源	主要内容	优点	不足
头脑风暴法	主观	集体思考的视角，通过开专家会发言和互相启发，形成群体性意见，加强预测可信性	群体性意见，规避一些不常见风险	需要高度专注且专业经验丰富
德尔菲法	主观	依靠专家组集体主观认知（经验）对风险进行识别；多专家意见函询后汇总，并交匿名专家二次征询；多轮讨论后形成一致意见	不需要专家集中，扬长避短，多回合提升可靠性	多轮次，耗时间；易造成理论性强但可操作性弱的局面
情景分析法	主观	系统性地设计出各类事态发展的前景，给出项目推演的全程描述，帮助决策者在某一情境下提前预知可能风险	穷尽各类情境；帮助决策者对全盘中可能疏漏的环节有整体认识	过程较复杂，实践中需要专业人员尽力穷举，难度较大
风险核对表法	客观	将项目的环境、资料、人员技能等客观生产资料的优劣一并分析，形成一张风险要素的核对表	易操作，成本低，可发现其他方法不易识别的潜在风险	无法像其他方法穷举所有风险，不适用于较特殊的项目
流程图法	客观	通过网络图或 WBS 来建立一个能够展示全部项目的流程图；依靠流水线管理形成工作步骤，标清重点环节，使管理有据可循	结构化视角；便于发现子系统间风险；兼顾技术性风险和环境风险	耗时，细节内容（隐性知识）难以表达；缺乏定量支撑
故障树法	客观	从财务净值视角来审视项目，通过货币切入风险识别工作	故障原因直观展现，便于制定防控政策	大型项目中难以施展，较适合小型项目

附注6：根据费朵、王超俊等人的研究成果整理而成。

同时，风险识别是一项系统工程，需要多种方法组成的综合分析框架，单一的方法无法适应科技成果转化这一复杂过程。风险介入的过程性使得风险识别成了一个全程性的工作。在科技成果转化的各个阶段，转化主体、转化对象和环境都处于变动的复杂状态，此时的风险识别方法就不能仅仅依赖于某一种方法的重复使用，而应当采取一种程序化的设计思路，建立为一个面向复杂情境的识别框架。在面对各种风险时，这个框架可以提供适当的方法，及时且准确地识别出可能出现的各种未知风险。

因此，本研究需要充分借鉴当前各种成熟方法的优点，结合科技成果转化诉讼过程的特征，提出一种既有可操作性又具时效性和信效度的风险识别框架。

三、本研究选取的风险识别方法与研究安排

考虑到前一节提出的种种原因，为了克服依赖单一方法带来的研究局限性，同时能够将诉讼风险识别从具体的管理实践方面提升到更为理论性的学术研究层面，本研究将综合运用各种有效的方法，构建一个基于现有资料和主观认知的诉讼风险识别框架。如图 4-1 所示，这个框架主要针对研究型大学的科技成果转化过程进行风险的识别。

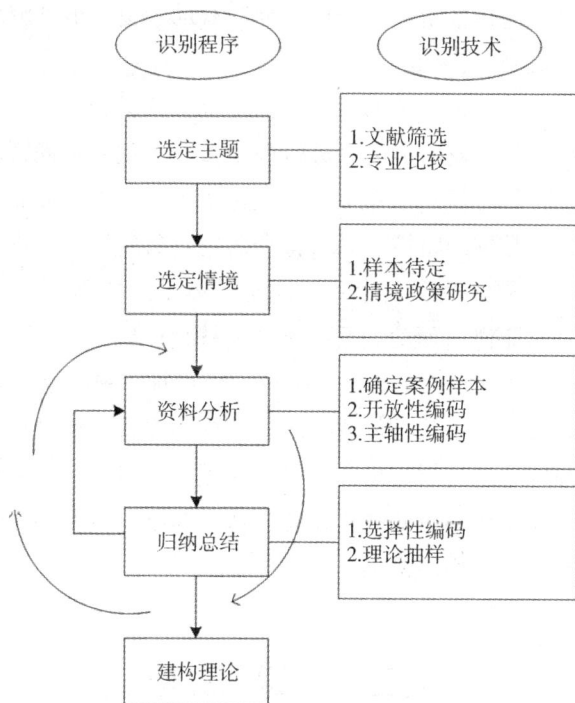

图 4-1　基于质性分析的科技成果转化诉讼风险识别框架

总体来看，本研究选择将质性文本研究作为识别诉讼风险的基本方法。本研究针对特殊情境下的诉讼风险认知进行了大量资料的研究，然而与风险机制有关的理论尚未形成完整体系。根据现有的社会科学研究方法，质性文本研究能在无研究假设的情景下，帮助研究者从大量资料中自下而上建构面向本研究问题的本土理论。这个方法由 Glasser 和 Strauss 发展为扎根理论方法，以螺旋式剖析方式逐渐接近概念，使研究中的核心类属达到理论性饱

和，并在不同概念之间构建关系和层级，最终构建基于特定资料的新概念或新理论①。当然，本研究选择的质性分析方法与扎根理论有所不同，主要因为本研究的文本资料并非来源于访谈分析，而是主要通过网络资料收集和整理得到的。

同时，选择质性研究理论的另一个原因是，它可以提供面向情景分析（scenario analysis）的研究思路。风险识别工作的阶段目标是形成由多个情境构建而成的风险作用机制图景。如前所述，风险的形成、介入和发挥作用存在于不同的发展阶段，同时，不同类别的风险在上述过程中也存在差异。因此，对各种风险进行情景化的分析，能够有助于更好地理解风险复合作用于转化全过程的机制。

具体来说，确定识别框架的步骤包括了资料分析和登录、逐步深入的二级或更高级别的编码、及时抽离并进行理论整合。这一过程可以看作将质性分析的操作程序在风险识别工作中的本土化实现。就本研究而言，第一步需要结合研究资料和数据的特性，采取符合研究对象的风险特点的方式，进行风险因素的初步提取，并建立代码（code）体系。接下来，在风险资料编码阶段，采用德尔菲法的研究思路，将每一轮通过三级编码识别出的风险"类属"交给下一轮的不同专家进行评判，直到研究中的核心类属及其体系达到理论饱和。最后，采用类似流程图法的描述方式，通过对各个主体或子系统之间的风险因素进行结构化和情景化梳理，使得风险因素在科技成果转化过程中的影响作用机制更清晰地显现，从而描绘出研究型大学科技成果转化风险因素在全局中的作用机制。

第二节 识别过程

科技成果转化是一个充满不可预测因素的复杂性过程。在我国，该类创新工作起步相对较晚，因此面临着包括资源分配不均衡和创新环境的不确定性等诸多问题。这些因素导致我国研究型大学和企业之间的合作往往产生失败或成效不理想的情况，甚至会引发法律诉讼。在高教和企业生态圈广泛传

---

① Sudday R. What Grounded Theory is not [J]. Academy of Management Journal, 2006 (49), 633-642.

播的负面新闻信息，无不印证了此类诉讼的客观存在，以及对社会造成的不良印象。

这些诉讼通常源于双方不可调停的冲突，由原本的合作关系变成法律争端。通过在我国的法律案例平台如"法宝网""裁判文书网"等进行查询和收集，找到大量关于国内大学和企业之间诉讼的文本资料。这些资料可以为近年来研究型大学科技成果转化诉讼问题提供直接的实证材料，从而为理论分析提供潜在支持。

当然，为了确保质性研究的信度，需要通过其他渠道收集信息，以补充已有材料中无法确定的信息。这包括但不限于收集涉案各方的新闻材料，并尝试通过电子邮件或其他形式接触相关人员，获取丢失或缺乏的信息。

想要分析风险对我国科技成果转化诉讼的影响，首先必须明确风险如何以及在哪些维度上可能影响诉讼。在选择研究方法过程中，面临以下几方面挑战：一是在当前国内外研究语境中，对科技诉讼的实证研究并能够形成理论的较少，这使得本研究需要在研究过程中考虑如何结合手头上的诉讼案例特征来建构理论；二是由于一开始可能难以聚焦到具体风险因素，因此需要有选择性地对样本进行抽样和编码；三是诉讼案例之间具有相对性，需要在研究中不断比较以提炼出核心概念，这就要求在研究中逐步交替进行资料数据分析和理论建构，形成材料与理论之间的呼应。

一、聚焦质性研究主题阶段

正如前节所述，质性分析由于其以实证材料为基础的解释主义范式和建构主义的哲学基础，在人文社会科学领域众多研究方法中占据了重要地位。该方法与本研究的思路——层层深入、理论与资料相互推动相符。质性研究方法能够快速深入材料，保持对理论的敏感度，并在研究的可信度上克服了量化研究的效度限制以及质性研究的信度瓶颈。

根据风险识别的框架，第一步是尽快明确研究的核心问题，并提出研究假设。对于本研究来说，科技成果如何转化成为一个社会广泛关注的热点问题，核心就在于解答"合作为何走向诉讼"这一问题。进一步来说，鉴于科技成果转化的成功和失败案例均存在，本研究提出如下假设：阻碍合作转化成功的不确定因素客观存在，这些因素可能在科技成果在合作过程中产生，也可能在合同意向达成之前就已经存在。

本研究中提出的"不确定性"，是指转化主体基于所处的特定时空状态，难以直接、明确、完整地获取转化过程的全部信息，这使得一些可能影响合作进程的因素难以准确评估。现有的研究中，Cannella 等学者将创新环境的不确定性定义为企业对其竞争环境变动性因素的不可预测程度①。对于普通创新主体来说，环境的不确定性包含技术、市场、政策方面的不确定性。具体到大学创新过程，需要将研究型大学所处的环境与出现问题的实际情况结合起来，对风险因素进行提炼和归纳。这就要求在分析中结合纠纷发生时的时空状态，尽可能地还原事件中的政策背景，以及组织或主要个人角色的思想、观点、行为和意图，将情景化推向更深层次的"主位的分享"②。

二、案例材料收集阶段

筛选风险因素的主要工作是通过提取国内发生的校企之间的诉讼案件的事实内容，以具体案例及相关背景为研究对象，从研究型大学的视角进行三级编码，提炼出可能引发纠纷的风险因素。原始资料主要来自研究型大学科技成果转化相关案件的判决书或裁定书。这些案件材料收集自中国裁判文书网、法信网、北大法宝网等案例网站。由于获取研究材料的方式是通过关键词检索，因此材料中会混入一些与初定的研究目标及问题不匹配的无效案例，这就需要手动进行筛选和排除。例如，一些案由是建筑合同纠纷、大学教师劳务合同纠纷等，需要将这些与科技诉讼无关的内容移除。为了补充纠纷主体和客体的相关资料，对涉及案情的当事双方和有争议的专利信息逐一进行核实。这些补充材料来自大学和企业的官方网站以及国家知识产权局的专利查询系统。对案件的特性、纠纷的发展走势以及诉讼案情等进行分析，跟踪并抓取了纠纷的发生时间、对当事人的社会影响等细节，作为研究风险因素的参考资料。

对于每个案件中可能存在的信息遗漏，主动联系了大学转化部门或案件代理人，尽力还原案情的全貌并获取完整的案件相关信息。为了确保内容的可信度，选择向熟知案件实情的校方人员和企业成员进行信息验证；同时，采用双人编码方法，由两位编码员独立进行文本编码，然后合并结果并进行

---

① Cannella Jr A, Park J, Lee H. Top management team functional background diversity and firm performance: examining the roles of team member colocation and environmental uncertainty [J]. Academy of Management Journal, 2008 (51): 768-784.

② 吕力. 深度情境化与诠释: 管理学的质性研究方法 [J]. 科学学与科学技术管理, 2012, 33 (11): 31-37.

修正；最后，我们会向合同法领域的专家——来自 ZF 大学的 L 教授，以及法务实践专家 S 律师进行咨询，借此确认案例中科技成果相关事实认定的有效性，并向 BL 大学技术转移中心的 W 老师、负责 HW 企业产学研对接的 L 经理进行业务信息的核实，如表 4-2 所示。

表 4-2　国内研究型大学科技成果转化诉讼案例库编号信息

序号	编号	研究型大学	案由
1	1103	KY 大学	与 JM 科技关于成果作价的纠纷
2	0301	SX 大学	与 KL 环保关于科技成果所有权侵权的纠纷
3	0210	SHM 大学	与 M 公司关于专利所有权的纠纷
4	0251	NJ 大学	与 HH 药业合同履约纠纷
5	0111	NY 大学	与 LP 农业合同履约纠纷
6	0801	ZN 大学	与 DY 矿业合同履约纠纷
7	1243	LL 大学	与 DY 精化合同履约纠纷
8	0412	YK 大学	与 SB 投资合同转让纠纷
9	0211	SJ 大学	与 MJ 能源关于技术合同的纠纷
10	0212	SJ 大学	与 YR 网络关于技术服务合同的纠纷
11	0314	NLG 大学	与 WJ 化工关于技术合同的纠纷
12	0169	HL 大学	与 FX 材料的技术合同纠纷
13	0170	BH 大学	与 XY 高科技关于技术服务合同的纠纷
14	0171	BH 大学	与 RF 公司关于技术合同的纠纷
15	0181	BHG 大学	与 TG 工业关于技术转让合同的纠纷
16	0805	XDK 大学	与 PL 节能关于技术服务合同的纠纷
17	0151	BL 大学	与 WZ 科技关于技术委托开发合同的纠纷
18	0809	DJY 大学	与 BN 医药关于技术服务合同的纠纷
19	0218	DLG 大学	与 HM 生物关于技术合同的纠纷
20	0701	HZN 大学	与 JX 生物关于技术委托开发合同的纠纷
21	0191	BK 大学	与 XG 陶瓷关于技术委托开发合同的纠纷
22	0319	NH 大学	与 HX 信息科技关于技术合同的纠纷

经过筛选，最终形成了由 22 组诉讼案例材料构成的样本库。表 4-2 给出了案例相应的原始编号、涉诉高校和案件缘由等信息。

三、初始词频分析统计

在进行手动编码前，需要对案例进行词频分析。词频分析是在质性研究过程中对案例素材进行的一种"描述性统计分析"。通过分析纠纷案例资料中的高频词汇，能在一定程度上直观地从诉讼案例中发掘出引发校企之间矛盾冲突的直接原因，以及其他可能引发诉讼的隐含因素。将所有案件的文字材料导入 Nvivo12 软件后，运行词频统计工具，可以得到相关的高频词汇表见下表4-3；高频词汇云见图4-2。

表4-3 科技成果转化纠纷案例词频分析结果（部分）

词汇	计数	加权百分比（%）
技术	2112	2.56
合同	1877	2.27
公司	1605	1.94
大学	1133	1.37
转让	973	1.18
生产	791	0.96
约定	591	0.72
原告	579	0.70
被告	558	0.68
履行	482	0.58
证据	468	0.57
双方	443	0.54
支付	436	0.53
专利	429	0.52
签订	343	0.41
甲方	337	0.41
提供	335	0.41
华东	320	0.39
进行	312	0.38
证明	300	0.36
……	…	…

图4-2 本研究科技成果转化诉讼案例的词汇云

通过对手动编码整理后的节点进行词频分析，发现词汇云中，"合同""技术""公司""生产""约定"等是案例中主要的高频词汇。其中，"技术"一词的出现频率最高（2.56%）。这主要因为，在科技成果转化诉讼案例中，涉及的相关技术对于双方来说均非常重要，常常是诉讼的焦点。进一步深入研究关于"技术"的问题，能够挖掘出一些更深层次的问题，比如作为技术供应方的大学存在技术不成熟、技术不稳定等问题，可能导致合同初始约定无法如约履行和实现，从而引发纠纷与诉讼。此外，"合同""大学""公司"等高频词汇也反映出转化的主体以及核心内容等信息。

回到参考资料的特征，发现针对合作双方签订的科技成果转化合同问题引发的诉讼在所有案例中占比最高。主要问题包括：①合同约定的权利和义务并没有得到双方或某一方的遵守；②双方进行转化工作时，并未按照合同规定的事项进行，从而导致了因违约而产生冲突的情形。

四、开放式编码阶段

开放式编码（open coding）是在质性分析形成理论的过程中，对收集的原始文本数据进行初步整理和对比分析的关键步骤。此步骤可以通过科学化和规范化的方式，将数据（文本）归纳整理为明确的范畴。通过对整理后的文本数据逐一进行解析，可以从中挖掘出包含的最基本的隐性概念，进而整理出与科技成果转化诉讼相关的初始概念语句。这些初始范畴也被称为"本土概念"，它们是原始材料中最直接与基础的范畴单元。表4-4展示了在 296 条初始概念语句中的部分示例。

在开放式编码过程中，采取"样本号—结构码—解释语句编号"的顺序对原始案例材料进行逐个编码。研究发现，诉讼案例样本具有"迁延性"和"问答式"的特征，当事双方往往会在事实认定方面在庭审中进行反复的质证与斡旋（其间重要信息和细节被记载下来）。例如，部分案件需要历经一审、判决或裁定、上诉、二审、维持判决（裁定）或改判的多轮复杂过程，才能最终明确事实并得到裁决。因此，在编码过程中，需要在初期阶段就剔除那些重复的、无效的或模糊不清的无关信息。

表 4-4 开放式编码所形成的初始范畴示例

编号	初始范畴	对应原始访谈材料中的典型例句（初始概念）
a1	技术成熟稳定证明	"××公司虽对新药技术的成熟性、稳定性提出异议，但并没有提供证据证实"
a2	生产线问题	"被告××研究所对生产线的关键设备涂布机、镀膜机等存在的相关问题仍然未能解决"
a3	新药生产条件	"必然导致不具备新药生产条件的 BS 公司获得生产批文，最终导致社会公共利益的损害"
a4	开发任务完成度	"合同期限届满××大学未能完成开发任务，构成违约"
a5	技术问题	"××大学应当承担以下违约责任，因技术原因无法产出合格产品，退还所得费用"
a6	产品质量	"××公司提供产品均为'三无'产品，其质量无法得到保证"
a7	合同约定指标完成情况	"报告中生产试验结果未达到合同约定的指标"
a8	合同义务完成情况	"被告××研究所至今未完成合同规定的义务"
a9	个体私利满足问题	"实际是××和××的私利无法得到满足，怠于履行职责"
a10	违反合同规定	"但××公司没有按照合同规定付清全部款项"
…	…	…

五、关联式编码阶段

关联式编码（又名轴心编码或主轴编码，axial coding）的核心目的是在前一阶段形成的主要意义范畴基础上进行进一步探究，挖掘范畴间的内在联系，将孤立的意义范畴以某种形式进行归纳总结，并构建为新的关联范畴。这个阶段的任务是持续整合和归纳第一步编码过程中生成的概念和范畴，通过不断寻找不同概念范畴间的差异，形成概念和范畴之间的关联，增强概念向范畴转化的能力，从而在数据中揭示各个部分的有机联系。比如，结合违约行为的共性特征，"学校违约""企业违约"以及"校企共同违约"被归纳为"违约行为"这一关系范畴。而对于利害关系个体和责任分配，则涉及大学与企业在转化过程治理能力方面存在的其他问题。

鉴于分析中出现的概念条目众多，且各概念间的整合度不高，还存在概念表述重复的问题，本研究阶段对归纳形成的296个初始概念进行了二次对比、提炼和归纳。最后，通过精细化的提炼总结出了8个主范畴（见表4-5）。

表4-5 关联式编码所形成的主范畴

编号	主范畴	对应范畴	频次
A1	技术成熟度	生产资质；产品技术水平；产品质量；生产性问题；生产设备问题；企业对转化的接收等	58
A2	技术起始阶段	结果未达合同规定指标；项目失败；技术指标未达到要约；合同下一阶段无法履行等	48
A3	利益相关者个体	技术人员未履行职责；技术人员获取私利；工作人员怠慢；工作人员之间存在利害关系；中介参与帮助的能力不足等	35
A4	中介参与	技术中介机构参与	12
A5	企业投入	企业违反合同约定；未支付经费；企业要求不符合合同规定；企业单方面停止投资等	55
A6	大学投入	未提供技术参数；未提高技术资料；技术成果未实现；产品开发未完成等	64
A7	产学研关系	双方均违反合同规定；双方未履行监督检查职责；双方存在不当履行合同行为等	87
A8	校企责任不清	款项支付时间双方未定；双方未约定产品合格鉴定方等	17

六、选择式编码阶段

通过对前两阶段的结果进行总结，综合考量已译出的所有范畴，尝试构建本研究的质性理论模型。表4-6展示了选择式编码（selective coding）得到的核心范畴。

表4-6 选择式编码得到的核心范畴

核心范畴	主范畴	关系内涵	频次	百分比（%）
行为风险	A6 大学投入 A5 企业投入 A3 利益相关者个体	参与科技成果转化的各方组织的行为，以及利益相关个体的履职行为，会对科技成果转化造成影响	132	48.35

续表

核心范畴	主范畴	关系内涵	频次	百分比（%）
中介风险	A4 中介参与	技术中介机构能够协调产学研联合研发过程中的各类知识产权业务，减轻各方法律经验方面的压力	12	4.3
合同风险	A8 校企责任不清	合同签订后对合同主体与客体所形成的有关各方权利的约束力、时限、违约责任等要素是否完备，对大学与企业间合作发生纠纷时有重要证明意义	17	24.91
技术风险	A2 技术起始阶段 A1 技术成熟度	大学科技成果转化是一个多阶段的联合研发过程，处在不同阶段的技术，其成熟度会对产学研完成度造成影响	106	22.34

在这一阶段，对本研究的关联式编码进行提炼和汇总，并且回到前两个阶段将范畴逐一反复对比。通过形成新理论，逐步靠近研究主题的核心范畴（Core Category）。在质性研究中，不仅需要强化已发现的概念范畴之间的关系，还需要不断挖掘和完善那些还没有充分概念化的类属类别。核心类属是全部类属的中心坐标，它能够多频次地在数据资料中得到显现，其周围的类属常与其产生联系，而这种特征将使得研究中具有相对独立关系的概念演变为具有结构的总结性理论。

根据编码，发现大学科技成果转化的风险主要分为四个维度：行为风险、中介风险、合同风险以及技术风险。其中，行为治理层面的风险可以通过衡量大学投入、企业投入和利益相关者个体 3 个次级因素进行测量。本研究认为，导致研究型大学科技成果转化出现诉讼的主要风险因素，包括行为风险、技术风险、法律风险和中介风险 4 个风险因素。这 4 个风险因素会对大学科技成果从合作转向诉讼的过程产生影响。

第三节　识别结果

经过对我国科技成果转化纠纷案例的质性分析，本研究进一步讨论了影响我国研究型大学科技成果转化纠纷生成机制的各种因素，并据此构建了我国研究型大学科技成果转化诉讼的风险因素模型，最终得出 4 个风险维度。

本节将首先回顾当前学界关于此概念的研究现状，并对这些风险因素进行详细解释。同时，结合质性研究所揭示的关系结构，给出我国研究型大学的科技成果转化的风险因素模型。最后，根据此模型，对科技成果风险对纠纷生成的影响提出进一步的研究假设。

一、行为风险

科技成果转化治理的有效实施，是研究型大学和企业对组织内部进行科技治理体系和能力现代化建设的一项重要挑战。当面临复杂的创新过程，研究型大学首先需要明确自身在当今变动社会、经济和文化背景下的定位。由传统相对封闭的知识生产模式向更加开放的市场化知识输出模式的转变过程中，研究型大学的科技创新活动不得不时刻面临跨地域、领域、学科的变动境况。这要求大学创新不能独自前行，而需在创新生态下与其他主体形成协同效应，构建以多元化主体为核心的科技创新治理模式。

Etzkowitz 和 Leydesdorff 已运用三螺旋理论阐释了大学、政府和产业群体在协同中的复杂关系[1]。在日趋复杂的金融环境中，科技创新的多元化主体、以领先与卓越为目标的创新价值取向，以及各个领域内生产和创新要素的不均衡，都在相互交织影响着协同创新活动，使得大学在科技治理过程中必须直面一个"开放而复杂的巨系统"[2]。在这种情况下，通过将传统的管理思维转向风险治理，可以通过识别系统中的要素并进行风险防范，增强研究型大学在复杂性范式下科技成果转化的反脆弱能力[3]。

从根源上讲，行为风险是由于人为疏忽或大意所制造出的一种制度性威胁。由于治理主体呈现多元化趋势，各个层级和层级内各主体之间必然面临多层级、多元化治理衍生的"治理失灵"困境。具体到本研究中，这种"失灵"体现在大学科技成果治理的"转化失灵"，并进一步指向了大学科技成果转化治理工作中的"治理失灵"。究其原因，来自大学、企业、政府等多元主体在治理理念和价值体系方面的冲突。研究中涉及的高校诉讼困

---

① Etzkowitz H, Leydesdorff L. The dynamics of innovation: from National Systems and "Mode 2" to a Triple Helix of university-industry-government relations [J]. Research Policy, 2000, 29: 109-123.

② 侯光明，李鸿雁，贺亚兰. 开放的复杂巨系统理论与大学管理创新 [J]. 黑龙江高教研究，2004（03）: 21-24.

③ 范如国. "全球风险社会" 治理：复杂性范式与中国参与 [J]. 中国社会科学，2017（02）: 65-83.

境，鲜明地反映了研究型大学在遭遇多重治理困境时的治理失灵现象。例如，案例 5 中 NY 大学与 LP 农业公司之间因合同履约出现纠纷。回顾案情可以发现，大学在签订合同时，指派的沟通负责人在高校创新工作方面经验欠缺，为了促成合作在洽谈中"夸大技术事实""急于促成合同签订"，使得高校无法严格履行合同中的尽职条款，从而使 NY 大学自签订合同之时就已处于无法履约的被动局面。这一责任人的失职行为突显了部分研究型大学在科技管理工作中普遍存在"重科研、轻管理"的治理误区，错误地认为大学与企业间的合作过程应以签订合同、获取合同款或佣金为首要目标，使高校困于由内部治理疏忽引发的制度"牢笼"中。

受到这些根源性风险的影响，不及时的产学研关系治理将会给转化生态系统带来额外的不确定性。产学研关系是大学与企业互动合作的基石，而较差的沟通关系、过度追求短期利益等都可能造成这种关系的失衡，进一步引发沟通机制的崩溃①②。

在我国的科技成果体系中，多元治理主体包括了大学、企业以及两类创新组织内部的利益相关个体。分析案例资料能够看出，涉及这三类主体的语句数量很多。在转化合作时，大学和企业会通过签订合同来明确规定各方的权利和义务，以实现互惠互利的利益分配和共同进步。然而，如果企业管理者过于注重短期利益，忽视长远的合作关系，就可能引发双方的非必要性冲突，从而加大产学研的摩擦力③。同样，研究型大学如果疏于沟通或违反诚信原则，也可能导致所谓的"知识势差"，从而影响成果转化的效率④。因此，在产学研合作中，如果关系治理不到位，可能会引发行为风险，而这种风险与合同本身所存在的法律风险并不相同，它更多地源于人的行为，而且伴随转化全程，可能随之一步步地导致转化失败、纠纷、诉讼等不确定性后果。

除了关注产学研关系，创新主体组织内部创新个体的履职能力同样值得

① 王瑜，张涛. 中国高校危机管理机制研究 [J]. 教育科学，2006（02）：40-43.
② 张伟伟，关路，张娇娇. 产学研合作中的信息交流模式研究——高校信息交互平台的建立 [J]. 情报科学，2014，32（02）：146-150.
③ Fang Y, Henfridsson O, Jarvenpaa S. L. Editorial on Generating Business and Social Value from Digital Entrepreneurship and Innovation [J]. The Journal of Strategic Information Systems, 2018, 27 (4): 275-277.
④ 戴勇，林振阳. 产学研合作的知识势差与知识产权风险研究 [J]. 科研管理，2018，39（2）：75-85.

重视。本研究涉及的纠纷主要发生在 2016 年，而在这之前的十余年，国内的创新政策环境相对缺乏对利益相关者个体的关注和重视。在科技生产的实践过程中，不仅需要关注组织视角下的科研和生产实践工作，更应该将治理的主要精力转移到组织内部主要转化人员对转化任务的贡献上。积极的个体生产参与度能够提高整个生产组织的生产能力，建立起更为紧密的利益共同体关系，从而提升转化效率。

消极的个体同样可能引发转化工程的整体性崩溃。在案例 17 中，企业中"负责转化对接的工作人员存在沟通不及时的情况"，导致在引入该企业某厂生产线的某项技术时，"缺少了某项关键技术工艺"的支持。其实，这种工艺问题本身并不复杂，只需要及时与涉诉某大学的技术负责人开展研讨就能轻易解决。但是，由于组织内某个工作人员的沟通不及时、问题发现晚等个人失误，可能引致整个转化流程的全局性崩溃。韦琦等学者提出[1]，脆性因素导致复杂系统崩溃，更深层次的原因是子系统之间的非合作博弈。马丁特罗在分析高等教育系统的整体性崩溃时，提出系统内的若干要素具有游移性特征，且任何一个要素的质变都可能会引发"高等教育合理性"的危机[2]。而这种危机表现为系统内的个体性失误和管理者对失误治理不当引发的一连串不利后果[3]。

研究型大学和企业对转化投入的人力和资金投入也构成了影响转化进程的重要硬件条件因素。陈柳钦认为，高新技术企业的成长特别需要来自金融方面的支持[4]。吕媛等学者通过调研论证了高管总人数、净运营资金、无形资产等在研发方面的投入与创新业绩之间存在正相关性[5]。在本研究的诉讼案例中，案例 3、4、7、11、15 均明确提到了大学或企业在人员或资金配置上存在不足或不合理的情况。这种情况可能会引发合作方的误解或不满，进而直接破坏了研究型大学与企业之间的合作关系。

综上，本研究认为，一方面，从主体的个体因素层面看，利益相关个体是否能够妥善履行相关职责，是科技创新过程的关键环节，利益相关者的治

① 韦琦，金鸿章，郭健. 复杂系统崩溃的脆性致因的研究 [J]. 系统工程，2003（04）：3-4.
② 张少雄. 重读特罗高等教育系统崩溃预警 [J]. 现代大学教育，2007（5）：7.
③ 刘友金，易秋平. 技术创新生态系统结构的生态重组 [J]. 湖南科技大学学报（社会科学版），2005（05）：67-70.
④ 陈柳钦. 高新技术产业发展的金融支持研究 [J]. 当代经济管理，2008（05）：59-65.
⑤ 吕媛，黄国良. 高技术产业研发投入的影响因素研究 [J]. 科技管理研究，2009，29（02）：197-200.

理效率会对科技成果转化的行为风险产生影响。另一方面，从组织视角看，如研究型大学、合作企业等创新组织在资源投入以及产学研关系处理上的不当，或应对上的不及时，也会带来行为治理层面的风险，进而引发创新主体间的纠纷，并可能随之演变成为法律诉讼。

二、技术风险

技术风险是研究型大学科研和成果转化过程中存在的客观技术因素，它在技术难题尚未攻克前，会持续存在，并不以人的意志为转移。通过质性理论，将生产线、技术完成度、生产能力等具体初始范畴概括为技术生产中的风险因素，并发现在工业社会环境下，技术风险表现为推动技术进步所遭受的实际损失，以及由此在认知层面产生对创新不确定性的主观印象。风险管理学家 Branscomb 和 Auerswald 将技术风险定义为"与正在出现的技术相关的各类技术性问题"[1]。从后果论的视角出发，毛明芳进一步精细化了现代技术风险的定义，将其定位为"由于技术进步而引发的对人类社会产生不利影响的不确定性，以及人们对这种不确定性的认知"[2]。正如艾志强等学者所提出的[3]，虽然部分风险研究学者否定技术风险的客观存在性，但无法否认的是，对技术风险的本质和规避途径等问题的研究和认知正在不断深化。这一理论进化的过程在某种程度上印证了贝克的"第三种观点"，即同时承认技术风险的客观实在性和主观建构性。按照这一路径，科技创新潜在的技术风险及其可能带来的不利后果，在物质层面给参与转化创新的各方造成了经济损失，同时也在心理、文化和社会背景等层面深刻地改变了人们对技术创新的认知。

在我国，科技成果转化中技术风险的评价主体通常是为项目临时设立和组织的专家组。专家组通过德尔菲法、头脑风暴法、事故树分析、SWOT 分析等经典的管理学评价方法及其组合进行风险评估。在 22 个案例中，有 21 个都提到了科技成果转化过程中的"技术风险"问题。从案例分析来看，早期的成果转化技术风险评估主体是获得认定的兼具一定资质和技术经验的

① Branscomb L M, Auerswald P E. Taking Technical Risks [J]. Management, 2001, 71（1）: 106.

② 毛明芳. 现代技术风险的生成与规避研究 [D]. 北京：中共中央党校，2010: 32.

③ 艾志强，沈元军. 风险与技术风险概念界定的关系研究 [J]. 科技管理研究，2013, 33（12）: 199-202.

技术鉴定专家。他们以多人专家组的形式，通过召开技术评估会、研讨会、验收会等会议进行专业风险评估。另一方面，当发生诉讼时，审理案件的法院和主审法官通常会采纳技术鉴定专家的意见，以确定案件焦点中的技术开发风险是否满足《民法典》第858条中"无法克服的技术困难"的认定标准①。然而，目前这种风险评估方法也存在缺陷。一是受限于专家的专业和知识背景，可能存在认知方面的局限性；二是当前的主要评价方法无法精确给出风险的概率和损失的估值②。

当然，技术风险的危害程度和造成损失的概率可以通过成果的技术成熟度（technology readiness）或制造成熟度（manufacturing readiness）来反映。一般来说，成熟度与危害程度呈反比关系，也就是说，技术与制造成熟度较高的科技成果相对容易获得成功实施和转化，转化失败的概率更低。这是因为科技成果是科研和生产组织的集体知识成果的结晶，是抽象创新理念的具象化。如果脱离了生产实践，科技成果本身将不具有经济价值③。而成熟度评价则是专家基于大量重复观测得到的数据进行研判并开发出的一套标准化评价体系。一些企业在诉讼中主张，认为校方存在技术成熟度不足的客观情况。例如，"因技术问题上产不出合格产品""对新药技术的成熟性、稳定性提出异议"等原始表述，都不同程度地反映了大学技术成熟度对技术产业化过程所造成的危害。然而，关于大学科技成果技术成熟度的论述，却缺乏量化或标准化的描述形式，案件材料未表现出大学技术成熟度的"成熟"程度。换言之，尽管技术成熟度是成果转化中技术风险的一个影响因素，但由于各类合同中并未约定有关技术成熟度的统一标准，因此在转化失败时，各方采用不同的衡量标准，往往会产生争议。

在评估技术风险时，必须充分关注合作全程技术与制造的成熟程度，特别是在合作初期，科技成果的技术成熟度对于合作发展成纠纷的影响力应该受到特别注意。一方面，技术成熟度不仅体现在技术提供方的技术成熟度上，同时也要对技术接受方将技术转化为实物产品和生产工艺的配套转化能力进行考察。材料提及的"生产资质""生产性问题""生产设备

① 易娜. 技术委托开发风险分担的规则适用 [D]. 湘潭：湘潭大学，2017：14.
② 许炳，白霄. 项目风险识别、度量及评价研究综述 [J]. 项目管理技术，2014，12（05）：25-28.
③ 梁亚红. 科技成果成熟性识别的原则与方法 [J]. 西安建筑科技大学学报（社会科学版），2000（02）：64-66.

问题""企业对转化的接收"等本土概念，均体现了企业接受技术的生产实力。另一方面，技术成熟度的评判标准应确保找到适合量化的、可观测的具体指标。否则，测量得出的"成熟度"结果将无法对风险程度提供参考。

在工程实践领域，已经出现了一种关于技术成熟度的量化评价模型，即技术成熟度等级（technology readiness levels，TRLs）模型。袁家军根据产品生命周期理论，提出了我国航天单机产品的产品成熟度评价模型①。该模型综合参考了美国国防部和 NASA 的技术成熟度和制造成熟度评价标准，主张产品成熟度评价应同时考虑技术和制造两方面的可靠性。该模型将产品从原理样机到具有较高可靠性水平的成品分为八级，层级和评价标准非常明确，对中国航天产业的技术成熟度鉴定评价具有指导意义。当前，GJB 7688-2012《装备技术成熟度等级划分及定义》等多个国家标准正在逐步推动并指导生产实践②。科技成果转化的各合作方以及司法部门可以此为契机，完善转化评价标准，降低研发失败的风险。

此外，通过案例也可以发现，在建立合作关系初期，技术供给方的科技成果所处阶段会对成果转化产生重要影响。因此，在开展后续合作之前，明确技术所处的发展阶段是必要前提。如果缺少技术阶段的评估，可能会在后续的成果转化中留下多重技术隐患，对成果在企业端的适应性、先进性、完整性、可行性和可靠性产生不利影响③。在本研究涉及的所有成果中，合作初始阶段的技术成熟度与发生纠纷时的技术完成情况均能够体现科技成果转化的失败风险。科技成果领域分布复杂，因此有必要参考现有资料，制定适于量化评价的成熟度等级标准，为质性比较分析中的"技术风险"这一条件变量提供可操作的指标。当前，一些行业正在尝试通过制定标准的形式，对科技成果的技术成熟度进行等级划分，并试图给出可操作的定义。在实践中，成熟度更高的产品，在研发中造成合作失败的风险更低。因此，为了规避和化解技术风险，可以在合同中约定共同认可的评价标准，以避免各方对技术完成度的认识分歧，从而提高双方自我约束力以及司法系统的效能。

---

① 袁家军. 航天产品成熟度研究 [J]. 航天器工程，2011，20（01）：1-7.

② 章威，马宽，党丽芳. 运载火箭技术成熟度评价方法研究 [J]. 航天标准化，2018（02）：1-6.

③ 臧秀清. 科技成果转化的风险及防范措施 [J]. 中国软科学，2000，22（4）：48.

表4-7 中美技术、制造和产品成熟度评价等级模型的比较

等级	美国技术成熟度等级定义（TRL）	美国制造成熟度等级定义（MRL）	我国航天单机产品成熟度等级模型（PML）
等级 1	基本原理得到发现	生产可行性评估	已完成原理样机
等级 2	概念和用途确定	生产方案定义	已完成工程研制
等级 3	核心特性的概念得到验证	生产方案确定	试飞成功
等级 4	实验室环境下部件验证	实验室环境下生产能力验证	通过一次飞行考核
等级 5	相关环境下部件验证	相关条件下生产能力验证	通过多次飞行考核
等级 6	相关环境下原型机验证	典型条件下系统生产验证	完成产品定型
等级 7	模拟作战环境下原型机验证	小批量生产能力拓展	生产可重复性与稳定性
等级 8	系统完成试验验证	大批量生产拓展/小批量稳定	产品具有较高可靠性
等级 9	系统完成实用性验证	大批量生产稳定	—

根据以上分析，笔者认为，我国研究型大学科技成果转化过程中，低技术成熟度和技术阶段较原始这两大因素，均可能给成果转化带来技术方面的风险，从而导致成果转化过程在客观的转化主体层面转化失败，并以合作双方对技术指标的约定存在争议为表现，进而引发转化双方的冲突。

三、合同风险

合同风险主要反映的是在科技创新合同中的各种瑕疵对科技成果转化产生的负面效应。这些缺陷一般表现为合同的一方或多方在合同履约方面存在的认知偏差和履约障碍，或者有一方或多方通过违背诚信原则的方式设置合同陷阱，进而在合作的初始阶段就为未来可能的转化失败埋下隐患。

将这些由手动编码形成的风险因素与词频分析的结果进行比较，可发现与高频词"合同"相关的风险因素主要包括合同中涵盖的技术转化环节因素、合同违约因素，以及合同涉及的利益相关主体等。另一个高频词"技术"主要关联的是与技术转化相关的风险因素。"大学"和"公司"则主要与利益相关主体以及双方责任分配有关。

在我国，研究型大学成果转化主要依托于技术开发、技术许可和技术转让三种类型的合同。

1. 技术开发合同是在新技术、新工艺和新材料及其系统研究开发的过程中，委托方与受托方签订的一种具有风险性质的开发合同。这种合同主要分为委托开发和合作开发两类。其主要标的是尚未开发的创新成果，一般而

言该合同中涉及的风险及其损失由双方当事人共同承担。吴钊等学者认为，技术开发合同的风险认定应当考虑三个方面，即项目签订时所处环境的技术研发难度、受托方（即研究型大学）在整个研发过程中的履职尽责程度，以及该领域技术专家对于项目失败认定的合理因素。

2. 技术转让合同的签订双方是技术出让方和技术受让方。该合同主要围绕一项已经达到一定阶段的成熟技术的所有权和使用权进行的权利归属与使用费之间的公平交易。与技术开发合同不同，技术转让合同的特点是具有明确的无形财产标的。这种标的通常以经过权威部门认定的专利、技术新型等形式呈现。技术转让合同的主要形式包括专利权转让、专利申请权转让、技术秘密转让等。根据 2021 年的法律规定，我国研究型大学在技术转让过程中需要进行更严格的管理。这是因为，大学自主研发的科技成果本质上仍是国有资产。根据《中央行政事业单位国有资产处置管理办法》的规定，国有资产的转让"应当以公开竞争方式进行，严格控制非公开协议方式，可以通过相应公共资源交易平台进行"；同时，意向转让价格在原则上不能低于财政部或相关部门在核准或备案中确定的评估价值的 90%；此外，转让过程必须公开，且提供规定中所要求的各种材料，如产权证明、方案、意向协议等。在《办法》出台前，我国在科技成果转化管理方面存在一些问题，例如操作不当、疏于治理等，这使得研究型大学的成果转化工作常常面临国有资产流失和成果超过时限的双重压力。因此，有必要通过加强科技成果转化的合同化改革，来防止高校国有资产的流失。

3. 技术许可合同是指依法拥有相关技术权利的主体，将其特定的专利、技术秘密等权利授权给他人实施、使用的合同。在我国，技术许可合同主要以专利实施许可和技术秘密使用许可等形式存在。虽然与转让合同在某些方面相似，但还是存在以下几点关键的区别：①许可合同具有独占性，除被许可人外，其他任何第三人无权实施；②许可合同仅受让技术的使用权，而非技术的所有权；③受使用权的时空限制，被许可方在实施专利时应当按照合同约定，在确定的时间、区域和方式的范围内实施，不得越界实施。

技术合同类型的确定是科技成果转化责任约定的前提，它能够影响到案件合同事实的认定。通过观察一些案例发现，在签订合同的过程中，诉讼主体常常存在合同类型混淆、合同不规范的问题。例如，案件 12 中 HL 大学与 FX 材料签订的合同名为《技术服务合同书》，但审查合同的第一条时，发现该合同已明确规定作为乙方的大学"向甲方转让两项生产技术"，这说明双方签订合同时，并未能将各自的合作意向以合同形式固定下来。虽然在这个案例中，合同的意思表达清晰且真实有效，对法律后果未造成实际影响，但合同类型上的认定模糊却可能会被人不当利用。

根据本章风险识别得到的结果，发现我国研究型大学在科技成果转化过程中的合同风险存在两种特征。

第一种特征是风险共担性，或称为可约定性。在技术开发合同中，双方应明确约定关于新成果涉及的潜在技术风险，以此应对风险的不确定性。客观承认技术研发的失败风险是达成合作的首要步骤。即使研究型大学在尝尽一切努力后仍然遭遇研发失败，也应依照原则约定该失败后果的损失赔偿机制。《民法典》858 条规定："技术开发合同履行过程中，因出现无法克服的技术困难，致使研究开发失败或者部分失败的，该风险由当事人约定；没有约定或者约定不明确，依照本法第五百一十条的规定；仍不能确定的，风险由当事人合理分担。"该法条对风险的可约定性及其执行方式也给出了相对明确且具有可操作性的规定。案例 5、8、20 等案件中的合同存在明显的约定瑕疵，比如"款项支付时间双方未定""双方未约定产品合格鉴定方"等内容。因此，双方对风险认知存在差异，或者约定条款表述不清，都可能在合作双方之间引发误解。

第二种特征是非不可抗力性，或者称为可溯及性。不可抗力是指无法用现有技术预见到的风险，如战争、地震、洪水等无法预防的意外事件导致的科研终止。然而，合同风险则可以通过预测各类损失的可能性来进行风险疏解，其涉及的技术问题可以通过预测来提前防范，并预先在合作双方之间建立合理的损失分担机制。从法律原则上讲，对于不可抗力事件，除非法律有特别规定，否则由于合同以外的不可控因素导致的损失，合作双方无须额外承担责任。对于合同风险，因为技术研发、转化中可预见的风险导致的合同无法履行，其后果应按照双方在合同中的约定进行责任分担。吴钊等认为，技术开发合同中技术难度的认定应当以达成合作意向时刻的社会背景作为参考标准，即便科学技术在合同签订后的阶段内有了提高，也不应认定履行合同时的技术难度不足；同时，研究开发方也不能以"自身技术能力低"为借口，随意扩大"风险责任"范围来逃避合同约定的义务①。因此，可以认

---

① 吴钊，朱毅然，张季萍. 浅议技术开发合同中的风险责任 [J]. 陕西教育学院学报，2002 (01)：35.

为，合同风险是特定转化阶段与特定技术内容在知识创新合作中的重要体现，适当的风险条款能够准确反映双方对转化工作的预期评估。

本研究认为，合同中存在校企间责任划定不清、权利义务约定不明的情况，使得研究型大学科技成果转化存在双方违约失信并产生纠纷冲突的可能。

四、中介风险

作为研究型大学科技成果转化生态的重要支持方，技术中介机构正在逐渐发挥促进成果转化的关键作用。在建立科技成果转化合作的过程中，由于技术尚未完全成熟，技术交易过程也具有明显的不确定性。有别于一般的商品交易，技术知识自身的复杂性（complexity）和默会性（tacitness）使得技术的转化方和接收方需要拥有一定的技术知识储备和市场知识储备。因此，双方合作的难度通常比一般交易更大，这使得整个合作过程充斥着知识转移的风险。在此背景下，技术中介机构成为在技术交易活动中协调各方，为政府"市场失灵"做出补救的中间部门。满海雁认为，技术中介机构的参与能够加强产学研联盟内部成员之间的联系和理解，"减少合作的盲目性"[1]。梁玲玲等人则表示，技术中介机构可以为技术转移带来价值创造和能力提升[2]。可以说，生态中已形成了技术中介机构在推动科技成果转化中发挥重要作用的集体共识。

在我国，技术中介机构主要通过技术孵化、转移代理、技术扩散和技术市场等方式，为科技成果转化提供服务。这些服务内容涵盖法律咨询、技术咨询、软硬件设施建设等多个领域。随着机构的不断发展，其定位日趋多元化，从最初以"行政替代"为目标的非营利性机构，逐步转型为面向市场，提供多元化服务的营利性机构。《关于加快发展技术市场的意见》强调，为进一步推动技术市场的建设，需要大力发展和培育各种类型和规模的技术中介机构，通过提高中介服务专业化、规范化和体系化，引导技术转移和知识流动的良性发展。无论是大型交易市场、孵化器等"橱窗式"行业粗放型机构，还是提供精细化服务的小型中介公司，都在业务上各有特长，

---

① 满海雁，陈明. 论政府在"政产学研金介"战略联盟中的角色定位与功效发挥［J］. 科技管理研究，2011, 31（11）：17-20.

② 梁玲玲，石家宇，路玉莹. 技术中介在技术转移链条中的价值创造及能力提升［J］. 中国高校科技，2021（07）：93-96.

形成了共生互补的格局。目前，国家对于大学科技园区、企业孵化器、国家级示范生产力促进中心等专业中介机构的认定、监督、评价工作均取得实质性进展，这促使各相关部门对技术中介机构规范化的重视程度不断提高。

技术中介机构的中介支持效应为研究型大学在科技成果转化中提供了获取社会与市场信息的途径。在这一循环经济链中，各种技术中介机构充当了桥梁和纽带角色，能够帮助研究型大学通过科技成果资源和人才资源等多种方式反馈给社会生态环境。更进一步地说，技术中介机构的有效和适时介入可以提高科技成果转化中资源配置的容错性，提升研究型大学和企业在非技术环节的治理效率，以及帮助双方消除误会、减少摩擦。

当然，也要重视技术中介机构不合适地介入可能导致的次生风险及其负面影响。在创新主体摸索的过程中，由于创新政策、法律规定和管理制度等条件尚不完善，技术中介机构的不当介入可能引发一系列的次生风险。以《四川省科学技术厅科研失信记录实施细则（试行）》为例，该文件分级列举了中介机构的一般失信行为和严重失信行为，强调这些行为可能对成果转化合作造成恶劣影响（表4-8）。为此，四川省科学技术厅将对技术中介机构的失信行为实施动态黑名单管理[①]。此外，除了失信行为，某些地区的科技服务机构也存在"一锤子买卖""成交即断交"的行为，只顾促成交易、抽取佣金，严重扰乱了社会秩序，给大学和企业带来不利的影响[②]。

表4-8　四川省科技厅有关中介服务过程失信行为及处罚方法（节选）

失信级别	失信行为	处罚方法
一般失信行为	"1. 未认真履行科技服务职责，并造成一定不良影响。 2. 发现本机构监管的责任主体在科技活动存在违规违纪情况，未及时制止、处理和上报，并造成一定不良影响。 3. 其他科技服务活动中未按规定履行职责并造成一定不良影响的行为。"	"一般失信行为的责任主体，其失信行为经相关科技管理部门或单位认定、查处并正式通报的，由省科技行政主管部门予以审核后，纳入一般失信行为记录。"

① 四川省科学技术厅. 关于印发《四川省科学技术厅科研失信记录实施细则（试行）》的通知［EB/OL］. ［2020-09-30］. http://kjt. sc. gov. cn/kjt/gstz/2020/10/13/88aa0d8680e44f27859332a958efecaf. Shtml.

② 十堰市科学技术局. 市科技局严肃查处科技中介机构违规行为［EB/OL］. ［2021-07-06］. http：//keji. shiyan. gov. cn/xwzx/gzdt/202107/t20210706_ 3340095. shtml.

失信级别	失信行为	处罚方法
严重失信行为	"1. 违反合同或协议约定，采取造假、串通等不正当竞争手段谋取利益。 2. 违反独立、客观、公正原则，出具虚假结论，并造成严重不良后果。 3. 提供虚假材料，不配合监督检查或考核评估工作，对相关处理意见拒不整改或虚假整改。 4. 其他违法、违反财经纪律、违反项目任务书（合同、协议书等）约定，并造成严重后果或恶劣影响的行为。"	"严重失信行为的责任主体，且受到以下处理之一的，纳入严重失信行为记录： 1. 受到刑事处罚或行政处罚，并正式公告或公示的。 2. 受审计、纪检监察等部门查处，并正式通报的。 3. 由相关科技管理部门在科技活动管理或监督检查中予以认定查处的。 4. 根据《科研诚信案件调查处理规则（试行）》作出处理决定，并正式通报的。 5. 经核实并履行告知程序的其他严重违规违纪行为。"

基于以上分析，本研究认为：技术中介机构的适当介入，能够对科技成果转化失败起到负向调节和缓冲作用；而参与到科技成果转化的技术中介机构若有不端行为，可能导致研究型大学与企业之间关于科技成果转化的纠纷。

第四节　风险因素模型及其案例解析

本章主要对研究型大学在科技成果转化过程中可能遇到的诉讼风险因素采用质性分析方法展开风险识别。通过识别发现，造成诉讼的主要风险因素有行为风险、技术风险、合同风险和中介风险四类核心范畴。主范畴的典型关系结构如表4-9所示。

表4-9　主范畴的典型关系结构

典型关系结构	要素条件	关系结构的内涵
风险意识——风险行为——产学研关系	核心全要素内因	参与转化的核心利益相关者的风险意识是诉讼形成的内驱性因素，风险意识将会直接影响相关人员的行为模式，使得相关人员产生积极或消极的风险性举动（即风险行为）；风险行为将通过影响产学研关系引发诉讼

典型关系结构	要素条件	关系结构的内涵
行为风险意识 ↓ 风险行为 （组织、个体行为）——产学研关系	生态群落要素的内部情境条件	参与转化人员对自身职业行为规范中的风险性认知不足，将会使得自身行为存在引发产学研关系破裂的情况发生
技术风险意识 ↓ 技术信息沟通行为 （技术成熟度、吸收能力）——产学研关系	生态成果要素的内部信息条件	合作发生的早期阶段，技术提供方和技术接收方如果缺乏对成果转化过程中技术成熟度问题的信息沟通，将会使产学研关系恶化
合同风险意识 ↓ 违约行为 （高校责任、企业责任）——产学研关系	生态环境要素、群落要素和成果要素之间的关系约束力条件	合同签订的过程中如果缺少对来自外部合作方的行为约束，以及在合同履行中高校或企业若有不当行为，将会使产学研关系恶化
中介支持意识 ↓ 中介支持行为——产学研关系	生态环境要素的外部环境条件	科技成果转化中如果有意识地引入技术中介机构的支持，将会通过中介支持行为缓和产学研关系

通过以上各节分析，给出行为风险、技术风险、合同风险和中介风险四个因素对科技成果转化造成影响的研究假设。在以研究型大学和企业为主体、技术中介机构为调节部门的成果转化生态中，大学和企业自身的创新资源决定了转化各环节的风险程度，而对资源的支配和共享决定了科技成果转化的风险程度。

为了检验理论模型的饱和度，笔者利用在研究材料收集阶段备选的6组研究型大学的诉讼案例进行了饱和度检验。结果表明，研究中的范畴已得到充分的发展，4个核心范畴经过关系结构的检验后，都没有形成新的重要关系或新范畴，核心范畴内也没有检验出新的构成因子。基于以上检验，可以认为"研究型大学科技成果转化生态系统诉讼风险因素模型"（图4-3所示）在本研究中已达到理论饱和。

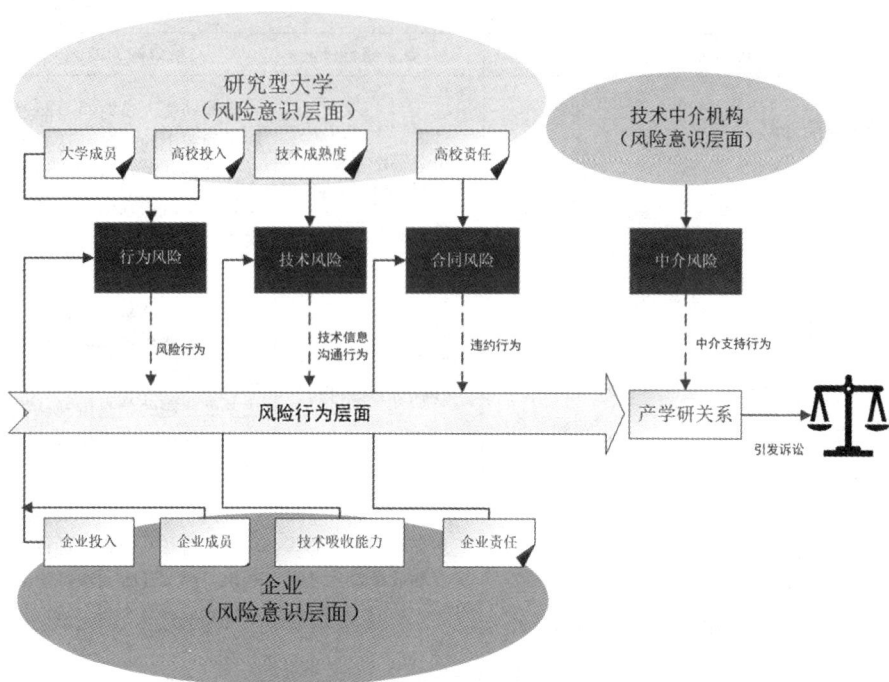

图 4-3 我国研究型大学科技成果转化生态系统诉讼风险因素模型

为了更深入地解释该模型中风险对科技成果转化生态系统各个要素的影响机制，将选取 1 个案例来展开分析。为了涵盖研究中的四个主要风险因素，对案例库进行筛选后，选取 BH 大学与 RF 公司的技术合同纠纷案（案例库案件 14）。该案件的相关材料提及了四类风险因素，并且该案例涉及的研究型大学的案件事实资料丰富，能够更清晰地描绘出理论模型中典型的"故事线"脉络。接下来将详细分析各类转化风险因素如何影响科技成果转化合作并导致纠纷的过程，以此为我国研究型大学科技成果转化生态系统诉讼风险因素模型的运行机制提供具体解读。

【案例 1】"BH 大学与 RF 公司的技术合同纠纷案"

（案件信息来源：裁判文书网、北大法宝网；涉案当事人及其详细信息已经过处理）

（1）群落要素方面的事实

BH 大学是我国某部委直属的一所全国重点研究型大学，被列为"双一流"建设高校、211 工程和 985 工程重点建设高校。位于首都的 BH 大学以雄厚的科研实力而闻名，承担的各类计划项目超过 8000 项，预算经费超 80

亿；承担的产学研科技合作项目数量超过10000项，合作经费达40亿。其科研经费总量排名全国研究型大学前10，人均经费始终保持前列。据相关技术责任人介绍，该项技术是在与 RF 公司达成合作后，与其他企业达成合作意向。在技术成熟度方面，此项技术通过另一企业的中试环节成功实现了转化。这反映了 BH 大学某学院在该技术领域的创新和转化能力在业界处于领先地位。

RF 科技有限公司于2011年在广西某市成立，是一家依托钒钛磁铁矿砂分离技术，并以销售钒钛铁合金及其加工产物为主要盈利模式的科技公司。注资方香港 RF 集团是一家集制造、科研、投资、贸易为一体的多元化、高科技、国际化企业。经过对创新群落中的两个种群的群落要素进行分析，发现双方的生态位在技术需求和供给层面有所重叠，而在其他创新要素方面的异质性较强。

（2）成果要素方面的事实

2009年3月，北京 JK 公司与 BH 大学共同申请了一项名为"从×矿砂中直接制取铁和钒钛铝合金的工业化生产方法"（ZL2009＊＊＊＊＊＊.＊）的发明专利，并于2011年6月15日正式获得专利授权（ZL200910078765.6），专利权归属于北京 JK 公司与 BH 大学，发明人为来自 BH 的 L 教授。该项技术以其产品矿石的高回收率、添加剂和催化剂配方具有新颖性、多种副产品实现物尽其用等创新特点而备受瞩目。

RF 公司对此技术进行了深入研究，并得到中国有色金属工业协会的技术认可。RF 公司的专业工程技术团队和专家顾问对该技术也完成了技术论证，并且及时申请到环保服务公司给出的《环评报告》。此外，经过实践检验，该技术在转化过程中显示出高成熟度，并表现出显著的环保性和经济效益。这些事实不仅说明了 RF 公司与 BH 大学对该项目的技术风险已经达成了共识，同时也保证了技术的成熟度问题不会影响最终转化结果。因此可以认为，该案中高校方的成果要素条件相对完备，并非导致转化失败的主要原因。

（3）关系要素方面的事实

经查明，RF 实际上是香港居民×某在一次酒局中偶然发现该技术商机后，临时决定筹资设立的公司。尽管其注册生产规模足以满足生产线的资金需求，但是在广西壮族自治区范围内，该技术并没有可以中试的验证平台，且该地区的产业集群规模相对较小，整体技术实力并不强大。2010年2月，

RF 公司的代表 C 某与 BH 大学的 L 教授结识，并初步确立了合作意向，进而进行了多轮洽谈和实地考察。同年 4 月，双方签订了《技术使用合同》，约定由 RF 获得成果的使用权。当年 8 月，甲方 RF 公司作为委托方，与作为受托方的乙方 BH 大学在某地签署了《技术开发（委托）合同》。合同具体约定了技术目标、技术内容、技术方法和路线、验收技术指标和研究开发计划，同时也明确了一年内完成工业试验设备的设计、建设、安装和调试等工作任务，以及约定了由甲乙双方联合完成的考核目标。BH 大学共收到了高达 3.15 亿元人民币的承包费用。

2014 年，RF 公司诉至 B 市高级人民法院，主张 BH 大学未按照合同约定履行义务，通过伪造的《鉴定证书》等手段虚报技术开发成本，并且 BH 大学未能成功将技术转化为企业应用，导致 RF 公司遭受了经济损失。

经一审查明，BH 大学与 RF 公司签订的《技术开发（委托）合同》及其后续附加合同具有法律效力，且 BH 在成果转化过程中已按照合同约定完成了相关义务。而 RF 公司的主张，应归因于成果转化的高风险特点。然而，RF 公司对一审判决结果不满，故提起上诉。在二审环节，法院进一步查明，BH 大学并未虚报项目产品，也没有虚报技术开发成本。同时，RF 公司并非"因受欺诈而陷于错误判断"，也并未"在此基础上做出违背其真意的意思表示"。法院据此指明，"技术研发活动具有阶段性，后一阶段并非前一阶段的简单复现和放大，不同研发阶段的产品可能存在差异"；"规模化工业试验并非简单工业试验的复现，二者在目的、环境、规模、设备等方面均有差异，所以可能遭遇的技术困难也不尽相同。以顺畅的规模化工业生产为目的，对半工业试验中的工艺进行适应性调整和改进，本就是工业试验的题中之义"。

对上述案例进行分析时发现，在行为风险层面，RF 公司忽视了科技成果转化过程中的客观经济规律，形成了"高投入必然带来高产出"这一误导性风险观念。实际情况是，如果合同已经明确约定了 BH 大学在工业试验设备设计、安装、调试等方面的义务，那么当大学客观上完成这些工作后，就意味着合同约定的义务已得到履行。在本案中，由于自身的生产管理因素而造成的后续亏损，应当归咎于非技术性的人为因素。因此，企业自身的人员管理或投资行为风险才是导致本案企业损失的直接原因。

本案中，RF 公司生产线未能达到预期指标的主要原因是该企业在技术吸收能力方面存在问题。结合审查相关资料，发现该公司实际上是建立合作意向后不久才专门新设立的一家公司，其并未展示出任何长期积累的技术储备。此外，根据该企业官网的信息，RF 集团的产业领域分布相对广泛，包括房地产开发、电子、进出口贸易、项目投资以及资本运作等。尽管投资方 RF 集团资金实力雄厚，且对于国内外某矿的加工业市场前景具有准确且敏锐的洞察力，但该集团在这一领域并不具有丰富的生产经验。

在合同风险层面，RF 公司主张 BH 大学在签订《技术开发（委托）合同》之前就存在费用问题。然而，实际上，BH 大学出具的《示范项目申请报告》第 3 页已经清晰地记录了所有费用。尽管 RF 公司援引了 BH 在同一技术上与其他公司进行转化合作的生产线费用证据，但我国各级法院对于费用争议问题的普遍观点是"技术开发成本包括但不限于试验设备的相关费用"，并且"技术开发成本仅仅是决定技术开发合同价款的因素之一"。这意味着，合同和相关可行性报告给出的估值应当考虑到合作双方资源状况的实际情况，而不是简单地将同类型、同行业、同领域的技术转移视同等价。对于高校来说，通过预先安排转化的每个环节，并在各环节提供阶段性验收证明，及时补充说明原合同中内容界定不清的条款，这些都可以帮助高校避免责任失位和随之引发的合同纠纷。本案中，BH 大学通过提供《示范项目申请报告》《鉴定证书》《××矿综合利用技术报告》《××矿综合利用技术经济效益分析报告》等证据，明确了大学和企业在合作中各自的责任，合理规避了转化合作中的合同风险，使得大学在纠纷中处于有利位置。由此看来，导致本案最终走向诉讼的直接原因是关系要素方面的处理不当。

在中介支持方面，如果能在早期引入规范的技术中介机构对产学研的关系进行引导，将能够借助中介的支持作用消除信息不对称问题，通过改善双方的关系要素，推动产权、技术和人才在生态中的能量流动。本案风险分析显示，RF 公司可能因自身对技术吸收能力判断的瑕疵，使得在转化合同签订、设备设计、调试等环节中一直埋藏着技术风险，最终引发了诉讼。从纠纷化解的角度来看，校企合作的意向起源于双方通过"熟人"介绍而产生的直接接触，在合作中并未引入任何技术中介机构。RF 公司聘请的技术专家、环评公司等第三方，都并非具备成果转化经验的专业人士或机构。如果在合作初始就引入一家拥有经验的第三方中介机构，为双方提供准确的市场评估和生产资质评估，将大大降低由信息不对称或信息缺失带来的诉讼风险。

第五章　我国研究型大学科技成果转化诉讼风险的形成机制

科技成果转化旨在推动科研与产业资源的深度融合，进而实现科技和经济的协调发展。正如第四章研究所述，我国研究型大学科技成果转化生态中，潜藏着四类诉讼风险因素。这些因素的存在，使得我国的创新生态环境与西方发达国家相比，更容易滋生诉讼的隐患。

为了更为透彻地洞察这些诉讼风险的根源，并汲取防范风险的经验，本研究深入访谈了我国研究型大学科技成果转化生态中的部分关键利益相关者。此外，为了更系统地剖析诉讼的成因，本研究将诉讼的萌发与演变视为科技成果转化生态中的一个动态交互过程。在此基础上，深入挖掘各生态要素中潜藏的风险点，并详细剖析这些风险点如何相互作用，逐步演变为诉讼风险的整个过程。

第一节　我国研究型大学科技成果转化生态中诉讼风险的成因访谈

本节聚焦于我国研究型大学、企业与技术中介机构在科技成果转化过程中曾涉及的诉讼案例，深入探究了行为风险、技术风险、合同风险与中介风险四类诉讼风险因素的生成机制，以及生态系统中各要素间的互动如何影响诉讼。研究以实际发生的诉讼案例为切入点，结合对涉案关键人士的访谈，力求揭示生态系统中各要素通过风险触发诉讼的复杂过程。

为了深度挖掘研究型大学科技成果转化生态中各类风险要素与内部创新群落之间的动态关系，本章综合运用了线下访谈、电话访谈、移动通信应用等多种方式，广泛收集了来自国内研究型大学的北京 H 大学 Z 教授、北京

K 大学 O 教授，北京 H 大学退休教授 Y、该校材料学院参与某项目技术研发的研究生 G_1 和 G_2，西安 X 大学公共政策与管理学院 L 教授，T 大学某学院博士研究生 F；来自企业部门的南京 L 大学某学院 H 教授（兼江苏 QH 园艺公司技术负责人），北京 ZK 合成油技术市场部 H_1 经理，广州 JF 电子科技技术对接部门骨干员工 T，北京 BF 基因 K 经理，北京 CX 医疗技术部 W 经理，北京 M 科技计算引擎技术负责人 W_1，某集团专利中心代理师 M，天津 JY 生物科技某项目业务负责人 C 经理、董事长助理 L_1；来自政策、法规研究领域的北京市 GZ 律师事务所合伙人 S 律师，某央企新技术推广研究所 P 研究员，中国科学院某研究院 X 研究员；来自技术中介领域的上海 G 科技创业中心科技合作部 P_1 部长，西安 YN 技术转移有限公司创始人总经理 D，ZG 技术经理人协会某部联络负责人 F，以及北京 G 大学 DQ 转移中心员工 N 等 23 位受访者的意见。受访者的详细信息见附录 5。

通过对访谈内容的细致梳理，将风险机理进一步细化为群落、成果和关系三个核心要素维度。进而，通过对访谈材料的深入分析，发现三个要素维度还能进一步细化为 10 个具体方面的风险点。下面根据访谈内容，进行要素方面的解读。

一、群落要素（D_1）

1. 研究型大学中师生方面的访谈分析

为了深入了解研究型大学内部成员对于成果转化生态中潜在诉讼风险的看法，笔者访谈了 H 大学 Z 教授、该校材料学院参与某项目技术研发的研究生 G_1 和 G_2，J 大学公共政策与管理学院 L 教授，T 大某学院博士研究生 F，深入了解这些具有成果转化或转化诉讼经历的被访者有关成果转化风险挑战的真实心理感受。研究结合前章得出的四类诉讼风险因素，制定了半开放式的访谈提纲，以便更为准确地接近诉讼问题的冲突内核。通过对被访者的提问和交流，我们得出了以下几点来自研究型大学转化一线人员的观点。

a_1：成果转化的内核是"不止提供技术，还提供技术服务和技术人才"。

在谈及"你认为这些导致转化失败的因素是否具有风险色彩"问题时，L 教授以国内某高校的成果转化案例为例，深入分析了转化失败的常态性及其内在风险。他明确表示，无论是企业还是学校，在科技成果转化的合作中都面临着多样化失败的风险。更为重要的是，由于缺乏行之有效的常态化沟通机制，双方往往未能就成果转化的理念与价值标准达成一致，导致这些风险因素被无视，持续给转化合作带来不确定性的危害。L教授表示，如果借鉴西方发达国家的创新生态培育过程，在系统内引入健全的职业人才培养体系，不仅可以有效防范和化解各类不确定性风险，还能够促进科技成果转化的成功率和质量。

"目前国内比较成功的案例当中，比较出名的有一位山东高校的教授，一个发泡剂专利就许可了五个亿，让企业拿到独家许可。说起来，化工行业的科技成果转化相对来说简单些，很多时候就是一个配方或一种生产方法，用几页纸就能解释清楚。企业通过网上平台查查专利，就能了解个大概，然后预估一下今后的市场前景。不过还有很多行业的科技成果转化需求，相比起来就复杂多了，很多时候是看不到成品的。企业对大学的科技成果，很大程度上基于对科研团队和科研能力的认可，能不能走到产品那一步，都不好说。所以啊，很多时候校企双方在共同承担风险，而相互却不知道……这个时候就需要一个比较强有力的第三方出面，政府也好，企业孵化平台、技术交易中心这种第三方机构也好，关键是要能给双方搭建一个沟通的平台，让他们有机会面对面展示自己的需求。（这种情况下的）第三方呢，需要同时了解校企双方的利益诉求，基于当前市场的发展形势，对大学的科研能力或者产品的市场前景做个预测。这样才能推着校企双方共同往前走，最终合作成功。当然了，高校和企业自己也要对自身的能力进行预估，企业需要好好想想有没有能力和决心投入到研发中……全国有多少企业能像华为那样，每年拿出至少10%的利润投入研发呀！大学的科研团队，人员流动是个大问题，这些问题都需要仔细沟通和思考。这个第三方平台，无论是政府主办的，或是学校自己的，能够成为技术中介的人才一定是跨专业、跨领域、跨资源的，一手掌握技术，一手掌握资源，也就是企业需求，这是一个长期培养的过程。"（访谈对象L教授，西安X大学公共政策与管理学院）

当前，我国研究型大学群落中的一线科研人员，在对成果转化的风险本质问题上，与国外研究型大学科研人员存在认知上的差异。具体而言，我国科技成果转化人才队伍建设正面临规模偏小和质量参差不齐等问题的困扰。

一是人才规模不足。从人才体量来看，尽管我国科技劳动力资源总量庞大，2018年科技劳动力资源数目的总量已达8705万人，其中本科以上学历的人数超过3934万，数量居世界第一；R&D人员每年新增量人口达403.4

万，同样位居榜首①。但是，专职从事科技成果转化的人员占比却相对较低。这使得国内研究型大学、企业和其他研发机构在高水平转化人才的招募方面面临困难。同时，尽管近年来转化中介机构的数量及其工作人员有所增长，但面对大量待转化的国内技术成果，市场仍急需具备专业服务水平的职业中介人才。

二是人才素养参差不齐。随着市场总体规模的不断扩大，科技成果转化工作的专业要求也逐步提升，趋向于多元化、精细化、定制化的服务新模式。然而，国内接受过相近专业研究生培养的人才仍然较少，而那些"半路出家"的非职业从业者则更加缺乏。因此，总体来看，我国研究型大学科技成果转化生态系统中从业人员的成果转化能力培养亟待加强。

"大学对内应该在成果转化方面提供什么帮助，这一点高校很多管理者还没有思考清楚。以前啊，有些人觉得这事儿特简单，认为大学的科技成果转化就是技术负责人、科研处老师、合作的中间介绍人、企业老总坐在一起，'吃吃饭、喝喝酒'，事儿就谈成了。有些比较负责任的大学教授，还会主动去做点工作，希望能把企业给的钱用到位，真的给社会做出贡献。可是，这些年一些案件证明了一点，这种极不专业的'酒局'文化在高校成果转化方面是行不通的。企业想从高校这里获得技术支持，就必须让懂专业技术和懂转化的人去负责这一块工作。高校也一样啊，不能让那些对成果转化一窍不通的人瞎指挥，做出一些'拍脑袋'的决策，否则就像 * 学院之前的官司，今后还得再发生。"（访谈对象为北京 H 大学 Z 教授）

正如西安 X 大学公共政策与管理学院 L 教授指出的那样，我国研究型大学在科技成果转化方面应当"不仅仅提供技术，还提供技术服务和技术人才"。遗憾的是，目前国内仅有清华大学五道口金融学院、上海交通大学等屈指可数的几所院校开设了技术转移专业的硕士课程。对于拥有丰富科研资源的国内研究型大学来说，推进产学研深度融合的关键在于人才的培养。通过整合各学科资源，进行跨专业技术转移人才培养，可以让这类人才在科研"一线"和"周边"环境中，直接深入校企合作，进行实践性的学习与研究。这样的做法，不仅能够填补技术转移领域服务性人才的空缺，更能够帮助高校理顺自身成果在转化事务上的基本脉络，从而实现科技与经济的有

---

① 马贵舫. 科技成果转化人才支撑：理论与实践路径 [J]. 中小企业管理与科技（上旬刊），2019（08）：89.

效对接。

a_2：创新能力培养与转化能力培养相脱节，高校重理论教学而轻实践锻炼。

在国家经费和人才选拔体系的大力支持下，我国研究型大学科技成果的技术攻坚实力已经取得了前所未有的进步。然而，与此同时，大学内部在技术转化能力培育方面的工作却往往被忽视。尽管大多数研究型大学已设立了旨在服务高校师生创新创业的实体部门，但这些部门的能力培育课程体系往往未能充分考虑到各个专业学科的独特性。因此，这些课程一般只触及创新创业思想的表层，而未能深入到技术转化能力培育的实际需求。在访谈中，来自研究型大学的师生都或多或少地谈及了在成果转化综合性或专业性知识方面的困难和困惑。他们认为，高校在转化工作中应该更加注重师生在"创新+转化"两方面的能力培养，结合各个专业学科的特点和实际需求，设计更加具有针对性和实用性的课程体系。

"我在日常工作中发现，我们组的老师和学生对产权的认识十分有限，很多时候大家都把精力集中在发表论文和成果报奖方面。在申请专利时，会去找一些代理机构代写专利，这种情况还算比较正规的，很多学生在毕业前对知识产权的认识就停留在申请专利这一步，而非经历完整的一套专利化流程。另外，一部分学生自己埋头写专利，可以说这些专利写作没什么实际意义，因为专利申请文件依靠的是一种法律语言，想要最大限度地保护创新，就得用法律思维和语言把技术方案固定下来；学生没学过法律、没研究过知识产权，怎么可能写出来保护创新的申请文件呢……而且据我了解，现在一些其他院校教学体系下培养的学生，没有学习过知识产权相关课程，他们将来进入企业工作以后，作为技术人员和专利代理人、中介之间的沟通就成了问题，这对企业的持续发展，以及和学校、研究机构的合作起不到任何促进作用。据我了解，目前国内知识产权相关的专业主要有知识产权法律硕士和法学硕士，而本科工科背景的法律硕士毕业生很稀有。这些年国家对知识产权的支持力度越来越大，我建议在高校的教学中直接增加知识产权相关的专业课程，特别是工科专业更需要有知识产权知识背景，这对于高校、企业和全社会各层面，都是对知识产权发展或科技成果转化的一大促进。"（访谈对象为T大学学院博士研究生F）

推进科技成果转化的实际操作能力，正是研究型大学师生将"创新精神"付诸实践的具体展现。在研究生培养方面，国外大学尤为重视"创业精神"的培育，坚信研究型大学所培养的学生应具备多元化的就业选择。一部分学生可能选择继续留在高校深造，以学术研究为职业；而大部分毕业生则会选择进入企业工作或自主创业。Siegel 和 Phan 在对美国研究型大学的创业教育进行深入分析后，发现一流的研究型大学不仅拥有完备的技术创业课程体系，而且在教学系统、组织机构以及大学技术转移利益相关者群体之间，构建了实践性教育的闭环①。相较之下，尽管国内研究型大学在 2000 年左右便提出了类似的理念，但在具体课程行动方案的议定和执行上，却显得步履维艰。在访谈中，不少受访师生也反映了高校在创新创业教育领域的现状。

"（大学）其实完全可以增加一些选修课程，教教学生到底怎么开展科技成果转化。（大学）应该让学生知道，什么是科技成果转化，转化应该如何操作，遇到问题找谁寻求帮助，等等。我发现，当前学校的创业课程实际上只教学生'有什么'，而不教怎么做。具体来说，就是只笼统地讲授一些转化的成功案例，或者请一些知名校友回学校做演讲。这种导论式的课程客观上确实激发了学生的研究兴趣，但是具体到个体来说，学生所在的院系能提供怎样的创新资源，学生最终把研究成果推进到什么水平，甚至于学生持有专利后怎么和导师一起申报成果，怎么把自己的科研成果'卖'给有兴趣的企业，这些全是能落实到行动上的内容。"（访谈对象为北京 H 大学 Z 教授）

"我们学院各个专业的选修课里根本就没有专门教这方面知识（指成果转化）的课。我在德国交换（留学）的时候，发现学校给本科生安排了技术转移辅导课程。他们的大学更像咱们理解中的'专科'，每个学生进到学校都会鼓励学生到当地企业学习怎么与企业里的老板和技术骨干打交道，学校的创业课也不是简单地照本宣科，会安排学习小组进行课题讨论和展示。"（访谈对象为某学院曾参与某项目的研究生 G_1）

"硕导带课题组做××项目的时候，我在跟着老师跑'业务'。在此过程中，我认识了很多社会上和企业里的负责人，也通过这个经历学到了不少新知识。后来我到×所工作，也是受这个阶段经历的影响……在学校，跑项目申请材料的时候去过好几个部门，这个经历也是让我头一回知道，大学里的

---

① Siegel D S, Phan P H. Analyzing the Effectiveness of University Technology Transfer: Implications for Entrepreneurship Education [J]. Rensselaer Working Papers in Economics, 2004: 1-38.

新成果是怎么转化给企业的。"（访谈对象为某学院曾参与某项目的已毕业研究生 G_2）

当然，关于高校在成果转化能力培养上的做法，也有不同的声音。有受访者提出，对于研究型大学理工科专业师生而言，他们本身已面临着技术研发的重重压力。若在此基础上再要求他们在研发周期内额外学习转化方面的专业知识，恐怕会过于分散精力。实际上，在国外研究型大学体系中，商学院通常在转化技能与知识方面发挥着举足轻重的作用[①]。而我国高校在专业性技能培养上似乎还未充分发掘和利用已有资源。尤其是一些综合性重点大学，其内部的管理学院、商学院在国内学科评估中表现优异，并拥有较完备的成果转化相关课程资源。这些完全可以通过与理工科学院的课程资源共享，来促进那些对成果转化抱有浓厚兴趣和潜力的师生们进行深入的学习和交流。

针对我国研究型大学当前的培养现状，多数高校依然采取面向服务某一具体项目的人才培养模式。对于这一问题，受访者 L 教授认为，高校应善于利用校内和社会上的丰富资源，在科研工作中积极吸纳知识产权和经管专业的师生参与到产学研活动中。这样，有经验的专家便能从各自的专业角度提供转化业务的专业咨询，或为学校现有的待转化专利提供市场评估和资产管理服务。这种跨学科的联合创新模式，不仅满足了研究型大学在人才培养和成果转化两个方面的升级需求，更为研究型大学在成果转化风险治理上所面临的困境提供了一种优化的解决策略。

2. 企业利益相关个体方面的访谈分析

企业作为将技术转化为现实生产力的核心社会部门，在技术转化过程中的观点至关重要，能够为研究提供关于技术吸收环节的关键细节。通过与南京 L 大学某学院 H 教授（同时担任江苏 QH 园艺有限公司技术负责人）、北京 CX 医疗技术部 W 经理、ZK 合成油 H_1 经理、北京 XM 科技计算引擎技术负责人 W_1 某集团专利中心专利代理师 M 等企业技术主管的访谈，揭示了当前国内科技成果转化生态中一个不容忽视的问题：企业在技术接收能力上仍存在显著提升空间。这种接受能力的差异，不仅反映在对技术接收能力认知的欠缺上，更体现在技术接收方与技术供给方在匹配过程中的实际差异上。

---

① Wright M, Lockett A, Franklin S. Technology Transfer and Universities' Spin-Out Strategies [J]. Small Business Economics, 2003, 20（2）: 185-200.

a_3：企业对技术成熟度的认知与研究型大学存在差异。

在深入研究型大学开展技术成熟度调研的过程中，尽管企业往往会借助技术专家的力量，但由于信息的局限性和不同专家间的认知差异①，企业在评估科技成果转化合作中的诉讼风险时经常会产生偏差。某医疗企业的技术经理 W 对此问题有着深刻的见解。在回答"您认为成果转化链条的各个环节中，哪个环节最容易发生转化失败"问题时，主动指出了国内医疗企业与其他行业在成果转化风险认知上的不同之处。他认为，医疗企业之所以能实现较高的成果转化率，很大程度上得益于高校医药研发事业所严格遵循的研发规律。他进一步解释道，国内的研究型大学和科研院所通常根据国家部委和药厂对医药研发的具体需求严格立项实验，这使得新药研发或仿制工作具有明确的目标指向和清晰的行动策略。同时，由于"药品研制生产工艺和'配方'具有较强可移植性"，医药企业得以将更多集中精力投入到药品生产线设计和市场营销方面。

"我想以国内一家新能源车企为例说明。这家企业的技术人员在技术转移中发现，技术成熟度实际上实时'波动'的，有时候它（技术成熟度）不仅表现为技术本身的成熟，也体现在企业的技术管理者对成熟度的主观感受上。比如，当媒体报道某个新材料电池技术取得新的突破时，从此刻开始，一直到技术在实验室环境下能得到稳定复现之前，企业乃至整个行业对技术成熟度的期望通常是过高的。这主要是更高能效或更低污染的新技术指标对企业的刺激导致的。但是一旦顺利度过这个阶段，对于企业而言，一般已经与大学建立了合作，那么在随后的一段时间里，企业对新技术的继续实验和小规模量产过程，将会源源不断地投入大量经费和人力。从企业的视角出发来看，此阶段技术成熟度是极容易被低估的。只有当新技术真正落实到生产线，并且可以稳定大批量生产的时候，企业对成熟度的认识才会逐渐接近技术成熟度的实际情况。所以说，技术成熟度除了可以通过一些专家进行客观评估打分以外，对企业来说，企业的主观感受也会直接影响判断。"（访谈对象：北京 CX 医疗技术部 W 经理）

不同的产业领域在评估技术成熟度时有着各自独特的标准。相较于医药行业，那些以制造业为核心的"传统"企业在与研究型大学展开合作时，更应审慎对待双方在技术成熟度认知上可能存在的分歧。单纯依赖权威部门

---

① 谢晓非，徐联仓. 风险认知研究概况及理论框架 [J]. 心理学动态，1995（02）：19.

所颁发的成果认定书和专利作为技术转化预期唯一判断依据，很可能会在合作伊始就埋下合同风险的隐患。合作前针对技术成熟度进行充分的技术交流和风险评估，对于技术成果转化至关重要。

"在代理这个案件的时候，我们发现企业和学校在科技成果转化过程中采用的技术成熟度评价模型并不匹配，导致对同一项技术的评价，双方存在结论上的巨大分歧，从而在后续合作开展中引发了矛盾。后来，双方在庭外沟通和解的过程中也都认同，技术成熟度标准不统一，不但会降低成果评价的公信力，也给成果转化无形中增加了难度……这也让成果转化双方的合法权益无法更好地得到平等的保护。"（访谈对象为北京市 GZ 律师事务所 S 律师）

S 律师在代理国内一起涉及校企科技成果转化的诉讼案件时，观察到大学与企业在技术成熟度认知上的巨大分歧。特别是合同签订前，双方对技术成熟度的理解与诉讼阶段所持有的观点截然不同。这种差异揭示了合作双方都存在着"边转化边学习"的现象，即在合同签订阶段未能形成准确的技术转化预期。这种认知上的滞后性，不仅影响了双方的合作进程，更凸显了当前国内科技成果转化方面普遍面临的"信息不对称"问题。

a_4：唯技术成熟度的评价标准，使得企业忽视了成果吸收能力对转化的重要影响。

在我国科技成果转化相关法规和管理制度中，技术的成熟度被明确作为评价科技成果可转化性的主要标准。因此，国内高校和企业在建立合作意向和签署合同时，通常将成果的技术成熟度视为唯一的衡量尺度。

这种评价标准的优势在于，当合作双方出现分歧或纠纷时，可以依据学术和行业权威的专业意见为审理提供明确的评判依据。然而，过度依赖技术成熟度的取向，也存在一些潜在问题。它可能导致研究型大学和企业在签订合同后陷入一种固化的思维模式，使得一些企业错误地认为科技成果转化仅仅是对实验室技术的直接复制，从而实现产业化目标。实际上，这种错误观念忽视了成熟度之外的考核评价标准的重要性，同时也缺乏对考核工作本身的权威监管。

"你说得很对，但是只看成熟度这一项指标，可能会陷入误区……在以前，我们总是太过相信，依赖、依靠技术的成熟度来决定怎么把成果顺利转化。不可否认，技术成熟度的确很重要。但你知道吗？技术的有用性和易用性，其实也是成果转化的关键因素。这一点很容易理解，你想想看，一项毫无经济价值、社会价值的技术，即使它的成熟度再高，也不会有人想去转化它。再比如，那些耗资巨大、周期过长、需要一大堆辅助配套的技术，大多数（企业）都会选择放弃。所以，除了成熟度，我们还得把握住技术的有用性和易用性，这两点同样是成果转化成败的关键。"（访谈对象 L 教授，X 大学公共政策与管理学院）

企业的技术吸收能力不仅受到自身技术研发能力的影响，还与其通过社会资源获取多渠道的技术支持的能力密切相关。相较于我国，国外的创新型企业更倾向于以"簇群"的形态与其他企业缔结产业联盟，这种方式极大地丰富了企业技术转移的资源池，并使得成熟度方面的风险得以在"簇群"内的上、下游企业共同分担。根据波特的观点，这种"簇群"内的成员能够实时共享行业动态，从而在信息交流中加深彼此间的信任；同时，各成员分工明确、各负其责，技术能力上形成了优势互补①。腾讯的董事会主席兼 CEO 马化腾在 2019 国际智能产业博览会上也曾经谈及这一问题，他认为"企业不能一直处在单打独斗时期"，也应当学会"整合资源、优势互补，抱团取暖的意识"，唯有"探索降低融资成本，借助平台实现资源整合"才能实现共生共荣②。

在探讨"本单位可以通过什么方式避免这些纠纷的发生"和"本单位有哪些方式可以提高合作的成功率"问题时，科研和转化"双肩挑"的 L 大学某学院 H 教授（兼 QH 园艺有限公司经理）分享了自己的见解。

"我在海外留学时期就对'××'培育特别感兴趣，毕业回国以后，在学校工作期间跑遍了全国，建立起国内首个××属植物基因库。后来到省里直管的高新区调研时，发现国内对这一块产业的需求很大，而且当时的创新创业政策也能给予一定优惠。后来我就出去和朋友一起合办了这家企业。到目前为止，我们手里已经有了 10 多项实用新型专利。我感觉，大学教授到企业兼职或者出去创办企业的情况越来越多，这也是大学向社会成果转化的一种渠道。我到企业后才理解创业的艰辛，发现实际上这个行业里的很多成果最后都没办法投产……我因为比较懂种植培育，并且背靠学校的科研资源，所以自己动手做转化就会得心应手一些。比如发明和实用新型，我不但能给公司里的技术骨干讲明白原理，也能亲自指导种植人员实际培育和种植。这些工

---

① 波特，郑海燕，罗燕明. 簇群与新竞争经济学 [J]. 经济社会体制比较，2000（02）：21-31.

② 中国青年网. 马化腾：产业竞争正从"单打"变为"双打" [EB/OL]. [2019-08-26]. http://news.youth.cn/jsxw/201908/t20190826_12051993.htm.

作对我来说完全能胜任，也顺手帮学校推广了很多好的技术。目前公司所在的产业园，周边已经吸引了大量农林业的专家学者，引进了很多公司入驻。这也说明，我走的这条路是可以复制推广的。"（访谈对象为 L 大学 H 教授）

在科技成果转化的过程中，对于成果接收工作，必须充分评估并参考企业的吸收能力。此外，选择适当的成果转化模式时，还须紧密结合目标转化技术的具体研发阶段，因地制宜发展生产力。第四章中风险识别工作的部分案例，为企业技术吸收能力如何影响成果转化提供了直接证据，也进一步强调了在进行科技成果转化时，充分考量和评估企业技术吸收能力以及技术的研发阶段是至关重要的。

"我们在总结了企业大量的成果转化经验后发现，还是应当结合企业自身的情况，以及目标技术的成熟度，来选择相适应的成果转化模式。我们的具体做法一般是先对科技成果的技术成熟度做一个相对细致的评估，然后依据技术成熟度结合技术的特点，选择恰当的成果转化模式。对处在七到八级技术成熟度的科技成果，一般采取'现金+股权''技术授权''合作开发''企业培育'等模式；对于五到六级的科技成果，一般采取'战略合作''共同开发'等模式；而五级以下的那类不太成熟的成果，我们一般会采取培育、观察和反复评价的方式，等到技术成熟度上来了，再确定转化的模式。"（访谈对象为中国科学院某研究院 X 研究员）

行业内小试和中试平台的稀缺，成为影响企业吸收能力的又一重要因素。这种情况使企业陷入即便有资金也无处充分利用的困境，进而导致在市场评估阶段难以建立对产品客观、统一的衡量标准。

在新产品开发过程中，企业管理者的首要关注点始终是产品的潜在经济收益。为了在市场上占据主动地位，确保对市场的精准研判，企业倾向于利用"小试"和"中试"这两个关键环节来测试产品的生产效率以及市场反应。这一系列的验证过程旨在保障产品的工艺流程、工装设备、设计构造以及物料选用能够最大限度地支撑产品的市场竞争力，从而实现预期的经济效益。

"公司在成果转化工作中当然也会对接收的技术进行充分、细致的考察，除了评估专利（技术）在当前的成熟度，也要评估它到底能够怎样改变现有的生产线……新产品在推向市场之前，能够通过市场检验来判断，未来的生产需要，以及市场推广的计划。"（访谈对象为天津 JY 生物科技某项目业务负责人 C 经理、L₁ 经理）

然而，由于不同技术领域中试平台的业务水平参差不齐，且中试活动通常不能跨平台、跨行业开展，一些企业因此陷入了"有钱没处花"的两难境地。具体来说：一方面，如果企业选择向外部第三方中试平台求助，将意味着转化工作必须接受外力的干预，从而带来次生风险；另一方面，若企业决定自主搭建中试平台，不仅需要投入高额经费和巨大的人力资源，而且往往只有实力雄厚的大公司才能承担平台的日常运维。

"之前在争取有关部门专项经费资助的时候，我也在思考这笔钱应该如何去更好地分配。对一个技术聚合度较高的企业来说，人才相对来说更'对口'，基本就是部属院校培养出来的博士和博士后；技术储备也没问题，通过和大学合作，这些年也积累了相当多的专利；资金方面也不用发愁，毕竟背靠资金雄厚的集团公司，现在又得到有关部门的专项经费。但是，我们确实也发现了，似乎目前正在做转化的产品，对于市场的具体需求还有些底气不足，到底产品应该如何定位，应当怎么做量产，从企业实验室下到车间的过程到底怎么走通，我想这些才是我们应该重点花经费去做的……实际上，我们也曾经想过自己去搞中试平台，为将来后续产品的开发去搭建集团和省里自有的中试基地。但是这样就相当于给公司直接开辟了一个新的业务点，同时给公司未来的发展新增了一个市场风险点。所以，我们目前也在探讨，到底是否需要自己去做这个（平台），还是按照老路子，去沿海地区花钱借用别人的试验平台。"（访谈对象为北京 ZK 合成油市场部 H_1 经理）

"中试平台当然有好处，但是像我们这类创业者，如果把自己的技术直接拿给外边的公司去做（中试），那我们也会担心自己的产品配方工艺被这些平台拿给其他大公司去模仿。我们创业公司的策略就是依靠一个产品抢占市场，只有这样企业才能生存下去。一旦技术被人家抄走了，那我们打官司还有什么意义呢？"（访谈对象为广州 JF 电子科技技术对接部门骨干 T）

中试平台的自主建设显著提升了产品验证的能力，为高校和企业提供了更为坚实、客观的数据支撑。这一举措不仅确保科技成果转化的透明性和可靠性，而且在潜在的法律诉讼中，为双方提供了有关技术风险的第三方证据。这些证据在冲突解决过程中发挥了关键作用，从而有效降低了纠纷升级为诉讼的可能性。通过这种方式，中试平台的自主建设不仅促进了科技成果的顺利转化，还为高校和企业之间的合作提供了更加稳健的法律保障。

2. 成果要素（D₂）

a_5：成果转化管理的经验不足，导致对成果的价值和潜力无法准确评估。

"国内研究型大学的教授和研究生总是给人一种兢兢业业、埋头苦干的刻板印象。虽然踏实肯干的精神值得鼓励，但是我们和这些学者打交道的时候，发现他们对自己的专利成果是如何研发出来的（过程）能滔滔不绝聊很久，但是问起这些技术能够具体在哪些方面给现有的行业带来提升，以及这些技术能不能以及怎么用于指导我们研发中心的生产的改进，这时候他们就会很茫然，开始找学校的科研处的老师来和我们对接。其实，学校的教授和学生比科研处的老师更了解技术，特别是信息技术行业，他们完全可以自己把这些成果管理好，并实现销售。反观那些科研处的老师，他们其实很多都是机关成长起来的年轻人，一旦换个自己专业以外的领域，一问就全抓瞎，最后还是得靠专利人和律师来和我们洽谈。"（访谈对象为北京 XM 科技计算引擎技术负责人 W_1）

W_1 曾经在国内某大学获得了计算机领域的学士和硕士学位，在读期间，他就积极与所在实验室的导师沟通，争取到中关村的信息技术企业进行实习。在现所在公司的实习中，W_1 曾深度参与某新型产品的研发工作，并向企业的专职专利代理人学习专利技术引进。W_1 认为，在当今企业创新的主流观念中，创新的内核是"技术上的稳定创新"。为了实现这一目标，对技术进行有效管理成为每个企业的必修课。企业在招聘员工时，对每个工作岗位都设定了清晰的职责要求。因此，那些能够胜任企业科技成果转化岗位的人才，通常都具备在高校学习和企业实习中积累的丰富经验和胜任力。

"邀请我去日本访学的 M 教授也和我提过，日本的大学改革以后，大学手里的专利数量，还有风险型的企业都在大量增加。好处是，日本的大学和产业圈比以前更活跃了；弊端是，他们每年要花大量专利费去维护专利，这对学校和政府来说是一大笔开支。为了生存下去，这种情况必须改变。所以，文部（科学）省也在最近几年开始探讨，怎么对手里握着的大量技术进行系统与客观地评估，给大学和政府'减负'。国内的大学在这一点上正在慢慢追赶，一方面强调专利的申请量，同时更重要的还是要看有多少专利真正值得被保留和转化，以及对这些专利的备案管理，等等。"（访谈对象，Y 教授）

对于高校和企业的科技成果转化管理而言，除了着重培育创新力和技术吸收能力外，更关键的是如何妥善管理"现有的"和"未来的"科技成果。在国内的研究型大学中，每年有大量待转化的专利需要进行专利维护和商业宣传，然而，目前的管理思维和重视程度与西方发达国家相比仍存在一定差距。为缩小这一差距，高校的专利管理需注重专利申请和专利维护的并行发展。专利申请是保护创新成果的首要步骤，而专利维护则能够为具有转化许可潜力和已经实现许可的大学科技成果提供持续的法律权益保护。

a_6：创新主体对成果的管理能力欠缺，少有大学或企业主动联络技术中介机构。

技术中介机构在国内外已逐步演变为研究型大学科技成果转化生态中的核心组成部分，它们承载着协调、引导和促进创新主体间知识、资源及人才交流的关键角色。为了深入探究国内技术中介机构在支持校企间科技成果转化方面的具体机制，笔者还对上海某创业中心 P、西安某转移平台创始人 D 两位国内中介机构的负责人进行了访谈。

"入行时，我最早在省产业园的某高科技企业做一些法律咨询、高校对接和知识产权维权方面的工作。那几年当中，我深刻体会到了成果转化的巨大创新力，以及知识变现的力量。从那个时候开始，我就计划自己出来做一家技术转移公司……印象很深刻的是，我的前单位在行业里其实是后继者，能开发的资源和市场，基本已经被其他国内外的企业瓜分得差不多。但是老板也一直鼓励我们进校园，围绕着这个行业的最新科研成果，来寻找创新点和盈利点。正好我们对接的 X 工大，那几年也特别重视产学研和成果转化，我们通过一个数额不太大的项目机会，几个月就实现产品线全面更新，可以说直接淘汰了市场上的竞品。那会儿就明白一个道理，企业想要发展，不能只盯着眼前那点资源，还是应该到学校去寻找一些新成果。"（访谈对象为西安 YN 技术转移有限公司创始人 D）

国内生态中较出色的技术中介机构，其人才渠道相对更为多元化。像 D 这样有企业工作经验的技术经理人，能够在信息沟通、知识产权管理和商务谈判等方面给校企双方提供全面定制化的咨询和技术服务。当然，这种人才通常需要经过大量的经验积累之后，才能成为行业翘楚。

"后来自己创业办公司，才发现做技术中介真的很难。主要还是大学和企业对我们的工作内容不太了解，不知道我们究竟能提供什么样的服务。也是因为国内搞商业化中介比国外晚，特别是 2015 年那会儿，国内的转化环境、政策体系还没成型，圈子里还都在'摸着石头过河'，学校对我们这种技术转移服务比较抵触。所以，我们从那个时候开始就频繁到学校、企业扎堆儿的高新区去做路演，去给学校讲课。慢慢地让企业和学校明白了我们能够提供哪些服务，特别是他们自己做不了的工作，通过建立这种信任，才有了后来的一系列合作机会。"（访谈对象为西安 YN 创始人 D）

在高校和企业的成果转化流程中，技术中介机构不止在创新主体之间提供信息沟通渠道，更为重要的是它能够向生态系统中的主体提供个性化的转化服务。例如，名古屋科学技术研究所就是一个杰出的范例，它针对高校师生的需求，提供专利事务处理、纠纷法律咨询以及转化管理培训等专业化服务；同时，面向企业，该机构定期组织区域产学研学术交流会，并为企业提供专利咨询与管理方面的支持。这种职能的综合化和多元化发展趋势，使得此类机构能够在大学、科研院所和企业之间搭建一站式沟通平台，有效地减轻了科技成果转化链条中繁杂事务对创新主体的干扰，进而降低了研究型大学科技成果转化生态在治理层面所面临的风险。

在探讨"技术中介机构是否在科技成果转化工作中起到了一定作用"时，W_1 教授分享了自己在日本访学期间的亲身经历，谈到国外科技成果转化中介的专业性和高效性给他留下了深刻印象，且这些服务在推动转化中确实发挥了不可替代的作用。

"日本的大学特别重视技术管理团队的建设。大学 TLO（技术转移办公室）基本都是从名牌大学挖人，而且专挑那种私立大学商学院的尖子生。这些学生通常有家族企业，所以从小就对企业文化耳濡目染，特别明白怎么面对经营的风险。而且这些学生在学校里学的知识也很有针对性。比如，早稻田大学培养的学生都要求要上'社会连携''产学连携'的实习课，从本科学部开始一直到博士研究生，都会参与相关实习。如果拿不到学分，不但可能没法按时毕业，更可能会影响求职。这一点也与日本的职场文化有关。所以，日本的国立大学这些年也开始重视抓这方面能力培育的工作，请一些有经验的名牌商学院实习导师来讲课，带学生进企业。日本的私立大学一般都会聘用很多出自政府部门或有过一线创业和技术转移经验的前职员，向他们提供与大学教授相同的研究员待遇，目的就是让这些人把工作经验和社会资源带回学校，给学校的师生提供成果转化的辅导。"（访谈对象为 H 大学退休教授 Y）

在研究型大学中，科技成果的管理不应被割裂为多个孤立的管理环节。相反，它应该是一个多元一体、各环节相辅相成的系统过程，涵盖了从转化人才的培养，到与企业和中介机构的紧密对接，再到成果转化所涉及的法律事务管理。目前，一些城市依托研究型大学和产业集群的区位聚集优势，成立了专门服务于城市技术高新区的技术经理人协会。以中关村技术经理人协会为例，它已经成功吸引了16家高校会员单位，不仅覆盖了京津冀一体化区域内的清华、北航、北理工等16所研究型大学的技术转移办公室，还吸引到20余家医疗机构、京津冀地区的多家国企以及30多家技术中介机构。

"经过我们中心培养后走出去的技术公司负责人都曾提到，科技成果转化的核心是将技术推向产业，这种转化不仅是成果在空间上的位移，同时也是技术思想向生产一线的渗透。高校人才只要一毕业，很多在校期间成型的创意就会受现实压力的影响而被放弃。一些老师其实并不比学生更懂成果，所以我创业中心就在入职企业、高校和科研院所等就业渠道外，给这些学生提供一种新的就业选择，让他们主动带着学校的成果出来创业。这些人才当中一些有能力的年轻人，通过创业也成长为成果转化行业的领跑者，即使他们的第一次创业失败了，也能迅速调整好心态，去找其他商机。所以，我们现在所提倡的'双创'教育，不仅有利于成果转化，也是对技术服务人才培养的一种渠道。"（访谈对象为上海G科技创业中心科技合作部P部长）

与YN技术转移公司的模式不同，P部长所在的上海G科技创业中心则更紧密地依托于上海J大学的核心科技资源，致力于在大学科技园区推动创业孵化工作。在空间布局方面，创业中心为有志于创业的毕业生、退伍军人提供了相适应的技术转移空间和孵化载体；在资金扶持方面，在市大学生科技创业基金会的指导下，创业中心为在校硕士和博士研究生提供长达两年的创业基金资助；在服务保障方面，创业中心为获得基金支持的创业者提供一站式服务，涵盖融资渠道介绍、投资洽谈、工商登记、税务登记、财务管理等多个环节。这种在大学科技产业园区内开展高校科技人才创业孵化的做法，不仅为国内大学创新生态注入了新活力，更是借鉴"硅谷"模式，有效缓解创新人才流失风险的一次崭新尝试。

a_7：成果转化治理过程中仍然缺乏面向合同的治理思维。

科技创新领域的迅速发展及其超前特性，对成果转化和司法保护政策的制定与执行带来了持续的压力。在第四章的风险识别环节，观察到2018年之前的国内科技成果纠纷案件中，合同风险和管理不规范成为两大突出问题。尽管《民法典》的实施已经针对我国科技成果转化事业中的合同权益加强了规范性保护，但在涉及研究型大学科技人员及国有资产成果保护方面，相关部门的治理力度仍显薄弱。国内某央企的P研究员与专利代理人M在探讨"可以通过什么方式避免这些纠纷的发生"时指出，目前，国内在处理成果转化纠纷诉讼时，仍坚持以有效的合同作为最终的裁决依据。因此，对合作双方来说，运用合同治理的理念来引导成果转化工作，仍将是国内企业的主流管理策略。

"科技创新成果的转化主体之间在签技术合同时，对成果交付的形式、内容、颗粒度、指标、辅助技术、后续保障内容的约定，如果存在着一些不适中或不清晰的情况，就无法避免交付事项因约定范围过大或过小而无法履约的情况发生。如果约定的范围过于宽泛，又可能导致成果输出方的技术秘密泄露；反过来说，如果范围太窄，可能导致成果的接受方的技术实施以及工程化、产业化过程不流畅，甚至无法达到合同约定的预期。在合同规范的层面，除了大学的教授和企业的技术负责人，有关部门有义务通过出台地方性法规和组织管理办法等形式，来约束并规范校企合作，从治理的本源出手，让科技创新更规范。"（某央企新技术推广研究所 P 研究员）

"技术开发绝对不是一两天就能完成的，（科技成果转化的）载体是多种多样的，有的是咨询一个技术问题，这是咨询服务，有的是提供一个产品样机，还有的是建立一个生产线，那将会是一个系统工程。技术的不同阶段，转化需求也不一样，大学就需要满足企业不同的需求。如果说只是咨询技术问题，老师通常就能解决。如果是提供一个产品原型设计，一个实验室就可以做到。但如果是建立一个生产线，那就不只是大学一家能够完成的了，这时就需要多个主体参与，这时候权利义务就要提前约定清楚了，而且签合同的时候，要做好最坏的打算，什么时段出现了什么问题、该如何解决，都要比较明确地写进合同，特别是需要把这些考虑用法律语言的形式固定在合同当中，这是保护双方一起规避风险的最简洁、最有效的方式。"（某集团专利中心专利代理师 M）

为了解决当前高校在成果转化合同管理方面的问题，一些高校采取了统一集中式的管理模式，将各个学院的科技成果合同管理、专利申请与维护、市场联络、技术成熟度跟踪等职能集中到科研处，提供一站式服务。这种模式的优势在于，高校科研管理部门能够统一调配人力与资源，将所有潜在待转化的成果都记录在案，从而减轻了高校法务资源方面的压力。

然而，这种管理模式也存在一些弊端。其中，由于需要维护一个庞大的专家库来支持成果集中管理，科研部门可能会面临人力管理上的挑战。这种人力管理可能导致与学院、项目负责人、企业合作方和外部资助者之间的沟通混乱，进而在成果支配工作上产生权利重叠，最终可能引发诉讼风险的不利局面。

为了改善这一现状，国内一些研究型大学开始尝试通过重新配置科研成果管理模式，以分解现有的治理压力。以北京 G 大学为例，该大学在国内主要的化工产业基地分别设立了驻地技术转移中心，并聘请具有职业技术经纪人资格的从业者加入高校科研管理队伍。这种新模式有助于更好地整合和利用高校与生产地所在区域的资源，同时降低管理成本和风险。

"我校近几年逐渐转变了科研管理的思路。除了本地，像是 CZ、AH 等地也陆续成立了地方的技术转移中心。实际上就是依托当地的产业集中优势和学校的科研资源优势，直接'扎根'在对技术有需求的地区。我们通过实战、考资格、参训，直接从高校这一头主动去推成果转移，这样也给对接企业减轻了不少压力。比如 DQ 市这边，（某企业）之前对 X 催化工艺很有想法，刚好我们学校的一个教授也在前不久实验成功了，学校派我们部门的几个人陪教授的技术团队一起和对方（某企业）谈判，这个项目很快就签了合同。后来，学校也进一步推广这个案例，发现不如直接在 DQ 挂牌成立一个中心，像 CZ 市那边一样，分一部分职能出去。这样我们直接拿下周边的几个产业区，今后做高校成果推广会比以前在学校'坐等'更主动。"（访谈对象为 G 大学 DQ 技术转移中心员工 N）

三、关系要素（D_3）

a_8：国内技术中介机构的服务效能仍较低下。

尽管近年来我国的科技成果转化服务部门已经得到了全面的发展，构建了包括技术转移公司、成果转化平台、产业园、孵化器等在内的多元化的技术服务中介体系。然而，与这些中介平台开展过成果转化合作的受访者所反馈的信息却揭示了当前成果转化服务部门存在的诸多问题和挑战。

"常理来看，学校与企业在正式签合同以前，一定会进行多轮的交流和谈判，探讨怎样将各自的利益最大化，特别是学校如何把手中的科研成果推广出去，这就特别需要把多个岗位的人才聚在一起。现在的科研团队专业分工特别精细，技术团队虽然懂技术，但只懂自己研究的那部分技术，并不掌握其他团队的最新进展，但是往往一个科研团队研究的成果很可能无法满足企业的全部需要。这时候，特别需要高校搭建一个平台，展示学校的大部分研究成果，能够在一次对接会议上同时打包推广好几项成果。你想想，这个组织肯定不止一个人，并且这个组织对研究成果的掌握程度还不低，最起码能够讲清楚这个研究成果的功效，只有这样才能把企业抓住，才有机会进行下一步洽谈。这个'技术经理人'的中介角色至关重要，他能在学校、企业之间承上启下，确保有效沟通。缺少这类人才，科技成果转化才会这么难。"（访谈对象为北京 H 大学 Z 教授）

曾多次深度参与高校成果转化诉讼案件的 S 律师认为，目前我国科技成果转化中介机构的专业化水平亟待提高。这里所强调的"专业化水平"，着重于从创新主体的实际需求出发，将科技成果转化的顺畅转化作为日常工作的基础。然而，现实中技术中介机构专业能力欠缺，导致一些国内的研究型大学在转化中甘愿冒签订研发协议被骗的风险，也宁愿抛开这些技术中介机构，直接进行对接和洽谈。

"现在的科技成果转化中介机构大致分两类。一类是由原来的知识产权代理机构延伸其成果转化服务内容而形成的'代理机构型'成果转化机构，这些机构的成果转化服务仅是一项服务内容，业务还是以知识产权代理为主。第二类是由原来的法律服务机构中负责知识产权相关法律服务的分支，在提供知识产权交易法律保护的基础上，也开始做起知识产权的转化服务，形成了'法律机构'型中介。这两类机构在市场能力和'技术翻译'能力上存在着先天不足。我们国家目前急需那种具有市场分析、经济分析、懂技术动态、懂工业门类、懂技术翻译、能对技术准确定价的'技术经纪人型'机构。从我之前看到的案例来看，这些大学的管理层对周边接触到的技术中介不太满意，并且对这些服务型组织已经产生了先入为主的坏印象。"（访谈对象为北京市 GZ 律师事务所 S 律师）

为了深挖我国技术中介机构存在的不足之处，笔者在与十余位受访者进行开放式访谈时，特别针对"技术中介机构能给科技成果转化工作带来哪些帮助"展开探讨。通过总结，发现当前我国研究型大学科技成果转化生态中的中介服务部门存在以下一些问题。

一是技术中介机构在形式上重视"促交易、签合同、拿佣金"，但在服务上轻视"延续性和全面性"。

"目前的科技成果转化服务机构，绝大部分只注重撮合交易成功，以尽快拿到佣金，从而并未真正关心成果转化各相关主体的长远利益，也不关注科研机构和企业的可持续发展，更不会考虑推动整个产业技术水平的提升和行业的发展。一些中介将成果转化做成一锤子买卖，在出现纠纷后却'甩锅'给学校和企业。这极大地损害了成果转化中介机构的信誉，增加了科技成果中介机构的工作难度，也损害了科技成果转化中介业的利益，形成恶性循环，给高校成果转化带来巨大风险。"（访谈对象为北京 H 大学 Z 教授）

二是一些技术中介机构在技术咨询服务中刻意提供不实结论，将技术成熟度风险"埋入"科技成果转化合作之中。

"我们在对高校开展调研的过程中，发现少数科技成果转化服务机构在提供技术咨询服务中，或是受调研不足、技术理解不深或者专业能力不足等客观原因的制约，或是受自私自利等主观原因的影响，在给企业提供技术咨询服务时，向服务对象提供了不客观、不真实的结论，引导他们做出错误的决策，造成相关单位的经济损失和名誉受损。"（访谈对象为中国科学院某研究院 X 研究员）

"之前和我们合作的那家技术转移公司，在联系沟通的过程中违背了独立、客观的公正性原则，利用我们和学校在市场规模和技术前沿方面的信息差，在成果作价金额方面提供了虚假结论。经过调查发现，这类不良中介的通常做法是，先伪造科技成果所有人的财务数据，再利用社会新闻舆论在账面价值上虚报科研成本，通过这种方式做高科技成果在市场上的价值。这种造假、串通的恶劣行为，严重侵害了合作双方的权益，扰乱了市场秩序。现阶段科技成果转化市场的发展，急需维护公平正义，这种欺诈行为应该受到监督和制裁。"（访谈对象为某集团专利中心专利代理师 M）

三是"技术经理人"和"技术经纪人"职务定位模糊不清，这导致合作对接过程中存在服务内容缺乏明确性和清晰度的缺陷。

技术经纪人在我国的技术服务行业中扮演着举足轻重的角色。他们主要是指那些为了促成他人完成成果转化中的技术交易，提供居间、行纪或代理等职业经纪服务，并以此挣取合理佣金的公民、法人及其他组织。这个职业的起源可以追溯到 20 世纪 80 年代，当时，一些来自高校、企业和事业单位的科技服务工作者就开始在生态中的各个部门之间游走，充当着大学、院所和相关企业之间的"科技红娘"，通过兼职赚取佣金。为了规范和认定相关从业人员的行为，国家科委在 20 世纪 90 年代末制定并发布了《全国技术经纪人培训大纲》和《技术经纪资格认定暂行办法》等行业标准。但是，随着科技行业的迅猛发展，国家为了提高转化效率，决定取消对"技术经纪人"的认定，在从业资格认定方面引发了长达数年的空白期。直到 2020 年，随着《国家技术转移专业人员能力等级培训大纲（试行）》印发，该领域人才的从业身份问题才得到解决。

"和省里几所大学合作的过程中，我们也发现了当前技术经纪人队伍的配置存在一定问题。像是 2013 年左右加入团队的这几个人，没有一个接受过技术转移职业技能方面的专门培训，我也是在去年才通过了技术经纪人中级能力等级考试。国家这两年开始重提技术经纪人概念，并且也把高级技术经理人列为技术转移行业从业人员当中的高水平人员。未来我们公司也会把职业技能当成工作的核心板块，让所有实际接触业务的经纪人都去参加培训和考试，这样也给学校、企业传递了积极的信号，表明我们业务能力的专业性。"（访谈对象为西安 YN 创始人 D）

除了技术中介机构在资格认定和职业技能方面自觉进行的自我约束，创新生态中的其他相关组织在得知相关诉讼案件后，也纷纷对技术经纪人的业务能力提出了更为严格和细致的要求。这些新要求旨在确保技术经纪人在未来能够更加专业、高效地履行其职责，从而维护整个创新生态的稳健发展。

"实际上从大学的视角来看，中介机构从业者应该学习美国那边的做法，除了搞技能培训和职业考试，也要成立中国自己的技术经纪人协会。比如美国的 AUTM，就是把全美各所高校的技术经理人集中在一起，建立了比较良好的沟通机制。他们除了经常一起讨论行业服务能力标准，也借助 AUTM 这个平台去共享一些大学新技术所涉及的热点行业的一些新动向，那么这种经理人身份实际上就不是个体成员了，而是由机构的决策层牵头、手下团队组建起来的一个服务型组织的一员。这种团队作战模式的思维转变，也是国内所欠缺的，毕竟很多机构也都还是（处在）初创阶段，行业环境也比较原始。从'经纪人'到'经理人'的思维跃迁，整个行业需要虚心学习西方国家的成熟经验"（访谈对象为北京 K 大学经管学院 O 教授）

a_9：由于国内外契约思维与法律环境的差异，国内成果转化自合同订立之初就潜藏着法律风险。

我国研究型大学在技术合同签订过程中处于被动地位，往往由企业等外部机构主导成果转化的谈判方向。学校的教授和科研管理部门通常更关注合作协议的技术细节、研发经费和计划等，而对产权的利益分配问题则常常采取事后补充或"另行约定"的方式处理，这无疑为合同中的利益不确定性埋下了伏笔。

"成果转化相关方利用对方在技术、市场、行业的信息不对称，或者知识、能力的缺陷不足，在签订科技创新成果转化合同时，违背诚实守信原则，设置合同陷阱。这无疑是在合同合作初级阶段就埋下转化失败的隐患，必将导致成果转化失败。"（访谈对象为中国科学院某研究院 X 研究员）

同时，一些企业利用合同陷阱来排除大学在转化合作中的"收益分配权"。如果合作研发过程中企业对成果的投资金额能够事先得到合理约定，高校就有机会在研发阶段获得可观的报酬。但实践中，成果转化收益分配的欺诈案件屡见不鲜。例如，某些技术研发合同中规定企业"可依据自己的判断，在本公司及其关联单位自主实施该成果"，而无须向学校支付任何费用或事先征得学校同意，仅给大学保留了"在学校内部研发、教育的使用权利"[①]。

"一些成果转化纠纷案件当中，能够发现大学或企业都存在不诚信的情况，这一点和国外的'专利流氓'相类似，说通俗一点，就是通过技术或信息的不对等，给对方在权利义务上'埋雷'。有的企业在合同里边附加一些难以兑现的条款，无论转化最终是否投产或盈利，最后都跑出来指责高校一方存在未履约的情况；有的是高校故意设立的陷阱，通过在合同中埋下技术指标和成熟度的隐患，来钻法律空子，欺骗合作企业先签订合同，再以各种理由和借口，或是玩消失，或是去给出一个所谓'客观技术风险'的幌子，使得企业只是买了个技术的'空壳'，而非真正获得技术上的提升。"（访谈对象为中国科学院某研究院 X 研究员）

合同中显失公平的条款为双方的不诚信行为提供了可乘之机。尽管西方发达国家在应对类似问题时也没有给出有效的解决办法，但我国的高校可以尝试通过培养契约思维和风险意识来应对这一挑战。ZG 技术经理人协会联络部负责人 F 指出，"技术经理人在成果转化流程中的定位十分尴尬。由于很多高校在合同签订过程中要求经理人回避，而这些高校在合同协商过程中又很少邀请真正'懂行'的业内人士参与其中，这就导致很多情况下签订的合同漏洞百出。我们作为服务行业的从业者，同样很难扭转高校的惯性思维"。

a_{10}：科技成果转化在国内法律服务人才培养中面临着课程体系与实践的严重脱节问题。

合格的技术转移法律服务人才应具备综合性能力，包括潜在可转化成果、战略规划、政策法规执行、实操运营、行业判断以及金融与商务协调等

---

① 顾志恒，陈凯，刘南楠. 从合同视角看国内高校在国际科研合作中的知识产权问题 [J]. 科技管理研究，2019，39（18）：164-169.

方面。研究型大学、企业和技术中介机构的从业人员如果缺乏这种综合能力，将会在服务方面存在转化治理和法律事务方面的风险。培养这样的人才需要依托多学科的科研教学背景，将法律、金融、公共和企业管理等方面的知识体系深度融合，形成跨学科的教学模式。

"导致这个项目失败的最重要的原因就是，学校缺少了一支从事科技成果转移转化的专业队伍。特别是学校缺乏这方面（科技成果转化）的职业化培养，这是技术推广和转化中的最大障碍。听学校创业中心的老师讲，国内的科技成果转化服务人才培养主要依靠短期培训，很多工作人员以前是做销售的、金融的、管理的，在有需要的时候临时转到成果转化服务岗，可想而知，他们的专业知识积累是远远不够的。我认为可以立足企业和学校的实际需要，建立适合不同层次人员的梯级培训体系，同时服务供需双方将科技成果转化为生产力……本案也折射出另一个问题，国内一些法学院偏向理论研究方面的人才培养，很多学生虽然本科就能通过职业资格考试，但他们走向社会的时候，知识体系都是碎片化的，能力并不接地气。即使学生通过自学通过了专利代理人考试，他们也相对缺少从业经验，把从业视为一轮又一轮的应试考试。"（访谈对象为 S 律师）

成果转化法律专业人才在国家成果转化生态体系中占据着举足轻重的地位，对于推进国家创新能力建设以及有效化解社会风险危机具有不可替代的作用。就国内研究型大学而言，其强大的科研实力孕育了众多高水平专业。然而，若继续沿袭过去任由专利人自行转化的做法，将导致大学所积累的丰富研究成果无法充分发挥其社会效益。针对这一人才培养问题，曾赴日本考察的 Y 教授指出，大学内的专业导师在提供企业研发工作体验环境方面存在局限。为弥补这一不足，一些国内外研究型大学已经开始探索引入校企联合"双导师"培养制度。这一制度旨在为有志于从事成果转化和创业事业的博士研究生提供多元化的转化体验渠道。

"国内一些大学也开始慢慢重视这方面人才的培养工作。比如上海交通大学就开始招收'技术转移'专业硕士。这种专硕培养实行'双导师'制度，学校派出一个导师负责传授专业理论知识，企业也会出一名校外导师，给学生提供企业成果转化项目实操的机会。上海交通大学这样设计，也是因为学校发现每年各个专业新申请的专利成果太多了，但学校技术转移办公室的人力有限，再加上现在市场当中这方面人才的缺口很大，这种跨学科人才的培养和市场的需求就显得很契合。"（访谈对象，H 大学 Y 教授）

第二节　我国研究型大学科技成果转化诉讼风险机制分析

通过对访谈内容的进一步挖掘，揭示了生态中各类要素对科技成果转化工作所带来的不确定性因素，进而构建了如图 5-1 所示的生态要素问题引发风险的作用机理模型。

在这个模型中，技术风险（R_1）主要由技术成熟度认知（a_3）和成果可转化性评估（a_5）两大方面的生态要素风险点所引发。正如受访者所指出的，技术成熟度及其认知直接关乎"企业对成果是否可以实现转化的预期"（中国科学院某研究院 X 研究员）。为确保合作的顺利进行，双方应秉持公开诚信的原则，对技术成熟度进行客观的第三方评价并达成一致认可。当然，成果的成熟度仅是技术风险的其中一个考量因素，要全面评估成果在知识链和生产链中的传播能力，还需对技术本身之外的其他生产性条件、政策性条件和组织的创新文化进行全方位考虑。

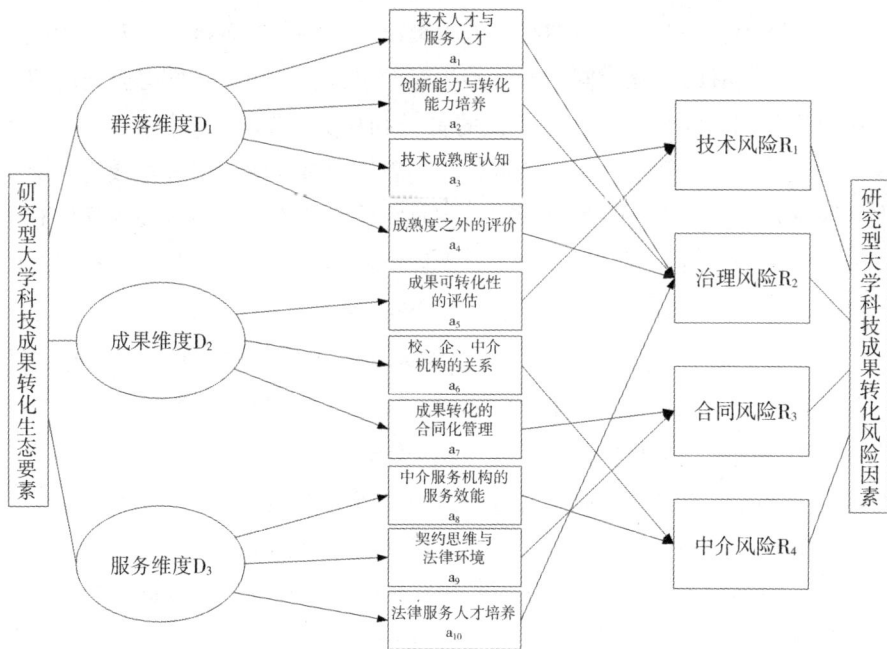

图 5-1　我国研究型大学科技成果转化中生态要素问题引发风险的机理

197

在治理风险（R_2）方面，主要风险点包括技术人才与服务人才（a_1）、创新能力与转化能力培养（a_2）、成熟度之外的评价（a_4）以及法律服务人才培养（a_{10}）四个方面。这些风险点虽然都强调了人才培养和选拔在化解行为风险方面的贡献，但从不同的生态要素维度来看，技术人才和服务人才分别指向研发能力和转化业务能力两个方面的分工和培养，在选拔人才的过程中应当"结合风险问题做出合适的用人选择"（某集团专利中心专利代理师 M）。而 a_{10} 则偏向于技术中介机构和政府转化服务机构等组织对成果转化法律保障人才的培养。

合同风险（R_3）方面，主要由成果转化的合同化管理（a_7）、契约思维与法律环境（a_9）两个风险点所引发。这两个要素在成果转化过程中的法律保障层面相互依存。对于研究型大学而言，由于法务部门和危机管理意识相对薄弱，往往难以应对突如其来的成果转化诉讼。特别是结合第四章的实例来看，一些企业对大学提起诉讼通常十分突然，大学的法人在"接到法院传票后才意识到问题的严重性"（H 大学 Z 教授）。究其原因，大学的科研管理部门并未采用合同管理的思维来通盘考虑其手中掌握的大量待转化成果。在实践中，一些大学虽然科研能力突出，但科研管理部门、资产管理部门却对手中现有的转化合同管理不善，有的单位甚至仅仅在签订合同时留存一份协议和相关资料，把本应承担的责任和压力转嫁给下属院系或所有权人。为了解决这一问题，培养和强化契约思维以及完善法律环境成为关键所在。西方发达国家在这方面已形成了相对完善的资本主义市场契约环境和法规监管体系，为研究型大学在组织和个体层面提供了有力保护，在成果维度 D_2 和服务维度 D_3 两方面同时着手防范合同风险。

在中介风险（R_4）方面，生态要素风险点主要集中在校、企、中介机构的关系（a_6）和中介服务机构的服务效能（a_8）两点。由于我国创新生态系统内的技术中介机构起步较晚，相关法规和支持体系尚不完善，因此其服务质量和能效需要在实践中逐步摸索和提升。类似日本"官产学"生态环境下的政府金融资助体系，还未在我国转化生态内形成。对于这类中介组织而言，"创业精神"是推动其生存和发展的主要动力。谈到此问题，实际上又回到研究型大学成果转化人才培养这一原点。因此，科技成果转化工作不仅是一个技术的迁移过程，更体现了创新主体的用人能力和对资源的调配能力。

小 结

科研成果转化的质量和效率已成为当代研究型大学和生产部门共同面临的紧迫议题。在我国，研究型大学科技成果转化的发展历程充满挑战，各种压力始终存在。早期加入这一创新生态的探索者们更是历经千辛万苦。为了尽可能还原诉讼风险的形成过程，本研究对 23 位曾涉及研究型大学科技成果转化诉讼的利益相关者进行了访谈。通过对访谈资料的细致分析，发现诉讼风险的形成受到生态系统中群落、成果和关系三个要素维度的共同影响，并在 10 个关键领域暴露出了明显的风险点。这些风险点往往因相关个体的风险行为而触发，从而将诉讼风险引入到科技成果转化的整个生态系统中。

然而，诉讼风险不应成为阻碍大学实现其"第三使命"的"绊脚石"。相反，创新生态中的每一个参与者都应积极地将诉讼风险治理视为推动研究型大学科技成果转化的核心任务。随着国家创新政策环境的持续优化和司法保护体系的日臻完善，研究型大学、企业以及技术中介机构必须加快思维的转变，加强对科技成果转化人才的风险常识教育和诉讼风险防范能力培训。同时，政府和有关部门也应继续加大知识产权司法体系的建设力度，为科技成果转化营造一个公平、透明、有序的社会生态环境。

第六章　发达国家研究型大学科技成果转化生态中诉讼风险防控经验

　　研究型大学科技成果转化及其相关的诉讼问题，一直是全球教育、产业和政府等各部门共同关注的现实议题。一些发达国家在科技创新领域已经逐步建立起较为完善的转化生态体系，并形成了内部的国家或地区级的创新生态系统，为后来者提供了宝贵的实践经验。我国的创新生态系统起步相对较晚，因此，分析和借鉴国外发达国家的转化经验，对我国研究型大学科技转化工作实现"弯道超车"具有重要意义。

　　本章主要回顾了主要发达国家的研究型大学科技成果转化模式，从法律制度、社会资源和研究型大学的科研管理等角度进行了历史考察，并以高校为例进行了案例分析，分析并总结了各国科技成果转化实践中遇到的主要的几类阻碍因素，并比较了各国在化解这些研究型大学科技成果转化风险时采取的策略。

　　首先，对发达国家在推动科技成果转化过程中的诉讼风险因素进行了表征分析，对各国政府、大学和产业主体在遭遇相关风险因素时所面对的法律制度、科技体制和科技治理以及相应的风险挑战与变动进行了深入剖析。其次，通过分析不同历史时期发达国家出现的典型科技纠纷案例，及两个研究型大学转化生态系统的风险防范经验，并结合各要素部门的协同治理经验，梳理了美国、德国、日本等发达国家研究型大学科技成果转化生态系统的培育历程，并勾勒出这些生态系统的总体轮廓。最后，结合国外经验，点明我国研究型大学可资借鉴的生态培育路径与方法。

第一节　发达国家研究型大学科技成果转化诉讼风险表征

　　有效推动研究型大学科技成果转化对于当代社会创新经济的运转至关重

要。有效的转化可以将创新技术及其系统性解决方案推向市场，推动新产品和新服务的高效与深度开发。然而，在与外部环境频繁互动的过程中，研究型大学往往会面临在固守原则和适应变化之间"两难择其一"的现实困境。

发达国家在特定的历史阶段也面临过科技成果转化诉讼风险的挑战。图6-1展示了美国研究型大学在高校治理中需要考虑到的风险因素。一方面，在政治和文化因素的影响下，一些国家的研究型大学未能充分利用科技资源，导致创新的聚集度不高，资源利用效率低。这使得产学研各部门无法持续创新输出。另一方面，从20世纪80年代开始，欧美发达国家在科技领域的预算逐年削减，以大学为主的研究部门不得不在科研经费上另寻出路。根据美国国家科学基金会（USNSF）发布的数据，2011年全美研究型大学的全年财政支出中，仅约5%用于支持与产业的协同创新。此外，有些研究型大学的诉讼风险治理能力有限，导致一些有潜在价值的成果被忽视，引发了大量高校科技资源的流失。

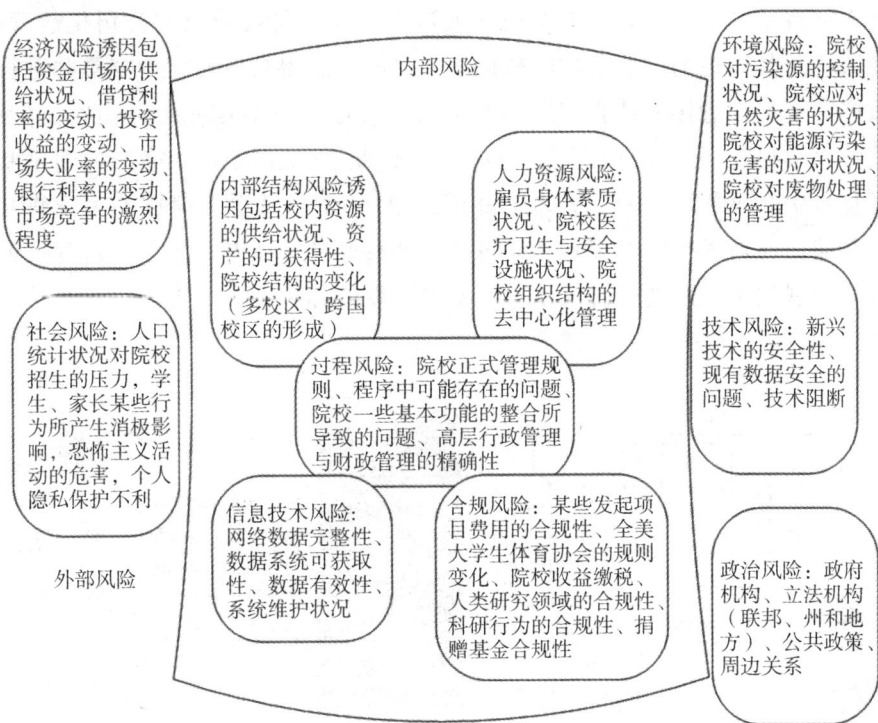

附注7：译自 http://www.ucop.edu/riskmgt/erm/hi_ed_nonprofit.html.（2012-05-02）.

图6-1　美国研究型大学管理面临的各类内外部风险模型

本节将参照国外研究型大学科技成果转化生态的发展历史，以及西方科技成果转化司法实践中遇到的典型案例，对引发国外研究型大学科技成果转化诉讼的风险因素进行识别。

一、行为风险

在高度市场化的科技创新管理体系下，西方各国研究型大学展现了科研创新活力。然而，由于市场的过度开放和自由，也为创新生态系统引入了大量的不确定性因素。这些不确定性因素使得研究型大学在与市场中的企业等生产部门交互时，需要承受行为风险以及因为治理不当而产生的次生风险。尽管如此，由于发达国家的科技创新始终处于世界前沿，其探索出的成果转化模式也相对更加成熟。如图 6-2 所示，通过总结各国研究型大学成果转化的经验，发现西方研究型大学目前已经形成两种较为成熟的转化模式。第一种是由研究型大学主导的"自主转化合作模式 I"。通过鼓励科研人员自主创业，研究型大学内部人员直接参与科技成果的公司化运营。在大学及其周边的创业机构的扶持下，将科技成果自主转化为产品并进行投产。例如，近年来蓬勃发展的大学创业公司（university startups），以及依托大学科技园与孵化园等创办的衍生企业（spin-offs）。第二种则是基于技术中介服务平台的"技术转移模式 II"。此模式下，研究型大学直接向企业进行技术推广和销售，通过技术转移办公室、专利服务平台等渠道直接开展技术扩散的相关活动，而参与研发的师生通常不会参与后续的商业化运营。

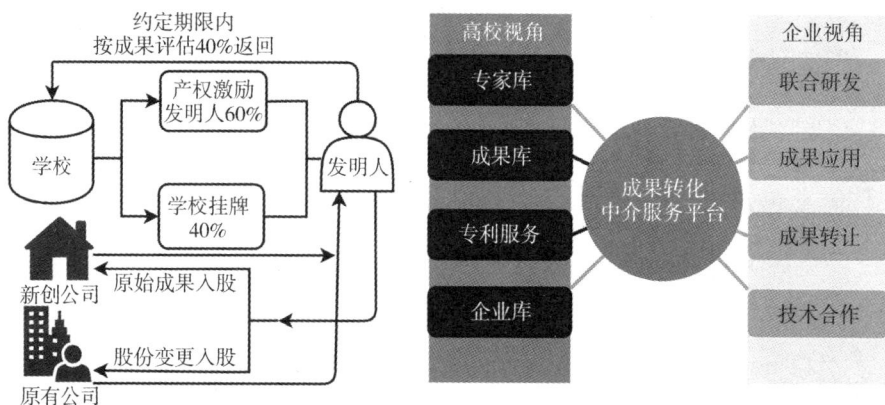

图6-2　基于创业的大学自主转化合作模式 I 与基于中介的平台转化合作模式 II

　　然而，与我国类似，在发达国家研究型大学中，内部科研人员和利益相关个体也存在由于不当行为引发的成果诉讼。在西方国家的法律体系下，大学通常被视为一类"非专利实施实体"，意指其拥有大量专利权，但并不自行实施这些专利，也不直接将科研成果转化为产品进行生产①。大学这类NPE与营利组织不同，并不直接参与对科技成果最终产品或服务的制造、营销和维护。这种不直接参与生产的传统反映出西方社会对大学的期待和定位——希望高等教育机构和其成员将主要精力投入教学、科研和社会服务中，而将科研成果的实施交给外部的企业等专门生产机构负责，使大学能够避免陷入商业化过程中的纠纷与诉讼。在这种体制内，大学的专利持有者面临着自主创业、通过中介交易或放弃转化三种可能选择。

　　1. 西方的大学技术转移政策改革使得研究型大学在"盲目转化"后，由于配套政策体系尚不完善而面临着发明人潜在的行为风险

　　随着《拜杜法案》的出台，美国研究型大学的专利权归属问题相较20世纪80年代前更为明晰。该法案赋予大学在转化实施中的"第一顺位"优先选择权（Elect Title），鼓励大学同其他非营利机构或中小企业建立合作，为受到政府资助的科技成果的转化提供了新的法律保护。同时，《拜杜法案》的设计也考虑到了其他可能的情况，同时保留发明人和联邦政府对转化工作的接管权。比如如果大学对于成果的转化工作表现出消极态度，或者干脆直接放弃转化，那么政府将及时介入（march-in），向专利的发明人询问其真实意愿。如果发明人希望自主推动转化，那么专利的所有权及相关权利将归属于发明人；如果发明人明确放弃，政府将会收回相关权利并指定由其他组织或个人开展转化工作。

　　然而，《拜杜法案》也带来了一些新的问题。随着美国大学专利转化的井喷式增长，高校的管理者发现自己已经无法有效地控制发明人的行为。一些储备专利被以不规范的方式交易给大学之外的机构，由此引发一系列诉讼案件，大学、发明人、企业和投资方之间的利益关系变得复杂且混乱。同时，由于监管不到位，大量的大学专利被某些"专利蟑螂"恶意地囤积，导致本来以增进社会福祉为目标的专利，成为"碰瓷"大学或企业的工具。

---

① Rooksby J H. Innovation and Litigation: Tensions between Universities and Patents and How to Fix Them [M]. Social Science Electronic Publishing, 2013: 327-328.

《拜杜法案》在激活大学科技创新活力的同时，也因配套法律的不完备而导致了大学专利诉讼数量的激增。在过去的转化实践中，发现发明人在申请专利后，常常对后续技术推广工作表现出消极态度甚至直接放弃。这种情况一方面是受到精英教育传统或外界负面宣传的影响，缺乏参与转化的积极性；另一方面，可能由于成果资助方（联邦政府）对转化权的严格控制，使发明人按以前的商业模式所获得的收益所剩无几，从而打击了他们的积极性。

2. 在提升转化效率的同时，改革后的转化体系也为大学带来了法律层面的行为治理束缚，这也意味着创新工作随时面临着法务行为层面的次生风险

如图6-3所示，《拜杜法案》在20世纪80年代的颁布和执行，一方面唤醒了大量的沉睡成果，激发了广大科研人员参与转化的意愿；另一方面，众多成果转化的实践工作也导致了大学频繁卷入诉讼案件中。这是由于美国研究型大学获得的国家经费支持的专利需要在发明披露后立即做出转化决策，但由于转化过程各环节衔接紧密，导致很多大学的成果转化项目因为应对不及时而产生了潜在的法务行为治理风险①。

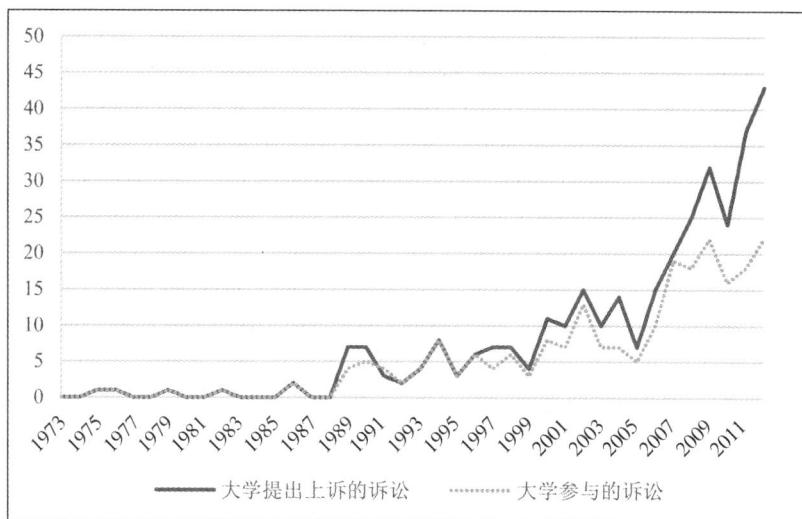

图6-3　美国研究型大学提起和参与专利诉讼统计情况（1973—2011）

---

① Lemley M A, Feldman R. Is Patent Enforcement Efficient? [J]. 98 B. U. L. Rev: 649-663.

作为拥有优先专利权的代价，美国的大学专利强制转化原则（university patent enforcement）要求受其资助的大学专利必须在设定期限内实现专利转化，否则将在超出该期限后收归政府执行。这就要求美国研究型大学的发明人必须履行转化义务，必须承担起自己参与的成果的相关转化责任。遇到专利转化的争议时，必须履行作为共同原告或第三人的职责，参与到相关的专利诉讼中。这会消耗大学和发明人的精力，甚至可能破坏大学与获得许可的企业之间的关系。该法案的制度设计使得研究型大学在进行转化时，无论采取何种方式都可能面临转化失败的困扰。

3. 对于参与创新过程中的各利益相关方的行为管理不当，可能会在经费的投入和使用上产生次生风险。该风险一方面体现在巨额专利维护经费的投入造成的经费浪费，另一方面，经费不足可能导致大学错过具有转化潜力的专利

为了降低法律风险，一些发达国家的研究型大学在围绕专利进行的知识产权保护工作上投入了巨额经费。例如，尽管美政府已经通过立法强调不允许将每年超过 710 亿美元的研究资金中的任何一部分用于申请和保护专利，但现实情况是，近十年来全美研究型大学在专利相关的法律费用上总共只投入了 4.25 亿美元，能够得到足够法务经费支持的高校数量相对较少（如图 6-4 所示）。这就意味着，尽管诉讼风险在增加，但由于大学必须自行解决经费来源问题。因此，对科技成果转化行为的治理压力也在日益增大。事实上，一些技术转化办公室的工作人员也承认，面对有限预算，专利及其相关资金负担令高校的科技管理工作面临巨大挑战。

对大学来说，专利相关费用是一笔巨大的支出。可以说，用于申请并保护新发明专利的资金永远都是不足的。据统计，超过 95% 的海外专利权并未得到足够的支持和保护，而所有具有潜力的成果中，只有不到 30% 能从申请状态转变为已授权的专利。另一个复杂的挑战是，由于保密制度的设计存在缺陷，大学在基因和软件等领域的研究成果往往无法得到有效的保护，这对于大学科研工作的良性运转带来了巨大影响。因此，可以说，面临法务经费持续增长的压力是欧美科技成果转化司法体制改革的副产品，其中可能引发的专利失效则是这种行为治理失败引发的次生风险。

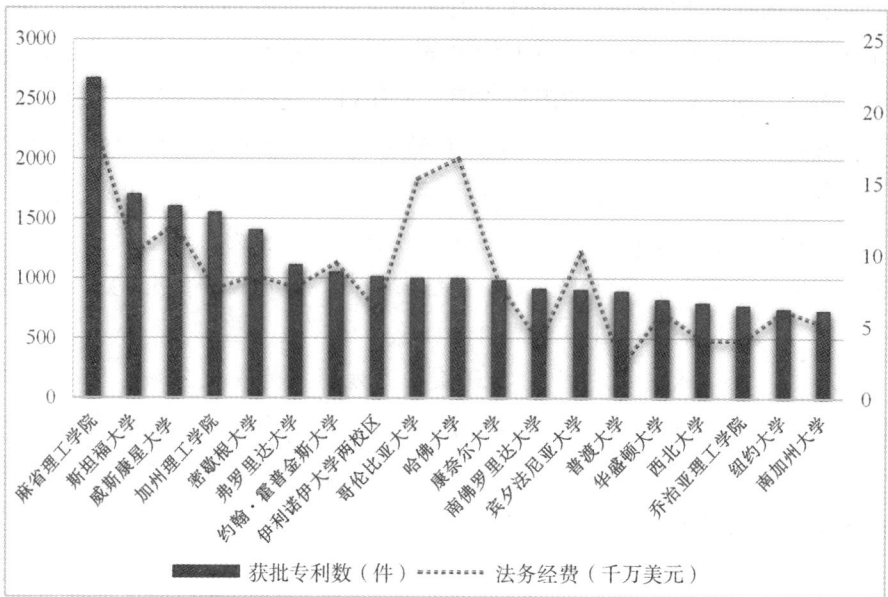

图例：获批专利数（件）、法务经费（千万美元）

附注 8：https://www.ipwatchdog.com/2020/04/07/evolution-university-technology-transfer/id=120451/.

图 6-4　美国 19 所研究型大学专利数与法务经费在 10 年间统计情况（2009—2018）

4.《拜杜法案》的政策实施客观上为研究型大学的科技管理引入了新的风险——市场风险

在政策实施之前，科技成果的转化权属机构相对单一。资方拥有科技成果的全部处置权，由政府或政府委托的机构主导实施。在这样的情况下，大学、院系、实验室和成果发明人与科技成果转化工作无直接利益关联，并无须对转化过程中的大部分法律行为负责。然而，由于政策的实施，研究型大学在 1980 年后面临复杂多元的市场环境，包括生源市场、学术市场、教师市场、技术服务市场等。这种复杂的环境对大学的管理带来了相较以往更为不确定的挑战。

市场风险为大学组织和科研人员带来了一系列次生风险。在宏观层面，金融和政治环境的变动可能导致大学的科技成果运营资金面临风险。例如，通货膨胀可能引发大学资产价值变动，从而使大学面临资不抵债、技术交易成本上升，甚至切断科研持续运作的资金链。再如，财政和金融政策的变动使美国大学在 20 世纪 60—80 年代的生存压力骤增，一些大学不得不通过提高学费、压缩培养成本等方式来维持科研部门的正常运转。

为了规避市场困境，国外的研究型大学中出现另一种转化方式，即大学将包含科技成果的所有相关权益一并"打包"，作价后进行转让（assignment）。然而，这一策略也同样存在潜在风险。首先，对于大学来说，很难衡量其成果的长期利益，尤其是那些处于技术初期阶段的潜力成果。其次，在面对商业环境高风险的特性时，许可方式赋予了研究型大学更灵活的控制能力，相比于丧失转化权的转让方式，这种方法更具主动性。最后，也是最为重要的一点，除了"专利转让给以专利管理为主要职责的组织"这一特例外，《拜杜法案》等相关法规强烈建议大学对转化权做出有限度的保留，与专利转化保持适当距离，从而为大学的发明人和大学机构自身寻求长期利益。

总结以上系列行为风险，为了推动国内大学科技成果的转移转化，西方发达国家出台了一系列政策。虽然在激发研究型大学师生的转化意愿方面取得了成功，但同时也受到了政策相对时效性和政策体系不完善的限制。当大学科研管理忽视这些行为风险时，可能会给大学带来额外的治理压力。

二、合同风险

受西方专利制度的影响，电子集成线路图设计、医药生产工艺等领域产出的大学科研成果极易遭受来自垄断企业的侵权行为的干扰，并且大学也缺乏有效的反制措施。威斯康星大学（WARF）与苹果公司间的专利侵权案是美国历史上赔偿金额较高的专利纠纷案之一。尽管此案年限久远，以至于专利有效期结束后双方在赔偿和许可等问题上仍未能达成共识。通过深入剖析案情，可以从中提炼出研究型大学在面临以这种专利争议为代表的西方法律风险时可能遇到的问题。下面将简要回顾案件基本情况，并分析该案中暴露出的两类主要风险。

【案例2】威斯康星诉苹果专利侵权案

2014年，威斯康星大学校友研究基金会（WARF）起诉××科技公司，指控后者侵犯了1998年由大学申请的"预测电路"专利。在举证过程中，大学方面指出，这项专利是由三位科学家在学校任职期间共同发明的。该项技术可以令计算机处理器更为高效地运行指令集，从而提升芯片的性能并降低能耗。学校进一步诉称，××科技公司在其×× 5S、××6、××6 Plus和某些产品的处理器中，未经授权使用了这项名为"基于表格下并行处理计算机数据预测电路"的专利技术（US5781752），并因此提高了处理器的运行效率。然而，苹果并未在其设计和产品生产中对此提供任何技术引用说明，更没有为此支付任何形式的专利使用费。

值得一提的是，WARF 早在 2009 年就曾因该项专利被侵犯而起诉过另一家科技巨头——美国英××公司。在那次诉讼中，英××选择在开庭前支付了 1.1 亿美元专利许可费用，从而获取威斯康星大学的技术许可，双方最终达成庭外和解。威斯康星大学在此后的专利有效期内，持续获得了相当可观的许可费收入。

在针对××科技公司的诉讼中，威斯康星大学的诉求是，××科技公司在支付专利许可费之前，需停止所有涉及该专利技术的芯片产品的一切销售行为。这将使得××科技公司所有使用该专利技术的芯片产品无法在本土或海外销售。然而，在 2015 年 10 月 16 日的判决中，陪审团裁定××科技公司需要向 WARF 支付 2.34 亿美元的专利权侵犯赔偿金，并且在庭审结束的进一步侵权考察中，这一金额提高至 5.1 亿美元。尽管如此，××科技公司仍旧以"此项专利技术在 CPU 设计行业并无特殊性可言"为由，对判决进行了上诉。

接下来，案情出现了反转。美联邦巡回上诉法院（Fed. Cir.）在审理后认为，根据 2015 年提交的证据，任何一个"理智"的陪审员都无法断定苹果公司存在侵权行为，原因在于该项技术并不具有非显而易见的（particular）的特性。××科技公司在开发相关产品时并没有明显的侵权行为，因此法院最终判定无须支付赔偿。WARF 对此结果表示不满，再次向最高法院提起上诉，但是最高法院支持了巡回上诉法院的判决。

尽管有传言称，WARF 同意接受调解，校方将获得 2.34 亿美元的赔偿。然而，即使这笔补偿额度巨大，但苹果公司通过该项技术赚取的潜在利润已经远超这一金额。据统计，苹果公司仅 2015 年上半年每日净利润就达到了 1.347 亿美元。对于高校来说，即使胜诉，所获赔偿仅相当于公司大约 42 小时的净利润。目前，该案的诉讼进程并未结束，威斯康星大学仍在继续准备起诉苹果公司及执法部门。

（资料来源：Westlaw 数据库中的判决报告，WARF 官方网站以及外国媒体报道等材料①）

---

① Wisconsin Alumni Research Foundation. Bid to flip Apple ruling seeks to check patent court's power [EB/OL]. [2019-07-15]. https://www.warf.org/news/bid-to-flip-apple-ruling-seeks-to-check-patent-courts-power/.

此案的长期审理过程揭示了西方司法制度下，针对高校专利侵权案件中存在的两个重要法律事实的认定难题。如果对这两方面不加以重视，将在研究型大学的专利侵权事件中留下不确定性的风险隐患。

第一个因素是研究型大学在专利布局和法律事实认定上存在相对滞后的法律观念和管理思维，这可能导致高校的科研转化思维与具体现实脱节。以"US5781752"为例的集成电路设计图专利，其属于在密集空间内进行高密度晶体管排布设计的尖端科学设计。在现行专利制度下，如果在专利申请中单纯依靠电路图进行详细描述的方式是不现实的。因此，实际操作中，发明人通常会采用功能性描述来界定电路设计的权利保护范围。这种功能性描述较为抽象，可能为专利埋下侵权隐患，并给寻求利用相似设计路线的企业提供可乘之机。

在本案中，苹果公司认为，基于该技术路线的处理器所采用的指令集语言与专利中所描述的有所不同。实际上，该专利在研发时并未基于与苹果公司相同的指令集进行设计，而且专利的申请文档中也并未基于业内常见的几类指令集分别详述设计路径。这为不同系统语言平台的其他芯片研发商留出了技术路线上的移植漏洞。

在庭审辩论中，苹果公司巧妙地抓住了这一专利描述的漏洞，并主张该专利的设计思想具有"普通性"和"可预见性"，因此，苹果公司在技术开发过程中，不应因为采用了"常规"设计思路而被指控侵犯了其他平台上拥有相同设计逻辑的专利。可以说，WARF处于难以自圆其说的尴尬境地，是专利申请时的时代局限性，以及对专利"独创性"的认识偏差这两方面原因共同导致的。

然而，在审理过程中，巡回上诉法院不恰当地引用了"非显而易见性"原则，使得在事实认定中忽视了该专利设计思想对后续技术的重要影响。根据美国《专利法》（*US Patent Law*），技术要想获得专利授权，需要同时满足新颖性、实用性以及非显而易见性三方面条件。该法第103条（a）款规定，如果新技术和已有技术之间的区别仅在于这种新技术在本领域的技术人员看来是显而易见的，那么这种新技术就因为其显而易见而无法获得专利授权。非显而易见性的评价标准一般是，当专利仅仅是将旧元素按照新的方式组合在一起，而这些要素在新的组合下发挥出了已知的相同或相似的功能，则这种组合方式并未产生超出一般社会预期的结果，那么这种对旧元素的新组合方式就不能视为是非显而易见的。

在本案中，法院否认侵权的依据就是该设计并非"非显而易见的"，换言之，这项技术是苹果公司通过旧元素的重新组合所能预期实现的，没有达到"出乎意料"的程度。然而，巡回上诉法院实际上在对该专利的判断上犯了"事后诸葛亮"的错误。他们的认定没有考虑到苹果公司以及庭审调查官是基于对该技术方案的充分理解后，在事后（hind sight）做出的判断。这种前人对后人在设计理念上的影响，在编写专利设计方案时，不可避免地会受到时代的限制。尤其是在本就符合"摩尔定律"的晶体管布局设计领域，随着技术迭代的日新月异，肯定会对后续设计研发产生影响。而法官站在事后的角度，宣称一项仍在时效期内的"旧"专利已经不再"新颖且独特"，实际上是对专利制度背后体现的尊重创新精神的一次直接否定。

第二个因素是美国法院审判效力的等级性与诉讼规则的特殊性，在一定程度上导致研究型大学在应对成果诉讼问题时经常处于被动的不利局面。一方面，由于各级法院的审判效力不同，大学在与拥有成熟诉讼经验的企业开展诉讼时可能面临知识财产和诉讼经费两空的尴尬局面。本案最初的审理地点是威斯康星地区法院。由于司法制度与大陆法系有所差异，法官必须在听取陪审团意见后做出判决。该案件初次审理的陪审团成员均为威斯康星当地人士，难免在做出有利于大学的裁决后受到各方的质疑。而案件到巡回上诉法院后，该院认定公司不存在侵权事实，因而判定无须提供任何赔偿。即使后来 WARF 向最高法院提出抗诉，法院依然直接驳回来自大学方面的赔偿请求。地方法院的裁决效力无法与巡回法院相抗衡，但是多级诉讼给大学带来的时间和经费方面的浪费却无法得到弥补。

另一方面，专利的时效性设定给一些企业提供了在时效方面钻空子的机会。威斯康星大学早在 1996 年就提交了专利申请，并在 1998 年获得专利授权。但由于专利制度的限制，此专利在 2015 年即将失效。这种情况下，一些企业铤而走险在"临期"阶段进行侵权行为，企图在专利公开前提早进行商业布局。这无疑揭示了一些企业在利益驱动下对专利权的蔑视，同时也反映出西方国家专利保护在制度方面存在的问题。

此外，大学和企业在转化动机上的差异也同样值得关注。表 6-5 展示了 Andersen 和 Rossi 针对英国研究型大学在知识转化技术中可能遇到的障碍进行的调查结果①。从这个调查中可以清晰地看到，知识产权意识淡薄、合

---

① Andersen B, Rossi F. Inefficiencies in markets for intellectual property rights: experiences of academic and public research institutions [J]. Prometheus, Taylor & Francis Journals, 2012, 30 (1): 5-27.

同签订与履行不当、信息透明度不佳等因素，都给英国研究型大学在专利保护工作上带来了挑战。一些学者指出，尽管像英国和法国等国的研究型大学科研系统在全球范围内生产力领先，但过时的生产力评判标准让大学的科研管理部门对自身科研系统的实际创新力产生误判。根据当前英国研究型大学的传统评价体系，仅仅通过发表的论文数量来判断科技成果转化的成功程度的做法已经无法适应世界的发展步伐。此外，对知识产权认知的不足也给转化带来了一定的风险。实际上，西方研究型大学曾经有一段时间忽视了科技成果知识产权转化所涉及的法律知识的普及工作，这种情况直到 20 世纪 90 年代才得以改观。

表6-5　英国研究型大学知识产权转化在技术层面的障碍因素

障碍类型	具体内容
专利搜索	产权所有人难以定位； 产权转化方难以定位； 从所有成果中挑出最匹配的成果有难度
透明度	难以评估知识产权的新颖性或独创性程度； 专利文件的清晰度（解释力）不足； 产权作价的难度
合同签订	知识产权转化价格的谈判存在困难； 在与价格无关的合同条款沟通方面存在不畅
合同执行	合同执行费用过高； 信任问题（机会主义行为、搭便车或其他类似行为）
合规性	不同公司之间在实践方面的差异； 法律规定过于排他； 国际法规无法适应不同地方市场的具体实践

附注 9：总结自 Andersen 和 Rossi 在 2012 年发表的研究。

三、技术风险

在欧美国家的司法与文化体系下，研究型大学的科技成果转化存在明显的技术障碍。这些技术层面的不足已经构成了对大学科技成果转化的潜在威胁。依据相关文献和前述章节的梳理，发达国家研究型大学科技成果转化诉讼的主要风险来源如下。

首先，西方一些国家的研究型大学的研究人员对技术风险的认知能力较低，这为成果转化带来了错失转化机会的风险。例如，英国研究型大学的创新人员具有"不公布专利"的传统。尤其在 20 世纪 60 至 80 年代，由于政府部门直接削减科研经费，英国大学每年放弃了约 600 个可转化的一流成果[①]；另一方面，经费短缺使得大学管理者要求教师加大科研方面的精力投入，导致一些一流研究型大学出现学术与研究失衡的"学术漂移"现象[②]。这可能会阻碍政府这一投资方获得大学所有受保护的技术，这种担忧在英国教育界已经得到广泛的确认。因此，英国学者也指出，科研人员应该意识到申请专利并不代表创新成果不宜公开，只有找准市场定位并加强专利披露，才能把辛苦研发的创新成果转化为实际的社会贡献。

其次，产业界对研究型大学创新能力存在质疑，即信任风险。以英国为例，由于研究型大学科技成果转化的发展起步较晚，英国企业已经形成了依赖其他国家研究型大学的技术引进。换言之，英国工业界对本国大学的技术创新力失去了兴趣，甚至持怀疑态度。虽然英国也试图通过国内外宣传来提升本土大学的科研形象，但收效并不显著。

最后，技术资金的持续供给存在着不确定性风险。自 20 世纪 80 年代以来，由于国际局势和英国经济活力的走低，英国研究型大学获取研发资金的来源和经费数额的不确定性加强。而经费的整体短缺也使得大学对成果转化的支持力度降低，投入减少[③]。

四、中介风险

西方研究型大学面临的中介风险与我国有所不同，这主要归因于他们普遍存在的"专利流氓"现象。尽管技术中介制度起源于西方，并且在一些西方发达国家的国家创新体系中发挥了重要作用，但总体来看，一些技术中介机构实际上扮演了生态系统中的"专利蟑螂"角色，通过诱骗高校与非真实的企业签订成果转化协议来骗取大学专利。这种由中介机构引发的成果转化问题不仅降低了大学的社会声望，还增加了大学和企业的涉诉隐患。

所谓"专利蟑螂"或"专利流氓"，是以技术中介机构身份为掩护的一

---

① 易红郡，缪学超. 战后英国高等教育政策决策过程、影响因素及特点分析 [J]. 大学教育科学，2012（02）：40-45.

② 陈欣颖. 英国研究型大学教学与科研协同育人机制研究 [D]. 福州：福建师范大学，2020：24.

③ Davey T, Rossano S, van der Sijde P. Does context matter in academic entrepreneurship? The role of barriers and drivers in the regional and national context [J]. The Journal of Technology Transfer, 2016, 41（6）：1457-1482.

类"非实施主体"（non-practicing entities，简称 NPEs）。这类公司囤积大量的校园专利，其根本目的并不是推动创新产业化，而是通过专利诉讼或强制授权的方式"碰瓷"大学或企业，从中索取暴利。从成果转化生态视角来看，这类组织并没有对整个生态产生创新和转化的积极影响。比如，智明资本（intellectual ventures）就是一家典型的"专利流氓"公司，它曾通过不正当手段在 21 世纪初以每年积累超过千件专利的速度来扩大其专利池。但是，该公司囤积专利的目的并不是销售或实施这些创新成果。这种"中间商"或者说"技术黄牛"的行为，已经偏离了"技术中介"提供中介效应支持的设计初衷，反而成为美国乃至西方发达国家科技成果转化诉讼风险的重要源头。

中介风险的另一重要来源是西方发达国家技术转移办公室（TTO）的效能不足。Jensen 和 Thursby 研究了美国 TTO 的中介效应认为，相较于员工因素和高校管理因素，这类中介机构在转化生态中的独特贡献在于平衡大学和产业间的利益①。在这个过程中，TTO 不再仅是大学单方面利益的代理，而是需要在成果交易中充分吸收企业的合理诉求。但由于中介效能的差异，一些技术中介机构可能难以在维系校企群落关系时充分平衡双方的利益，这会使中介效应无法完全发挥。

此外，通过分析涉诉数量的影响因素，发现美国大学 TTO 的员工数与大学涉诉案件数量之间存在关联。Shane 和 Somaya 研究了 116 所研究型大学在 1991 至 2000 年间的面板数据，发现这些大学 TTO 的平均员工数为 8.5人，而那些顶尖研究型大学和普通高校之间的技术转移职员数量竟相差数十倍。由于一些研究型大学的 TTO 规模较小，而这些学校通常会选择与一些小型企业进行合作，这使得 TTO 的工作负担显著增加，从而增加了大学被连带涉及诉讼的隐患②。

从生态学的视角来看，技术中介机构能够促进生态中产权、知识和资金的"能量"流动，这些非必需的因素需要得到妥善配置和适当干预才能充分发挥作用。但是，如果中介机构不能在创新群落中起到"润滑剂"的作

---

① Jensen R，Thursby J，Thursby M. Disclosure and licensing of University inventions："The best we can do with the s * * t we get to work with"［J］. International Journal of Industrial Organization，2003，21（9）：1271-1300.

② Shane S，Somaya D. The effects of patent litigation on university licensing efforts［J］. Journal of Economic Behavior & Organization，2007，63（4）：739-755.

用，将会引发研究型大学和企业之间的冲突，给双方带来负面影响。因此，可以认为技术中介机构在研究型大学科技成果转化生态中的作用并不仅仅局限于中介效应本身；不适当的介入也可能额外加大转化合作的诉讼风险。

第二节　发达国家科技成果转化生态系统的培育

西方发达国家在"二战"后半个多世纪的发展过程中，已经探索出了适应各国市场生态的科技产业链条，形成了各具特色的多样化创新生态系统，建立了较为完整的国家科技成果创新体系。实践证明，通过建立与完善多方参与的科技成果转化系统，能够直接推动一个国家或地区经济的高水平发展。同时，积极构建研究型大学科技成果转化体系，可以帮助高等教育的社会贡献力向着更高水准推进。

在"科技成果转化"概念出现之前，技术创新与知识转化的过程就已广泛地存在于西方国家的生产领域。无论是 18 世纪中叶，通过棉纺织工艺、动力工程和交通工程等技术革新实现了第一次工业革命的英国，还是通过扩大机器化生产规模和建立工厂制度来推动第二次工业革命的美国，西方国家在金融业发展和城市化探索中，逐步提升了科技成果的发明与转化能力。总的来说，发达国家科技创新的动力主要源于各国产业界对"实用知识"的需要，这种需求也为科研兴国与教育强国之间的互动提供了不竭动力。

一、美国科技成果转化生态系统培育经验

美国能够在短短几百年内实现国家综合竞争力的追赶和超越，与政府重视科技创新和高教建设的发展战略密不可分。美国的研究型大学对科技成果转化机制的探索与完善经历了一个逐步演进的历史进程。

从成果所有权的策略演进来看，美国联邦政府在不同的历史时期适时地主导了美国高等教育的改革，因此将务实的高等教育理念推向世界。如《莫雷尔法案》《退伍军人法案》《史蒂文森·威德勒法案》和《拜杜法案》等政策法规的颁布和实施，逐步地打破了创新的壁垒，为研究型大学科技成果转化体系在资金、人才、市场、技术开发和利用等方面提供了制度性保障。

1. 在群落要素层面，推动政策环境、法律环境和生产资料环境的联动

与民间创新的科研发展相比较，美国研究型大学是科学研究的"后来

者"。从殖民地时期到《独立宣言》发表之前，其科学技术主要依赖于欧洲移民的输入，通过移民定居过程中带来的农业、建筑业和手工业技术，完成了各行业技术的初步积淀。该时期北美大陆尚未建成拥有科研能力的高等学府，所以当时的科技创新条件相对较原始，技术创新和转移主要发生在各传统行业的内部，并通过人员流动实现知识的传播。

首先，在行为风险方面，美国研究型大学通过实用主义哲学和个人主义思想，奠定了以生存为导向的行动理念。受实用主义哲学的深刻影响，北美民间萌发出强大的科技创新能力。尽管北美最初的高等教育机构都是仿照欧洲大学的精英教育模式建立的，但是，受上述思想的深刻影响，美国大学始终追求服务于实效和自立的大众需求。克拉克·克尔认为，美国大学的根本使命就是在社会改革发展进程中不断反思和重新锚定其方位，而非一味地坚持传统①。这种思想导致该国研究型大学有别于欧洲大学，消除了校园内部对创新的抵触情绪。

其次，独立危机给大学创新工作带来了原始风险，但同样也催生了科学联合体。在英美战争爆发后，出于维护统治和军事发展的需要，北美的技术先驱们通过组建职业行会团体，逐步形成了职业化的科学共同体，并联合发明人和技术专业人员一起创立了国家级学会和行业协会。例如，美国钢铁协会（American Iron and Steel Association）等机构充当了行业知识的提供者，并逐步发展成为组织、协调和直接从事研发工作的技术创新型组织②。总的来说，美国的产业创新主要依靠各行业的民间力量自发组织而逐渐形成，这些学术共同体在国家早期的国家创新体系中扮演了重要角色，帮助各行业建立了科技创新和内部成果转化的框架雏形。

再次，通过给予宽松的创新环境，建国初期的美国高等教育科研体系建设实现了稳中求进，为后来研究型大学的发展打下了良好基础。受到联邦成立初期资源匮乏和生产力不足的影响，该国采取了以经济发展为导向的自由主义发展模式，并没有过多干预国家高等教育体系的建设。这一时期，其研究型大学的科研体系主要受到早期由欧洲学者引入的"新式"教育观的影响，使大学逐步发展成为世俗化、知识化的智力场所。直到19世纪40年代之前，美国本土还是以农业为主的种植园经济模式，棉花田和纺织工坊成为

---

① 克尔.大学的功用［M］.陈学飞，等译.南昌：江西教育出版社，1994：85.

② 浦文昌.行业协会商会在国家创新体系中的地位和作用——基于国外典型案例的讨论［J］.中共浙江省委党校学报，2017，33（02）：24-31.

当时农业技术研究和扩散的主要场所。

最后，专利保护精神的传承为美国研究型大学的知识生产提供了法律保障。尽管该国提升技术创新能力的历程经历了数个世纪的漫长发展历程，但是受到欧洲大陆资本主义萌芽阶段专利制度的启发，该国国民自建国初期就已形成了强烈的知识产权保护意识。对知识产权保护的法律理念来自英国的移民，但与英国专利制度中王室的"授予"（grant）机制不同，美国宪法要求国会应当"确保"（secure）发明人在一定期限内对成果或发现拥有独占权，从而将传统体系下"来自皇家权威的认可"转变为"来自各州人民授权并提供法律保护"，并重新为发明人通过创造获得经济价值确立合法性。

美国学者巴恩斯曾经倡导，"每一个美国人的创新成果都应受到宪法权利的保护"。为了实现这一目标，华盛顿总统于 1790 年 4 月签署了联邦首部《专利法》。自诞生之日起，这部法律就致力于保护创新成果的利益，并在实践中不断进行修订和完善。为了解决专利工作实践中的审批授权问题，众议院在后续的几年委托专门委员会对《专利法》进行重新起草和修改，引入了专利注册制度以取代原先的专利审查制度，极大简化了专利的认可流程。1793 年发布的第二版《专利法》还同时规定了发明权转让制度①，鼓励有经营能力者通过发明人转让授权的方式获取实施专利的资格，从而激发出大量专利的市场价值。

在联邦政府成立的一段时间内，美国大学创新事业所面临的主要风险因素是种群内部对有限土地资源的竞争。1862 年，《莫雷尔法案》（*The Morrill Act*）的颁布和随之引发的赠地学院（land-grant colleges）运动，都体现出了美国推动国内大学向世界科研顶尖学府德国洪堡大学借鉴的决心。该方案将各州的 10000 英亩政府土地无偿赠予各个州政府，旨在帮助兴建或改建至少一所州公立大学，从而支持"农业和机械技艺的发展"。在一段时间内，联邦各州的研究型大学掀起了一股规模颇大的兴建与改革浪潮。截至 1922 年，"赠地大学"的数量已经达到了 69 所，这些大学后来以州立大学的身份为美国的百年经济腾飞提供了持续的科研支持。

《莫雷尔法案》的颁布被视为联邦政府在创新生态培育中对高等教育领域的首次大规模介入和干预，这是一次将成果、群落与关系要素有机融合的重要改革。受益于《莫雷尔法案》，一方面，物理学、医学、农业科学及其

---

① 韩蕊. 美国专利制度的历史演进及其对技术创新的影响 [D]. 华东师范大学, 2006: 16-18.

他领域的前沿科技及相关学科得到了发展。在人才培养方面，《莫雷尔法案》为各州提供了大量的入学机会，并在上述研究领域提供了许多攻读博士学位的机会，以低学费和高资助的方式帮助更多来自少数族裔和工薪阶层家庭的学生获得接受高等教育的机会。另一方面，它为科研提供了多元的经费来源。赠地学院拥有当地县财税、联邦经费和州政府经费三个主要来源，并同时接受工业、商业和私人基金会的资助，使得后来的州立大学在科研经费方面得到充足保障。

《莫雷尔法案》激发了大学对社会提供技术服务和技术人才培养的潜能，并引发了一系列政策的出台。为了更好地支持农业技术向公众推广，1887 年通过的《哈奇法案》首次提出了"农业试验站"项目，要求政府通过资助这个"中转站"来加强"赠地学院"与当地农业部门的联系。农业试验站的建立使得赠地学院"教学—科研—推广"的三项职能得到了融合，让校园中的农业科学家能够及时掌握生产前沿的动态，通过教学发现问题，使教学工作与科研、技术服务之间形成互相促进的积极发展态势①。在此基础上，农业部发现，"赠地学院"可以在其技术普及职能之外，进一步拓展农业职业教育服务，帮助农民通过接受正规教育更好地吸收来自大学的技术资源。另一方面，农业试验站在实践中也暴露出拨款不均衡、农场主缺乏积极性、站点研究功能不明确等问题，为农业科技成果政策的修订提供了证据。

1914 年，国会通过了《史密斯里弗法案》（*Smith-Lever Act*），将农业推广服务（agricultural extension service）这一由政府资助的农业技术转化服务确立为受到官方认可和立法保护的校外教育类公益服务机制。农业部与赠地学院联合推出了"合作推广服务项目"计划，通过在地方政府、社区领导、家庭、学校官员和个人之间建立沟通机制，帮助解决当地居民面临的各类民生问题②。农业推广服务可以被视为美国科技成果转化体系的前身。该机制在技术人才培养、资金筹集和技术推广三方面统筹兼顾，在不强调科技成果商业化的历史阶段，能够最大限度地帮助农业领域的大学科技成果推向学校所在的社区，使得研发成果以人才和技术服务的形式得以转化与落地。然而，这一时期"科技成果转化"的含义与当今相比更为原始和朴素，一些

---

① 王雨婷. 论 19 世纪末 20 世纪初美国的农业试验站 [D]. 成都：四川师范大学，2017.

② 胡紫玲，沈振锋. 从《莫里尔法案》到《史密斯—利弗法案》——美国高等农业教育的发展路径、成功经验及其启示 [J]. 高等农业教育，2007（09）：86-88.

学者将这种原始的转移过程视为大学向外部的"非正式自发转化行为"，该行为受制于行业技术的特性，缺乏向其他领域推广的普适性。当然，这一时期农业领域的技术难度和转化复杂度不高，技术转移的形式较为简单，技术受众广泛且转化门槛较低。因此，科技成果转化体系在"萌芽期"的发展存在传播速度快，但知识及其专利保护力度不足等特点。

在公立研究型大学大力发展科技创新职能的这一时期，教育界的另一股力量——私立大学也在科技创新方面积极探索自身的发展路径。1876年，约翰·霍普金斯大学的建立标志着美国第一所研究型大学和世界第一所现代研究型大学的诞生。在多元化高等教育并行发展时期，除了鼓励社区学院以增加劳动人口和提升劳动技能水平，政府也积极探索大学教学之外的研究职能，引导具有顶尖科研能力的大学拓展其研究生教育。

与其他传统的私立大学不同，约翰·霍普金斯大学通过引进创新型的人才培养和激进的科研资助竞争体制，成功地激发了大学的科技创新能力。该校前任校长布罗迪曾表示①，该校在成立之初就摒弃了"旧的教育方式"，并且相信学生不应拘泥于只学习伟大的经典（great books），而应该为未知问题的挑战做好准备。为此，他们要求课程设计与传统私立大学有所区别，着重于提升学生的思辨、推理、发现和解决问题的能力，引导学生在创新过程中学习。

在科研资助方面，约翰·霍普金斯大学也进行了革新。面对资金支持持续减少的挑战，像约翰·霍普金斯大学这样的私立研究型大学引入了经费竞争机制。这类院校对学校的科研人员在各自领域的前沿性提出了要求，这种基于价值评估的（merit-based）拨款方式相较于同时期欧洲大学的直接拨款模式，更能够激发大学教授的科研活力。

到20世纪初，像约翰·霍普金斯大学这样的本土研究型大学已经达到20所。这些研究型大学的出现，为联邦大学基础科学研究中心的确立奠定了基础。这使得一些高度重要的领域，如国防、医疗和航空航天等前沿课题得以汇聚到研究型大学集中研究。随时间推移，越来越多的官方和民间资金开始向大学注入。研究资金和科研产出之间互相促进，确保了美国百年在科研和大学领域能够处于世界领先位置。

---

① 布罗迪，王晓阳. 美国研究型大学的使命与管理——约翰·霍普金斯大学校长布罗迪访谈录［J］. 清华大学教育研究，2009，30（01）：1-7.

2. 在关系要素层面，通过引入技术中介组织来分担大学的市场压力

专利代理机构融入成果转化生态系统，并成为服务群落的领路人。1925年，威斯康星大学设立了专门负责学校专利事务的机构——威斯康星校友研究基金会（Wisconsin Alumni Research Foundation，简称 WARF）。该机构自成立之初就致力于帮助大学科研人员和毕业生校友进行专利的营利性运营。近一百年来，WARF 通过帮助会员签订专利许可和实施合同，为学校和个人带来了可观的收益，并且持续为学校的师生提供研发基金资助①。WARF 作为一个具有独立法人资格的机构，下设市场分析、金融服务、知识产权管理、合同与许可等专业化部门，其专职人员均是各自领域的资深专家。

WARF 的成功在很大程度上得益于其在学校和市场之间的中立性，以及其专业性带来的对市场的敏锐洞察力。一方面，WARF 的专利顾问团队和市场部门可以及时跟踪校内的科研进展，帮助参与科研的教师和学生申请专利，并对具有市场前景的技术专利进行价值评估和许可可行性研究。另一方面，作为第三方机构，WARF 能够在大学和市场之间起到桥梁作用，保护研究人员学术旨趣的纯粹性，防止他们被商业利益驱使。针对收益部分，扣除运营成本后，WARF 将悉数返还校方，避免了大学自身资本运作可能带来的学术腐败和功利化倾向。然而，由专利权属引发的利益冲突，也使得该基金会在专利运作过程中受到了来自学术界、商业界和政府等各类利益相关方的质疑，在一段时间内并未能充分发挥作用②。

在经济"大萧条"和世界动荡局势的历史背景下，为了鼓励科研项目的推广转化，并保障相关方的利益分配，一些重点研究型大学开始探索制定大学专利政策，以加强技术转移改革工作。可以看到，在 20 世纪初，这些研究型大学并未建立起一套完整的知识产权政策体系，因此科技成果的专利化运作长期处于不断尝试和摸索的过程中。例如，为了帮助麻省理工学院（MIT）度过财政危机，该校时任主要领导康普顿校长和布什副校长建立了专利政策制定委员会。他们通过与致力于推广科学技术的外部"研究公司"进行合作，使学校开始要求新技术必须及时向外部公开披露，并通过中介机构实现大学科技成果的商业化运作。为了规范合作各方的行为，专利政策还要求在披露专利时必须明确科技成果的所有权，即所有受到学校资助的专利

---

① 施冠群，刘林青，陈晓霞. 创新创业教育与创业型大学的创业网络构建——以斯坦福大学为例 [J]. 外国教育研究，2009，36（06）：79-83.

② 武学超. 美国研究型大学技术转移政策研究 [D]. 西南大学，2009：18-25.

均归属校方。同时，由合作公司保证专利能够得到最大程度的授权和许可，防止科研成果因为公开发表或消极转化而丧失商业价值。麻省理工学院的这套专利政策在实践中获取了来自社会各方面的广泛认同，进而引起了像普林斯顿大学、哥伦比亚大学等知名研究型大学的竞相模仿。

"二战"的爆发重新激发了实用主义的需求，从而推动了美国的研究型大学走向军事科技研发的最前沿。与此同时，战争的进程也深刻地重塑了美国创新体系的整体框架[①]。首先，学术研究公司的规模经历了显著的扩展，这为大学将发明转化为专利提供了可能性。同时，多个联邦部门作为研究资助方，通过政策手段积极推动研究型大学专利的合法化，确保转化的过程得到法律的保护。大学也被赋予与外部公司合作转化的权利。如表 6-6 所示，在这一历史背景下，从 1946 年的仅 6 所发展到 1976 年的 272 所，研究型大学通过签订发明管理协议的方式，将技术转移管理的任务"外包"（out-sourced）给了学术研究公司等科技服务机构。

表 6-6　1946—1976 年与研究公司签订发明管理委托协议的美国大学统计情况[②]

年份	与外单位签订发明管理协议的大学数量
1946	6
1951	44
1956	89
1961	134
1966	189
1971	238
1976	272

"二战"结束至美苏冷战的相当长一段时期内，一些美国的研究型大学依然选择将技术转移的操作权限打包给校外独立的科技服务机构，这导致大学的专利管理工作与大学的核心管理职能持续保持隔绝（insulation）。同时，也有其他大学在积极探索符合自身发展的技术转移策略，但真正实施政策变革的院校数量并不多。特别是那些主要由联邦某一部门资助的研究型大学，

① Mowery D C. The changing structure of the US national innovation system: implications for international conflict and cooperation in R&D policy [J]. Research Policy, 1998, 27 (6): 639-654.
② David C, Mowery, et al. University Patents and Patent Policy Debates in the USA, 1925-1980 [J]. ICC, 2001, 10 (3): 781-814.

其科研成果往往由资助方直接管理，学校则失去了转化工作的自主管辖权。

由于专利政策模糊不清，以及缺乏针对私人部门资助科技成果的统一政策约束，大学在实践中经常触及各方利益底线，导致专利转化效率普遍不高。而那些成功转化的专利又经常使大学卷入专利诉讼的旋涡。这种恶性循环进一步加剧了研究型大学及其科研人员在技术许可意愿上的分歧。

除了校园外部的科技服务机构，第二类重要中介组织成员便是研究型大学内部衍生的技术服务部门。该部门致力于在大学与企业之间搭建信息沟通的桥梁，并在科技成果转化生态中扮演"润滑剂"的角色。为了实现这一目标，美国的政府与民间团体携手合作，相继成立了官方或民间的技术转移中介组织。

在北美大学的技术转移中介组织中，斯坦福大学于 1970 年创立的"技术许可办公室"（Office of Technology Licensing，简称 OTL）是最具代表性的成功案例。斯坦福大学开创了将科技成果转化全链条相关工作整体委托给专门机构进行专业管理的先河。具体而言，斯坦福大学的 OTL 负责承接学校内教职工和学生提交的需要及时披露的发明（invention disclosures），通过专业评估判断这些发明的商业潜力和许可时机。对于有潜力的科技成果，OTL 积极协助师生实施商业转化。在扣除运营成本后，OTL 将特许权使用费（cash royalties）按约定比例分配给发明人、所在院系以及斯坦福大学校方，确保各方利益得到保障。这种成功的运作模式不仅为斯坦福大学带来了丰厚回报，也为其他研究型大学提供了宝贵的借鉴经验。

职业化的技术中介组织是高等教育大众化和市场化的必然产物，它的诞生标志着高等教育生态系统在历史发展进程中的又一重要里程碑。麻省理工学院的技术授权办公室（TLO）将技术转移描述为"从知识和发现推向广大公众的运动"，强调了技术转移在将校园内的创新成果转化为社会实际效益中的关键作用。经毕业生以劳动力的形式将新知识输送到社会，或者经由学术会议的公开发表，再或者与产业建立合作关系，校园内的理论创新得以转化为具有社会价值的实际应用。

斯坦福大学的 OTL 模式的一大创新之处是摸索并掌握了一套成熟的许可策略（licensing strategy），核心包括四个部分：①OTL 代表学校来申请并对外暴露创新发明的专利；②直接接管学校科研人员手中具有潜在商业价值的成果，③客观评估技术风险与市场风险（technical and market risks）；④以代理人的身份签订专利许可授权协议，将许可权交给企业，有效实现科技成果所有权和开发权的分离。与传统转化模式相比，OTL 模式最大的优势是大幅缩短了高校科研成果的转化周期，使得从成果诞生到专利申请成功平均历时仅三个月，这大大增加了科研成果被产业界发现和选择的机会。

斯坦福大学 OTL 的另一个创新之处在于其高度分工的技术管理模式。在校内，它在自然科学、生命科学和版权等领域设立了专门的工作小组，以对各学科和研究领域的新发明进行专家小组评估。在校外，OTL 对商业运营、市场调研、工业部门联络、法律事务和授权等各个环节进行精细化的风险管理。表 6-7 展示了其公开的风险防控措施。

受到斯坦福大学成功经验的鼓舞，其他研究型大学在 20 世纪 80 年代前后设立了校方授权的科技成果转化机构，这些机构以专业化的管理模式帮助教师、职员和学生解决"哪些可以转化""哪些值得转化""如何转化"等关键问题。此外，官方部门同样非常重视研究型大学的技术转移（UTT）工作。从 20 世纪 70 年代开始，他们着手组建专门的官方服务机构，便于鼓励科技界和产业界的深度对接。

表 6-7　斯坦福大学成果转化各环节中的潜在风险与防范措施

环节	风险冲突点	措施
发明披露	研究的主要赞助方是否授权发明人进行商业转化	进行独占与非独占分类化管理；及时协助发明人与研发赞助方开展沟通
专利申请	发明是否具有可专利性、商业价值，是否与现有专利产生冲突	帮助发明人与专利代理人进行沟通，确保精确地捕捉到发明的价值
市场营销	专利能否找到适格的被许可方，企业是否有能力完成转化	征求发明人对技术的市场可行性的见解，并为特定公司提供联系线索
转化谈判	发明人相对于企业在经济方面处于弱势，可能因转化产生新的利益冲突	发明人不参加同潜在被许可人的实际谈判过程，OTL 出面代为谈判
协议签订后	协议是否能够履约至转化完成	帮助发明人确认签署保密协议，在必要时帮助发明人和被许可方规避利益冲突

附注 10：来源网址为 https://otl.stanford.edu/inventors/our-process.

第三类技术中介组织是以大学技术经理人协会（Association of University Technology Managers，简称 AUTM）为代表的经理人协会。在 20 世纪 70 年代中期，随着研究型大学不断构建自身的科研转化体系，越来越多的科研人员和产业界人士开始注意到，研究型大学的科技成果能够激发区域经济活力、创造更多就业机会、提高生产效率，并且推动环保型社会的建设。当时，尽管大量的研究经费投入校园，激发了大学在基础和实用研究方面活力，而且在短时间内也产生了大量的科技成果；但由于缺乏将科技成果转化为产品的内在动力，或许因为这些科技成果仍处在"初级产品"阶段，受到各种内外部因素的限制，只有极少数创新成果能够走出校园并投入实业当中。

基于此，联邦政府于1974年成立了"大学专利管理者社团"（Society of University Patent Administrators，简称SUPA）。该社团的创建目标是支持和推动美国研究型大学的专利管理工作。在创始初期，SUPA的成员们发现，由于大学科技成果产权的产权归属问题长期以来不明确，导致政府参与投资的科技成果往往难以实现转化。因此，为了加快研究型大学的科技成果转化步伐，SUPA将其工作重心放在了推动美国研究型大学科技成果转化政策改革上，并通过与产业界、知名学者和各大科研创新基地建立沟通网络，在美国国会内外奔走呼号以提升其影响力。可以说，SUPA曾经直接参与《拜杜法案》的起草与推动工作[①]。

到了1989年，《拜读法案》的实施无疑从各方面为全美研究型大学的科技成果转化工作提供了强有力的推动，使得大学科技成果转化项目数量、转化专门机构数量以及职业技术经理人数量都有了显著的增加，与此同时，SUPA的成员数量与组织规模也有了较大的拓展。SUPA的成员此时逐渐意识到，该协会的职能已从最初的"专利管理"，拓展到了"支持国内外研究型大学科技成果转化的全球综合性创新事务"。

在此基础上，该协会正式更名为大学技术经理人协会（AUTM）。目前，AUTM的注册会员已超过3 500人。截至2021年3月，直接从事研究型大学科技成果转化工作的专业技术经理人数量已达3 100人，该协会成果池已积累了超过22 000个可转化项目。如图6-5所示，2019年协会通过努力帮助研究型大学争取到了高达772亿美元的研究经费[②]。通过AUTM的中介支持，研究型大学与产业界之间建立起了"知识生产—成果转化—利润反哺"的良性循环创新机制。

---

① AUTM. Mission & History：Supporting our Members' Vision for a Better World［EB/OL］．［2021-01-05］．https：//autm.net/about-autm/mission-history.

② AUTM. 2019 Technology Transfer Licensing Survey［EB/OL］．［2020-01-01］．https：//autm.net/surveys- and-tools/surveys/licensing-survey/2019-licensing-survey.

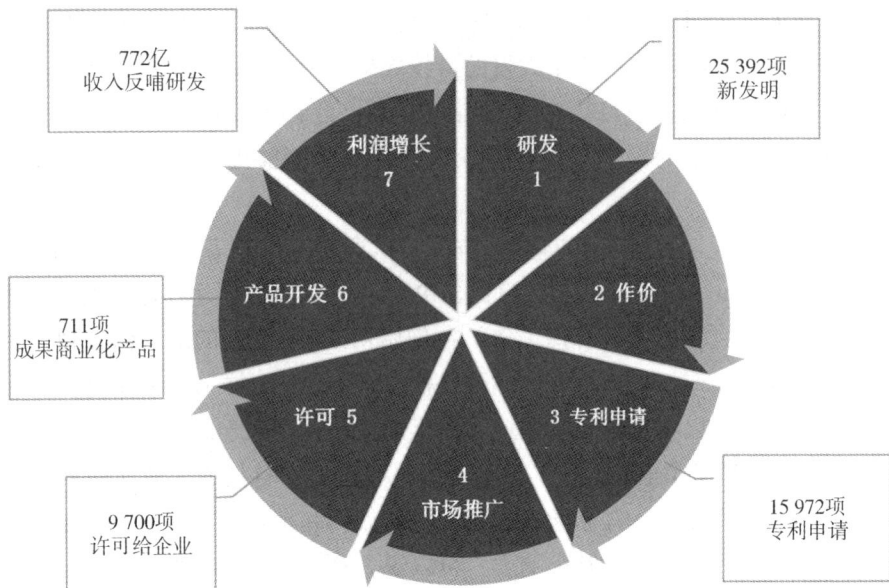

附注11：译自 https：//autm. net/AUTM/media/SurveyReportsPDF/AUTM-2019-Infographic-FNL. pdf

图 6-5　AUTM 组织成员校的科技成果转化生命周期（2019 年版）

可以说，协会成立的初衷就是要加强研究型大学之间、研究型大学与企业之间的信息沟通，提高有价值信息披露的专业化水平。如今，AUTM 成员已覆盖全球 40 多个国家或地区的 360 多所大学、科研院所、医院以及促进创新的专门行政机构。同时，在全球范围内建立了由数百家专门从事科技成果转化的技术中介服务公司组成的创新中介服务网络。通过构建这样一个会员制成果信息平台，政府为科技成果转化生态营造了更加开放的风气，引导了研究型大学科研创新供需关系的改革，这不仅为欧美各国，也为后来崛起的发展中国家提供了一个在科技成果转化促进经济发展方面的成功范例。

3. 在成果要素方面，通过《拜杜法案》重塑对科研成果的法律权益保障

"二战"后，美国研究型大学的学术研究经费逐年增加。到了 20 世纪 60 年代，对研究型大学的科研经费投入高达 20 亿美元，占比超过 80%[①]。然而，尽管经费和人力投入持续提高，研究型大学在应对全球挑战中的创新引领并未达到预期。国内经济效率下滑导致经济停滞，同时，在全球范围

---

① 尼尔森. 国家（地区）创新体系比较分析［M］. 曾国屏，译. 北京：知识产权出版社，2012：53.

内，其科研能力受到来自日本和德国等国崛起的威胁。此外，越南战争的失败导致美国在国际上的军事地位严重下降。这些挑战反映了研究型大学在科研方面存在的"高投入—低产出"这一突出问题，即投入的科研资金及其创新技术产品在转化为直接生产力和现实竞争力时的能力严重不足。

为了应对这一发展危机，研究型大学和政府从自身出发，重新审视了当时科技成果转化的现状及其深层问题。

从大学的角度来看，回避专利管理的消极态度加剧了大学科研人员对转化的消极心态，这无疑在"源动力"层面对研究型大学创新带来了现实风险。在 20 世纪 80 年代以前，大学科研人员由于受到市场认知和利益机制等因素的制约，很少能够为新的发明申请专利。据统计，1980 年美国政府对大学和企业研发投资超过 5.55 亿美元，然而政府拥有专利权的科技成果中在当年实现商业化的却不到 250 件，大量有潜力的专利沉睡在冰山之下。

从政府的角度来看，长久以来，对大学专利权属的认定一直处于模糊状态，这导致了大学内部人士在参与科技成果转化时产生了"不敢转"的困扰，而拥有成果所有权的政府却"不想转"或"懒得转"，这无疑在美国创新生态内部的能量流动中设立了障碍。美国政府虽然手中掌握了来自美国大学或科研机构的 28 000 余项待转化专利，但每年得以实施的数量却不足总数的 5%。对于这一挑战，欧内斯特·布里顿曾尖锐地指出，1980 年以前，美国研究型大学在科研方面严重受制于"库恩范式的影响"，即注意力和兴趣过度倾向于在"学术部落"内部广受认可的那些"极具学术价值"但又"深奥而狭隘"的纯粹科学研究。

在 20 世纪 80 年代以前，传统的创新观点倡导大学的科研创新应该遵循万尼瓦尔·布什提出的"线性逻辑"模式，认为基础科学与应用科学应该彼此分离。然而，斯托克斯通过回顾近一个世纪的科技创新与政府的关系，指出"线性逻辑"已经脱离了实际的发展需要，基础研究与应用研究之间的界限已经不再清晰。基于此，斯托克斯重新定义了当前科研领域的研究类型，并提出了科学研究的四象限理论。他认为，符合历史趋势的研究模式应该是那些由应用驱动的基础研究，即科学研究的"巴斯德象限"。金吾伦对斯托克斯的观点表示赞同①，他认为科学与技术并非两者择其一的对立关

---

① 金吾伦. 非两者择一：科学技术相互作用论 [J]. 新观点新学说学术沙龙文集 14：科技创新——科学优先还是技术优先. 北京：中国科学技术协会学会学术部–中国科学技术协会学会学术部，2007：6.

系，而是互相促进、互为目标的辩证关系。因此，可以说这种认识上和实践上的分离引发了上述的美国社会"学术与商业"的两难困境。

随着传统观点在现代社会环境中不断暴露出的脱节问题，美国的科技政策逐步转向了推动基础研究和应用研究紧密结合的新发展模式。积极的政策指引使得美国的研究型大学重拾对科技成果转化的信心。在校园内，坚持传统的纯粹主义者曾强烈反对大学研究的应用化和商业化取向。他们坚持认为"象牙塔"应当拒绝来自商业活动的"不洁资金"（tainted money）。然而，持有改良态度的学者对此进行反驳，认为大学科技成果的专利化以及商业运作只是实现大学社会职能的一种手段，这并不会也永远都不应该成为大学的唯一或最终目标。

处在"学术与商业"的两难境地中，《拜杜法案》的诞生成为助力联邦政府接连跨越创新"死亡峡谷"（valley of death）和"达尔文之海"（Darwinian sea）的关键决策和转折点。"死亡之谷"一词形象地描述了由于缺乏资金支持，那些受到公共资助的基础研究难以转化为具有应用价值的研究成果的困境；而"达尔文之海"则指当研究成果转化为可应用技术后，必须经受大规模商业化应用的挑战，这个过程充满了各种复杂的风险因素。在分析"二战"后德国和日本通过产业结构重塑实现创新驱动发展的经验后，美国的一些国会议员强调了国家专利政策的重要性，并希望通过满足各方参与科技成果转化的利益需求，通过修订相关法规来推动基础研究成果向商业化转化。《拜杜法案》实施后，越来越多的大学管理者和发明人开始转变他们对专利的固有看法，并尝试与技术中介机构和企业建立关系。

此外，为了更有效地推动科技成果的转化，《专利法》也顺应时局经历了多次修订。特别是从1836年开始，随着北美工业发展的壮大，更多的科技成果亟须得到有效保护。而已沿用40余年的旧版《专利法》与经济发展严重脱节，这促使专利机构和民间都呼吁修订《专利法》以适应新时代。1836年版的《专利法》新增了专利管理机构——美国专利局，并重新定义了专利授权的条件，进一步明确了专利所有人的资格、专利取得的形式要件和专利申请的实质条件。此外，1793年的旧版《专利法》在审查成果的有用性和重要性方面存在缺陷，因此新法对专利的审查与申诉规则进行了修订，并通过聘请专门的技术人员来建立审查员负责制，从而提高了专利的质量。这个版本的《专利法》也成为现代各国专利保护立法的模本。

自 1836 年《专利法》修订以及专利局设立后，专利体系日臻完善，授权专利的数量也不断攀升。通过严谨的专利管理，保障了技术更好获取经济价值，进而推动了各个产业领域的技术市场的蓬勃发展。这也使得美国在建立后的百年时间里迅速从农业为主的经济形态转变为具有较强综合国力的世界经济强国。

《拜杜法案》和新修订《专利法》的实施，促使了许多研究型大学对原有的技术转化政策进行了修订。为了满足新时期科技成果管理工作的要求，1980 年前后，绝大多数的研究型大学开始建立校内的技术转移办公室，由专人来负责修订技术转移的相关配套政策，重新确立了对科技成果转化的管理职责。例如，弗吉尼亚大学、达特茅斯学院和宾夕法尼亚大学等研究型大学同一时期着手完善技术转移政策，他们在《拜杜法案》和《专利法》的基础上，结合自身原有的技术转移政策，详细规定了研究合作协议协商的规则、专利许可程序，以及专利披露流程等内容。受此启发，不仅是"赠地学院"，一些传统的私立科研强校也将政策修订工作提上日程。

在应对国内外挑战时，创新生态中的各主体试图找到一个平衡点，以求同时顾及校方和发明人两方面利益。这样极大地激发了发明人、校方和产业界的创新活力①。如图 6-6 所示，在相关政策鼓励下，美国研究型大学在科技成果授权数量方面实现了显著的增长。《拜杜法案》《小企业技术转移法》等政策的推出，促使研究型大学在科技成果转化的管理方面寻求变革。大学通过确立科技成果所有权的权属，有效提升了专利授权的效率，为研究成果的市场化创造更多机会。

综上，1980 年《拜杜法案》的颁布与实施，并非旨在通过制度设计来限制大学的专利转化，而是想要重新确认成果在成熟度和可转化性方面的优先地位，把法律和政策环境的优化作为推进生态演进的主要驱动力。为了在创新生态系统的演变中切实推动政府、大学和企业等主体之间建立更加良好的互动机制，以《法案》为主要脉络，以其他配套政策的发展作为联动元素，从而推动三要素的深度融合。对于研究型大学来说，拥有更多的专利、经费、公开发表并非大学之于社会的最终目标。只有将创新成果最终应用于改善大众生活水平，才能真正实现法案推动创新力提升这一根本目标。

---

① 沈健. 美国大学科技成果权属改革及其启示［J］. 中国高校科技，2020（Z1）：57-60.

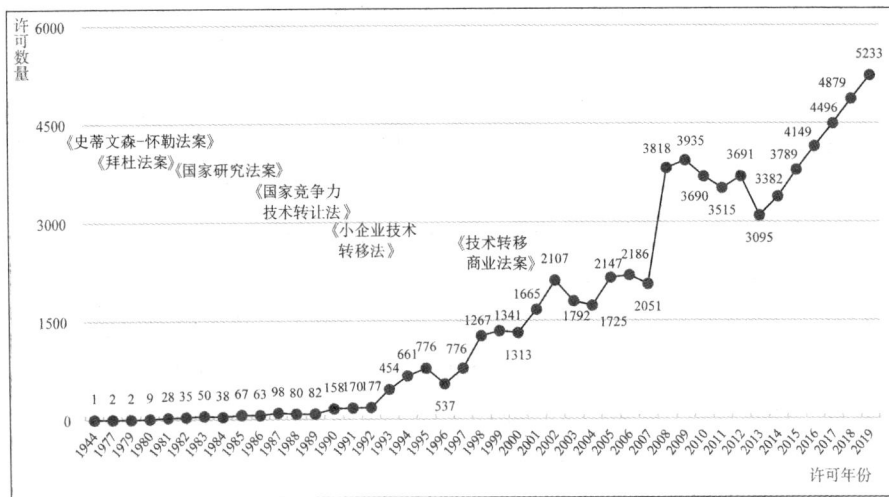

附注 12：根据 AUTM 数据整理 https：//autm. net/surveys-and-tools/databases/statt/.

图 6-6　1944—2019 年美国大学科技成果授权许可数量统计情况

二、德国区域协同创新生态系统的培育及其风险防控经验

1. "洪堡"理念为研究型大学种群团队协作建设奠定了基调

科教融汇的办学理念发源于近代的德国大学。作为洪堡大学（Humboldt-Universität zu Berlin）的前身，柏林大学的"教与研相统一"以及"教与学自由发展"的办学理念，对欧洲乃至世界各国大学的发展产生了深远影响。19 世纪初，德国在经济、文化和政治影响力上相对落后于欧洲其他国家。当时，精英阶层和民间实业家都希望通过教育和科学研究的发展，推动德国实现民族复兴。然而，自中世纪沿袭而来的大学观念仍旧具有强烈的保守色彩，认为大学的唯一功能是将既有的知识体系原封不动地传授给学生。这一时期，社会上的知识分子与大学背道而驰，德国社会的学术中心并不在大学校园内。

社会各阶层的共识推动了德国高等教育的觉醒，W. V. 洪堡在此时加入柏林大学改革筹备工作。来自贵族统治阶级的公爵大臣以及具有进步思想的民间人士都呼吁在德国筹建一所"新大学"。身为文化与公共教育司司长的洪堡提出了非常有前瞻性的改革思路——为"新大学"的建设聘请欧洲一流的学者，并给予柏林大学的学者在大学管理和学术科研两个方面高度自治的自由。洪堡的学术自由理念摒弃了先前德国大学传统的"服务政府"理

念。洪堡认为，只有大学教授在教学中融入科研思想，才能充分激活大学的创新能力，大学才能实现可持续发展。

柏林大学通过改革，进一步推广了影响全世界研究型大学的科研制度——习明纳（seminar）。习明纳是由德国教育家弗兰克（A. H. Francke）采用，并由历史学家兰克（L. V. Ranke）引入大学教学的一种专题研讨教学模式。作为"工作坊"的前身，习明纳定义了由教授指导和学生自由参与、以周期式为基础的小组形式。与推崇泛泛而谈和知识全方位传授的传统教学体系不同，习明纳鼓励特定的研究专题、明确的核心成员、定期的研究进展和确定的研究场所。该制度的优势在于明确研究方向，方便规划制定和执行流程管理。佛莱克斯纳驳斥了一些学者对洪堡"教学为次要"的讹传，他认为这种错误的认知源于"德国教授不采取灌输式教学的客观事实"①。他对柏林大学模式高度评价，认为教学的自由、师生流动的自由和习明纳制度为科研提供了宽松而自由的环境。

从现代管理的视角来看，专题式科研能够从制度层面降低研究的不确定性，减少科研资源短缺对研究的消极影响，并通过加强科研周期管理以降低创新失败风险。总的来说，"洪堡理念"不仅提升了德国高等教育对国家产业发展的贡献，同时也深刻地影响了全球，特别是西方发达国家的高等教育理念。

2. 在关系要素层面，德国构建起由国家、区域和校园组成的三级创新协同网络

1933 年，法西斯独裁政府制定了统治世界的方针，并动员对外发动侵略战争。在科研领域，实行对大学和研发部门的集中领导，要求科研工作要全面服务于军事。然而，战争和民族排外情绪重创了其科研实力，尤其是导致大量犹太裔科学家逃离德国。

到"二战"后期，尽管德国经受了严重的人才流失与经济损失，但由于其近百年来的科技资源积累，为战后的国家重建提供了基础保障。在雅尔塔会议上，通过协商确定了战后德国由英美法苏四国分治的格局。外国势力的介入使得德国的科技资源遭受了外部侵蚀。为了维持创新能力和快速重建科研体系，来自德国高等教育体系内外的科研人员迅速恢复了重点大学的科研职能。

---

① 弗莱克斯纳. 现代大学论［M］. 徐辉，等译. 杭州：浙江教育出版社，2001：278-279.

战后的德国，坚定的重建目标驱动了联邦德国重新构建国家集中型科研行政体制。首先，战后全球化高等教育规模持续扩大，欧洲区域以及全球竞争态势日益加剧，以及不同国家的高等教育体系趋于同质化，这些都深刻影响并重塑了德国的政府、大学和市场之间的关系。德国学术性学会的发展吸引了越来越多的高水平研究生离开校园，选择在科研机构从事专门化的教研工作。同时，"洪堡"理念下的大学科研体制，在收入、科研环境和科研转化前景方面都不如学会，这使得德国大学在教学、科研和社会服务方面面临挑战。1955 年，德国成立了第一个专门负责科技工作的职能部门——联邦原子能部，其后在 1962 年更名为科学研究部，并于 1972 年与另一负责高等教育的机构合并，成为如今的联邦教育和科学部。战后德国的科研管理体制从传统的各领域分散型体制，逐步转向了协调型集中制管理。此外，德国研究型大学的科研观念也发生了转变。被战火摧毁的柏林大学重新开放学术讲座，标志着德国的研究型大学开始重启科研与教学进程，并尝试通过整合资源助力大学管理工作。

在校园外，长期由政府直接资助的四大学会得以存续并不断发展。马普学会（Max-Planck-Gesellschaft）创建于 1948 年，下设三个学部和 50 个研究所，是一个以慕尼黑为中心并遍布全欧洲的研究机构联合体。该学会每年将约 20 亿欧元的预算发放给需要资助的研究者，并专注于推动欧洲的基础科学研究。此外，马普学会在建会宗旨中提到①，该学会致力于"支持前沿的知识创新与跨学科研究；为科学家提供有吸引力的工作保障；支持青年科学家在国际范围内建立合作交流。"与该学会相似，亥姆霍兹国家研究中心联合会（Helmholtz-Gemeinschaft）、弗劳恩霍夫学会（Fraunhofer-Gesellschaft）和莱布尼兹联合会（Leibniz-Gemeinschaft）三大学会，每年从政府获得的科研资金能占到德国所有公共或非营利科研机构投入的四分之三②。这些经费用于支持学会下属研究所的科研创新工作。在人员规模方面，近年来这些学会注册的科研人员数量已达到 80 万。而与此同时，在德国大学从事科研工作的人员约有 100 万人。这显示出两个研究体系的规模已相当接近。

---

① 吕斯特. 德国战后科学研究的重建［J］. 科学，2005，57（06）：42-43.

② 秦琳. 洪堡模式的今日与研究型大学的明天——从《2010 洪堡备忘录》之辩看德国大学改革［J］. 比较教育研究，2011，033（009）：1-6.

可以说，德国高校的科研职能在一定程度上由这些学会制科研体系分担。这既使得德国研究型大学的科研发展面临了外部挑战，同时也意味着传统的科研资源得以在研究型大学体系外的研发机构得到保留，并给未来研究型大学创新生态的重建提供了支持。

德国的大学体系正在稳步转型，力求与其他学术共同体建立紧密的交流渠道，在拓宽人才与资源交流方面取得了显著的进步，形成了庞大的学术研究联合体。根据 2012—2013 年度的德国联邦统计局数据，德国境内共有高等教育机构 428 所，其中 108 所为综合性大学。在经费投入方面，德国大学的科研经费每年至少占据国家研发总投入的 18%。在这些投入中，技术工程约占 21%，自然科学约占 29%，医学排名第三，占 24%，农业研究受产业结构调整影响，占 4%。首先，这 400 多所德国大学形成了各具特色的蛛网状创新网络，为研发环境提供了基础资源平台。其次，通过会员制的形式与产业行会以及各研究领域的学会建立了沟通渠道，促进了不同大学之间的资源共享和跨学科的协同创新。通过这样的多层级产学研网络，大学能够为德国乃至欧洲的产业界顺利输送具有创新潜力和协作能力的毕业生。再次，这种网络机构还极大地发掘了研究型大学与企业间在基础研究和应用研究方面的共享能力，科学家们得以更好地融入企业研发团队，加速了研究成果向工业界的转移转化。最后，德国各研究机构均响应号召共享其实验设备，让协同创新网络中的教师、学生、研究人员和企业方借此实现互利共赢。

3. 在关系要素的另一方面，德国国内法律环境和产研关系的深度融合尤为关键

尽管《拜杜法案》是否真正对大学专利活动起到推动作用仍存在争议，但看到美国高校专利和成功转化数量的稳步增长，其他发达国家的政策制定者仍坚持学习美国的政策改革的经验，试图寻找符合本国国情的政策路径。其中，德国是最早进行此类改革的欧洲国家之一。受到《拜杜法案》的启发，德国自 20 世纪 80 年代起陆续推出一系列的法规，旨在通过战略规划层面的革新来引领大学科技创新（如表 6-8 所示）。1996 年，《德国科研重组指导方针》发布，为德国未来的科研改革指明了方向；1998 年，《IN-FO2000：通往信息社会的德国之路》白皮书发布，以信息产业的科研改革为模板，推动了全领域的变革；2002 年，德国版《拜杜法案》开始施行，从而对德国大学的知识产权制度进行了重塑。得益于其法律体系的悠久历

史，同时在政策制定方面也积极向其他发达国家学习，德国通过技术转移政策的快速迭代在国际竞争中获得了优势。

表 6-8 德国科技创新生态演进中的重要政策法规文件①②

战后经济复苏与产业振兴期	"东西德"合并创新系统整合期	21 世纪"工业 4.0"实施期
德意志联邦共和国基本法	促进创建新技术企业	《高校框架法》第五次修正案
核研究核技术发展规划	德国科研重组指导方针	《研究与创新协议》
	循环经济与垃圾法	《科技人员定期聘任合同法》
	多媒体法	《德国高科技战略白皮书》
	INFO2000：通往信息社会的德国之路	《高科技战略行动计划》《科学自由法》
	21 世纪信息社会创新和就业行动计划	《德国工业 4.0 战略计划实施建议》

为激活科研人员的活力，经充分研判，德国政府废止了施行近 50 年的《雇员发明法》（*Arbeitnehmererfindungsgesetz*）第 42 条有关"教授特权"的条款。该条款拟定之初旨在保障大学的研究人员拥有对自己发明的所有权与相关实施权利。相比之下，新法将大学发明的知识产权由发明人所隶属的研究机构保有，使得大学重新获得转化权。同时，为弥补发明人失去转化权的"损失"，新法规定如果专利成功实现了商业化，发明人有权取得总收入的 30%。这一方面通过简化流程为发明人减负，同时也能保证这些发明人获得相应的收入。可以说，这是一种"减轻事务压力+保护发明收益"的创新模式。该举措给大学的发明人带来了便利，也被称作"青年教授"（Junior Professor）制度。

虽然德国科技成果转化的产权法改革直接受到《拜杜法案》启发，但是德国的改革方向却与美国正好相反。图 6-7 展示了相关法律对两国的发明人与专利之间关系的不同作用。德国政策改革的目标是将科技成果的处置权从发明人手中移走，并转交给发明人的"雇主"——大学。其初衷是防范大学的个别发明人不愿或没有能力将其发明商业化这一风险，这

---

① 陈强，霍丹 . 德国创新驱动发展的路径及特征分析 ［J］. 德国研究，2013，28（04）：86-100，127-128.

② 德国电工和电子产品制造商协会 . The High-Tech Strategy of Germany ［EB/OL］. ［2018-02-01］. https://www.zvei.org/en/subjects/education-research/the-high-tech-strategy-of-germany/.

与 20 世纪 80 年代的美国政府对大学和政府之间沟通障碍的担忧目标一致。或者说，德国政策改革的本意是让发明人"远离"专利，而美国的做法则是将联邦机构手中大量闲置专利的转化权"交还"大学。总的来说，两国的改革目标殊途同归，都是为了让发明人与自己发明的专利之间保持"适度的距离"，来避免发明人"消极转化"和"无权转化"等各类情形。

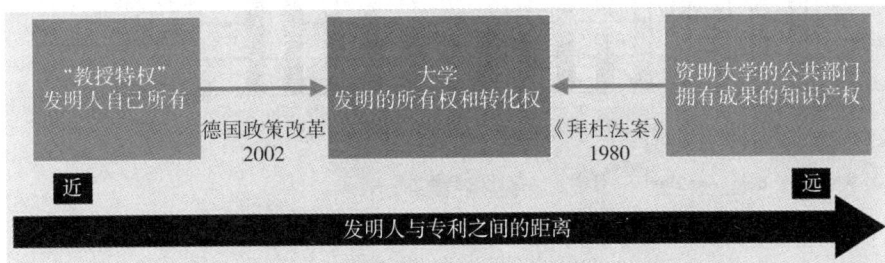

图 6-7　德国与美国发明产权制度的区别

21 世纪以来，朝着"工业 4.0"的目标方向，德国已逐步对过时的战略政策和法规进行了更新迭代，以适应未来产业创新生态的发展需求。然而，新政策的出台并未显著增加大学专利的实施数量。格林分析了"教授特权"条款在 2002 年废除前后的大学专利实施情况，发现新推出的公共政策有助于加快德国大学专利的登记注册，但在商业化能力、财政支持和人力支持方面，德国的大学仍需要进一步适应和匹配新的政策环境。自 2002 年以来，德国大学科技成果中，由发明人个人掌握并转化的成果数量显著减少。同时，大学和合作企业开展的专利实施活动虽然有所改观，但总体来看，源于德国大学的科技成果成功实施的总量并未显著增加（如图 6-8 所示）。在这种情况下，德国的一些研究型大学开始尝试根据自身的区位特性和学科特色，进行现有资源的深度整合。利用不断革新的科技成果政策，以及学科、学院、学校三级的资助政策，通过对大学区域协同创新生态模式的培育，来应对当前环境下的内外部风险①。

①　Von Proff S，Buenstorf G，Hummel M. University Patenting in Germany before and after 2002：What Role Did the Professors' Privilege Play？［J］. Industry & Innovation，2012，19（1）：23-44.

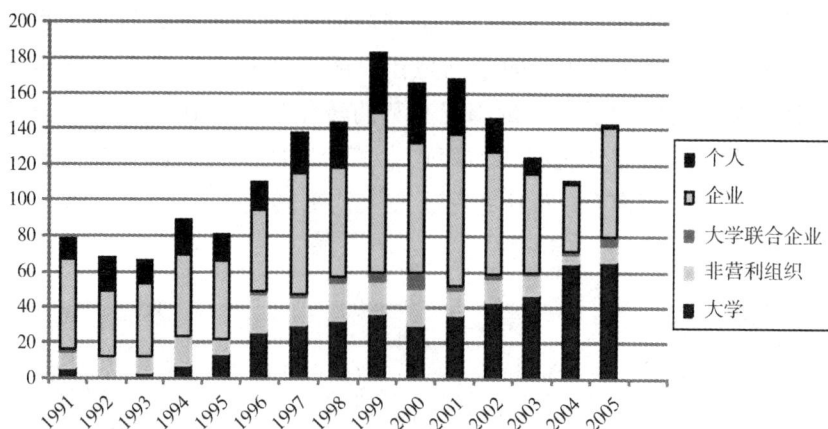

附注 13：根据 Von Proff S. 等学者的统计数据整理。

图 6-8　德国六所研究型大学专利实施情况变化趋势

4. 要素联动方面，德国亚琛工业大学通过培育区域协同创新生态实现要素联动

亚琛工业大学（Rheinisch-Westfälische Technische Hochschule Aachen, RWTH Aachen）位于德国亚琛，是欧洲顶尖的理工大学之一。这所大学是德国精英大学（Eliteuniversität in Deutschland）中的一员，同时也是德国理工大学联盟（TU9）成员。自 1870 年创建以来，该校已经培养出了包括冯·卡门、托马斯·苏德霍夫、路甬祥、王大中等在内的国际知名学者，其校友中包括 6 位诺贝尔奖得主和 10 位莱布尼茨奖得主。亚琛工业大学因强大的科研能力以及对成果转化的明确意愿，吸引到了像微软、飞利浦、爱立信和福特汽车等多家全球科技巨头在此设立分部。

在战略层面，RWTH Aachen 将创新创业工作与教育和科研并列为学校发展战略规划的三大重点。为了支持创新，该校成立了企业家、技术管理和创新研究所。这样该校不仅具有教育功能，还可以进行尖端研究和创新孵化。RWTH Aachen 是欧洲最早将创新创业教育和成果转化能力培养列为学校发展战略的研究型大学。该校鼓励包括教师和学生在内的科研人员进入研究所，实地接受项目孵化方面的培训，使得高校研究者更好地了解理解把科研成果变成产品的全过程。为了推动这一进程，该校还为教授和学生设立了"特别创新基金"，专门资助那些有转化前景的项目。此外，学校还建立了创业俱乐部，为科技界与产业界之间的深入交流提供了一个良好的沟通平台。

为了实现创新创业意识和大学的科研、教学、育人工作的深度融合，亚

琛工业大学主要从三个关键环节入手，全面打造和丰富该校的创新生态系统。

一是促进群落要素与关系要素的联动，通过与联邦学会和研究中心的合作，在大学周边形成了区域性联盟。例如，RWTH Aachen 与 Jülich 研究中心建立了研究联盟，并制定了多领域的战略合作协议。地处亚琛工业大学所在的北莱茵州的 Jülich 研究中心是德国海姆霍尔兹联合会的一员。其区位优势和科研传统使其掌握了产学研各环节的优质资源。双方基于共享的合作理念达成了研究联盟，由管理层共商发展方向，协同制定研究计划与项目，并且委员会统一选拔和任命大学端的科研教授和研究端的科研主任。此外，双方还建立了资源共享、设备共享、教研结合的博士生指导，以及创业和职业生涯指导等协同创新机制。

RWTH Aachen 的师生们通过加入学会或大学院系，可以成为学术共同体的一员，了解自己所在研究领域的最新进展，获取大学之外的研究资助，并有机会与欧洲的顶尖企业建立联系。例如，大学教授可以选择在企业或政府任职，通过全职、兼职或顾问的形式参与整个科技成果转化系统中的各个环节。在任职中，大学的青年科研人才可以迅速与所在研究领域的生产部门建立人际关系，为未来的创新科研工作储备各类资源。

德国创新集群的高度分化为 RWTH Aachen 等研究型大学的科技成果创新网络的建立奠定了基础。为了推动创新集群的发展，德国政府从 1995 年开始制定了一系列发展规划。其中特别强调了在生物医药、GA 网络和传统工业领域制定三类创新集群发展计划。创新集群的特点在于地理位置和研发领域的高度集中，帮助企业保持持续的创新能力的同时，也降低了领域内其他企业的进入风险，从而保护了中小企业的孵化和发展。

德国的技术中介机构通过占据创新网络的"结构洞"位置，来推动研究型大学科技成果转化资源的优化配置。根据伯特的结构洞理论，第三方如果能够占据结构洞，就能在整个网络中获得信息和控制的优势。德国的技术中介机构就是在大学和企业间搭建起信息渠道，实现全网络信息的汇集，并从中牵线以促成科技成果转化。张明明的研究指出，巴登-符腾堡州由 400 多个技术转移中心构建而成的创新网络，协助研究型大学、中小型企业以及原材料供应商间开展快速信息交流，在关键节点及时提供重要信息。

通过整合社会资源，亚琛工业大学成功构建了以大学为创新社区中心、研究中心为支点、企业分部为资源承载环节的创新生态系统。在区域协同创新生态中，亚琛工业大学与传统汽车产业实现了创新优势的互补，以企业为桥梁吸纳社会人才，金融、行业和文化资源，在协同中将资源压力与创新风险自然地释放给外部有承载能力的企业。

二是促进群落要素与成果要素的联动，使大学与企业在创新群落中实现了深度的协同创新。以亚琛工业大学与福特汽车在"激光控制方法"上的合作为例。福特–沃克有限公司（Ford-Werke GmbH）是一家总部位于德国科隆的汽车制造商和移动出行服务供应商。该公司在科隆和亚琛拥有超过20 000名员工。自1925年以来，德国的福特工厂已经生产出超过4 700万辆汽车。由福特、蒂森克虏伯、亚琛工业大学及恩济洛大学组成的工业联盟，旨在为下一代汽车电动机提供具备高度灵活性和生态可持续的生产工艺。作为整个研发项目的一部分，与亚琛工业大学合作的有关项目从政府获得了530万欧元的公共资金资助，并且还在亚琛工业大学专门建立了新的研究实验室。

就技术需求而言，福特公司希望亚琛工业大学能开发出全新的基于激光的控制方法，尝试将人工智能与激光扫描识别结合起来对下一代机动车进行程控。亚琛工业大学的"数字增材研发部门"专注于此类3D打印项目的专业研究。同时，该校的"机械研发部门"具有行业领先的科研能力，为企业提供生产线工具开发和新材料制造工艺创新。此外，亚琛工业大学的创新设计理念保证了生产线符合绿色节能和环保等可持续性要求，通过电机部件的维护和再利用实现减排目标。通过形成如图6-9所示的区域协同创新生态系统，亚琛工业大学与其他创新主体开展资源共享和风险共担的协同创新，将服务社会的理念落实到具体的大学治理举措中。

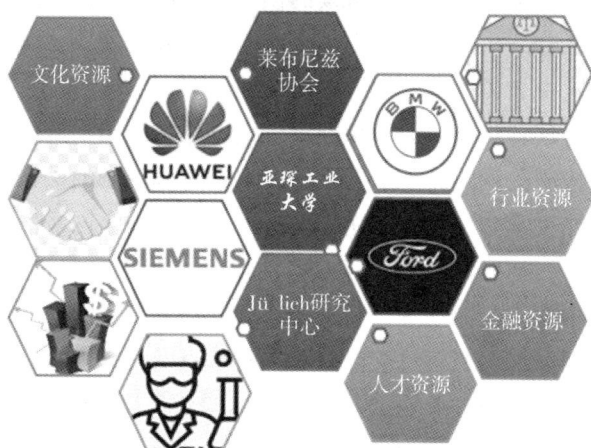

图6-9 亚琛工业大学所在区域的协同创新生态

三是促进关系要素与成果要素的联动，由大学与外部机构协同开展工程师的校企联合培养。在人才辅导方面，为企业家、技术管理人员和创新研究人员提供本科、硕士研究生和博士研究生课程，这将使学生对创业领域的企业管理和技术管理有更深入的了解。如果学生或教师希望将其科研成果产业化，他们可以进入研究所，那里的职业经理人和行业领头人会帮助其评估项目的市场价值。一旦发现有潜在商业价值的成果，研究型大学将会协助学生启动项目孵化，包括提供咨询与指导、寻找风投，以及申请联邦、州政府经费等。为了促进创业者之间的交流合作，RWTH Aachen 还定期举办产业聚会，让校内师生有机会与创业精英面对面交流，共享各自领域的最新动态。

在人才经费方面，RWTH Aachen 通过"卓越计划"获得了联邦政府和社会部门的经费支持。"二战"后，德国的科研人才及资源严重流失，其科研优势不复存在，迫切需要找到办法来恢复其在欧洲的科研地位。为了应对大学在欧盟成员国中科研地位下降的局面，德国教育发展部门自 2000 年起开始积极培育具有顶尖科研创新能力的学科和院校。其中，政府特别推出了旨在提升德国精英大学研究竞争力的"卓越计划"。计划的目标不仅仅是建设和扶持少数几所精英大学，而是以"精英"与"卓越"思维引导全国所有研究型大学进行良性竞争，以帮助国家的学术研究能力重新回到欧盟的顶级水平。

2005 年开始，德国研究基金会（Wisssenschatschrat）和科学与人义委员会（Deutsche Forschungsgemeinschaft）主导开启了"卓越计划"。"卓越计划"由德国联邦政府与各联邦州州政府负责自主，其资助领域分为三个层次：(1) 资助一批有着良好历史背景的"卓越博士生院"（Graduiertenschulen），旨在改善博士生科研环境并拓宽跨学科交流渠道；(2) 选拔一批"卓越研究集群"（Exzellenzcluster），特别是具有国际竞争力的传统强势学科，能够通过推动其加入科研网络来寻求与外部机构的深度合作，进而重塑德国大学在科研方面的卓越地位；(3) 在拥有至少一个"卓越博士生院"和至少一个"卓越研究集群"的学校中进一步遴选出"卓越大学"（Exzellenzuniversitäten），旨在汇聚各方资源重点提升德国顶尖大学的国际竞争力。如表 6-9 所示，"卓越计划"启动至今，已先后开展三个批次的选拔工作，其中既有新入选的顶尖大学，也有一些大学因条件不符被淘汰。从人才培养和学科建设两个方向同步开展卓越化选拔，进而遴选出"卓越大学"，能够为顶尖研究型大学在产教两端的协同发展提供充足而精准的资金保障。

表6-9 "卓越计划"三个批次遴选出的"卓越大学"情况

第一批次（2006—2012）	第二批次（2012—2017）	第三批次（2017至今）
亚琛工业大学 （Rheinisch-Westfälische Technische Hochschule Aachen）	亚琛工业大学 （Rheinisch-Westfälische Technische Hochschule Aachen）	亚琛工业大学 （Rheinisch-Westfälische Technische Hochschule Aachen）
柏林自由大学 （Freie Universität Berlin）	柏林自由大学 （Freie Universität Berlin）	＊＊柏林高校联盟：柏林洪堡大学、柏林自由大学、柏林工业大学 （Universitätsverbund Berlin：Freie Universität, Humboldt Universität, Technische Universität）
海德堡大学 （Ruprecht-Karls-universität Heidelberg）	海德堡大学 （Ruprecht-Karls-universität Heidelberg）	海德堡大学 （Ruprecht-Karls-universität Heidelberg）
康斯坦茨大学 （Universität Konstanz）	康斯坦茨大学 （Universität Konstanz）	康斯坦茨大学 （Universität Konstanz）
慕尼黑大学 （Ludwig-Maximilians-Universität München）	慕尼黑大学 （Ludwig-Maximilians-Universität München）	慕尼黑大学 （Ludwig-Maximilians-Universität München）
慕尼黑工业大学 （Technische Universität München）	慕尼黑工业大学 （Technische Universität München）	慕尼黑工业大学 （Technische Universität München）
卡尔斯鲁厄理工大学 （Karlsruhe Institut für Technologie）	＊德累斯顿工业大学 （Technische Universität Dresden）	德累斯顿工业大学 （Technische Universität Dresden）
哥廷根大学 （Georg-August-Universität Göttingen）	＊图宾根大学 （Eberhard-Karls-Universität Tübingen）	图宾根大学 （Eberhard-Karls-Universität Tübingen）
弗莱堡大学 （Albert-Ludwigs-Universität Freiburg）	＊不莱梅大学 （Universität Bremen）	＊＊汉堡大学 （Universität Hamburg）
—	＊柏林洪堡大学 （Humboldt-Universität zu Berlin）	＊＊卡尔斯鲁厄理工大学 （Karlsruhe Institut für Technologie）
—	＊科隆大学 （Universität zu Köln）	＊＊波恩大学 （Universität Bonn）

附注14：表格由作者根据相关资料编制。＊和＊＊代表在新一批次选拔中新入选的大学。

德国"卓越计划"保证联邦和州政府以外的第三方经费（third party funding）能够资助大学的科研活动。这种方式也成功地解决了德国高等教育领域的经费难题，使得总体有限的资源得到了有效分配，并有目的地用于支持影响国家战略发展的重点领域。这样一来，德国研究型大学的科研体系已经被重新塑造成为科研人才培养的前沿阵地。

与此同时，分布在各州的众多学院在优势学科建设方面形成了创新的学科群，借各校优势学科和集群形成"卓越大学"的三级联动机制。例如，亚琛工业大学的计算工程科学高级研究所（AICES Graduate School）就是首批受益于"卓越倡议"的研究生院之一。更进一步地，亚琛工业大学的能源科学中心、产业互联网集群和物质与光量子计算集群也先后入选"卓越研究集群"。通过"卓越计划"，RWTH Aachen 获得了更多资金支持，成功化解了研发经费不足带来的创新成果无法商业化的风险。图 6-10 展示了该校近些年对"卓越计划"专项经费的使用情况。可以说，科研经费的精准投放，在大学、学院和研究个体三个层面上产生了良性激励，并对科研人才培养形成了有效促进。

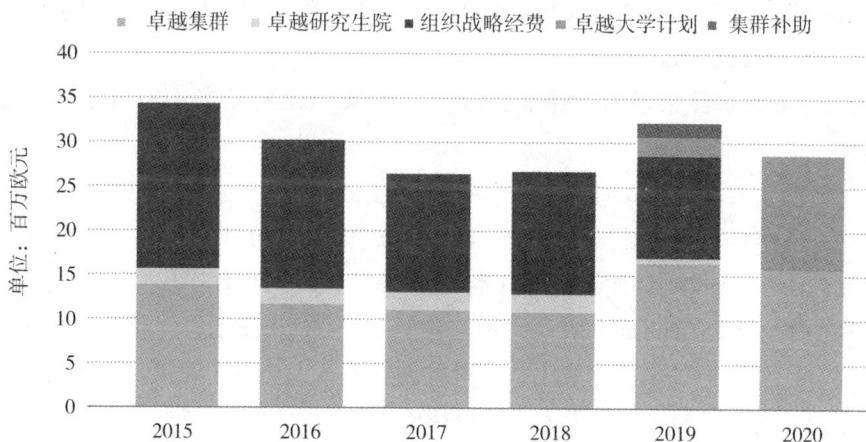

图 6-10　卓越大学计划影响下的亚琛工业大学成果转化资助情况

三、日本"官产学"生态系统的培育与风险防控经验

"二战"后，日本的科技创新事业长期处于演进之中。通过政府在各个时期的精准决策引导，日本的创新生态发展克服了重重困难。为了在战后第一时间实现经济复苏，日本政府通过国际技术引进和技术模仿等"原始创新"方式，初步建立起国家科技创新体系。通过在技术层面鼓励吸收西方国家的高新技术援助，以及在"冷战"时期接受大量军工订单并获得巨额经济援助，日本在经济重建期为科技创新奠定了良好基础。据 20 世

纪 80 年代初日本经济技术学会的调查，日本在多个技术和制造领域实现全球领先，同期已全面超越英国，部分领域赶超美国。但是自 20 世纪 70 年代起，随着增长放缓、劳动力不足和国际石油危机等内外部隐患显现，日本政府已经开始发现科技创新体系中"内生动力"不足的问题。日本过度依赖西方的技术引进，自主创新能力较差，在后程扩展市场和应对欧美金融冲击时底气不足。

我国语境下的研究型大学科技成果转化在日本被称作"产学官连携"。为剖析日本的"官产学"风险防控策略，本节从名古屋大学应对科技成果诉讼风险的经验切入，剖析日本研究型大学在化解诉讼风险方面的生态化应对策略。日本国立大学名古屋大学创办于 1871 年，是日本中部地方最高学府。该校在 2021 年"软科"世界大学学术排名中位列第 84 位；2022 年的 QS 世界大学排名第 118 位。学校下设 10 个学部、15 个研究科；在研究机构方面有研究所 3 个、"全国共同利用共同研究基地" 2 所、校内提供 29 处"共同教育研究"设施。

1. 在关系要素层面，通过施行"TLO 法"识别并消除沟通中的风险因素

名古屋大学是公立研究型大学中最早引入"TLO"成果管理模式的高校之一。虽然日本提出并推动官产学合作比美国迟了 20 年，但《大学技术转移促进法》（1998 年制定的"日本 TLO 法"）、《产业活力再生特别措施法》（1999 年制定的日本版《拜杜法案》）、《产业技术力强化法》（2000 年颁布）等法为日本研究型大学在科技创新改革上提供了政策与法律支持。

为了进一步推进研究型大学的科技成果向民间转移，减少各方间由于沟通不畅带来的误解与认知偏差，日本在 1998 年颁布了《促进大学等的技术研究成果向民间事业转让的法律》（即《大学技术转移促进法》，简称"日本 TLO 法"）。在制定和修改过程中，日本借鉴了美国在科技成果转化方面的经验，并结合本国的历史和国情，为研究型大学与企业间的技术转化提供了权属、研发和转化资金等方面的制度保障。除了针对已经认定的转移计划提供资助金和银行债务担保，该法最重要的一点是，在科技成果转化过程中引入了技术中介机构。

表 6-10 展示了 1995 年至今日本国内颁布的关于促进科技成果转化的相关法律。从 1995 年开始颁布的这六部法律，都将"日本科学事业振兴"作为立法目标，通过改善科技成果转化的环境，使大学能够为科研人员的发明

创造和技术转移提供更多资源。日本的成果转化法体系旨在为研究型大学与企业之间搭建一个更为便捷的转化渠道，并通过整合科技、教育、经济、文化部门的优势资源，把科技成果从研发到生产新产品的全流程纳入促转化政策的框架内，以避免由于沟通的信息差而引发的转化失败和纠纷。

表 6-10 日本促进科技成果转化相关法律颁布日期和内容

法律名称	日期	主要内容
《科学技术基本法》	1995	确立了日本科学技术立国的基本方针，在信息交流、人员收入、设施配套方面提供保障 成为日本科学事业"五年计划"的法律依据
《科学技术振兴事业团法》	1996	促进科学技术信息中心（JICST）与新技术开发事业团（JRDC）合并为日本科学技术振兴事业机构（JST） 资金募集、信息沟通和人才培育等环节助力日本官产学合作
《促进大学等的技术研究成果向民间事业转让的法律》	1998	推动建立技术许可组织（TLO） 准许以较低成本使用政府土地进行大学-产业联合研究
《产业活力再生特别措施法》	1999	日本版《拜杜法案》认定 TLO 的许可费用减半 日本工程教育认证委员会（JABEE）的成立
《产业技术促进法》	2000	允许经认定/批准的 TLO 免费使用国立大学设施 允许大学研究人员兼任 TLO 主任、开展转化合作公司的董事以及股份公司的监事
《知识产权基本法》	2002	责成大学自愿和积极地寻求科技服务人力资源的开发、开展研究活动和传播研究成果

附注 15：以上信息来自 KOMURO 以及 MOTOHASHI 等学者的研究[1][2]。

在此政策变革的关键时刻，名古屋大学通过在校园周边设立专门的技术转移机构，将原有的专利管理权交由该部门进行治理。为了便于从西方国家迅速引进和吸收成功的经验，日本政府直接将研究型大学与企业的科技成果转化桥梁机构命名为 TLO（即 Technology Licensing Organization，日语为"技術移転機関"）。TLO 在最初的设计环节就已经被设定为用来帮助科技成果转化链的两端分担科技成果的管理和经营事务。

---

[1] Komuro N. Japan's Patent Law Amendment on Remedies against Patent Infringement [J]. Journal of World Intellectual Property，2010，1（2）：263-280.

[2] Motohashi K，Muramatsu S. Examining the University Industry Collaboration Policy in Japan：Patent analysis [J]. Technology in Society，2012，34（2）：149-162.

名古屋大学所在地区的官方认证 TLO 是著名的"名古屋产业科学研究所"。该机构由 1945 年创立的名古屋航空研究所改组而来，其雏形是"二战"结束时日本国立大学内部自发组织形成的"技术同僚会"。该机构的主要职责是将大学的专利权以商用许可的形式授予企业实施，并作为相应的交换从企业收取实施费用和许可费用，然后将这些收入作为研究经费再次分配给大学和研究人员（发明人）。

随着这些机构职能的不断扩大，现今日本大学周边的 TLO 已经发展成为集大学技术信息平台、大学创业孵化平台、大学知识产权市场评估机构、国家产业战略合作部门、企业技术培训工作坊等于一身的综合性技术服务部门。日本的研究型大学可以通过 TLO 募集急需的研发资金，并且能够通过 TLO 广阔的信息渠道了解产业界对前沿技术及其应用的真实需求。

如图 6-11 所示，以名古屋产业科学研究所为代表的校外 TLO 已经从传统单一技术转移职能机构逐渐发展为大学的技术综合服务部门。其中，处在技术初期的受托研究任务由研究部专门推进，充分利用其在技术交流、技术组会、技术讲座和技术人员派遣等方面的成功经验，为那些还未能形成成熟专利的企业和大学寻找合适的合作项目；而研究所本部则主要负责培养科技成果转化的专门人才，并且为大学科研人员在学术研究中产生的创业意愿提供指导；此外，TLO 部门主要致力于技术转移以及公共资金募集等成熟科技成果的转移工作。

名古屋产业科学研究所通过对内部职能的拆分，构建了由研究本部、中部 TLO 和中部高科技中心等不同部门构成的协同转化服务群。在这种运作模式下，研究型大学和企业的创新服务需求被划分为营利性与非营利性两个部分，这种区分方式避免了职务混同可能带来的法律风险，使得创新主体的知识转化工作得到专门的定制化服务。

相较于其他国家，日本独特的管理文化使得大学在科技成果治理方面享有诸多优势。通过精细的分工和严谨的管理规章，各部门之间形成了清晰权责机制。日本的技术转移机构正是依靠此机制，使得大学和企业在面临成果转化挑战时能迅速看清问题背后的风险实质，并将工作及时分解给各自职责范围内的子部门。这种管理方式也进一步提升了管理效率，使得该机构能同时处理多个成果转化项目。

"路线图"

服务计划及具体内容		负责部门
研发升级计划	研究计划 研究组研究项目 政府国库等资助的研究项目 公益目的的资助研究	研究本部
知识交流计划	工业科学论坛 研讨会和专题讨论会等 技术咨询和指导 讲师派遣	研究本部
产学关系支持计划	工业界和学术界之间的协调 产学合作项目管理 举办工业网络活动	中部TLO
人力资源培育计划	线下、在线学习和小组培训	中部高科技中心
技术转移	发明咨询 专利管理 发明评价 技术转让 专利申请	中部TLO
受资助研究管理	为了应对公司在研究和技术开发 方面的委托挑战而进行的研究	研究本部

(左侧纵向标签：公共利益服务 / 盈利服务)

附注 16：资料来自名古屋产业科学研究所官方网站．http：//www.nisri.jp/openinfo.html.

图 6-11　名古屋产业科学研究所提供的服务计划

如表 6-11 所示，除名古屋大学外，日本还有 34 所经过官方认证的研究型大学技术转移办公室（承认 TLO）。为了更有效地推动科研成果在商业领域的专业化应用，包括综合大学和工学院校在内的多所实力强劲的研究型大学，正在将校内的技术转移机构外迁为具有财团法人属性的校外机构。为了更有效地从高校治理层面解决专利失效等风险，除设立校外 TLO 外，名古屋大学内部还保留了"官产学合作推进总部"，负责对外协调技术转移运营等相关事务。在日本国内，汽车制造、航空航天制造和陶瓷等领域的"中部制造"一直是名古屋大学"产业连携"的优秀成果。名古屋大学将官产学合作视为组织的社会责任，为社会提供了丰富且有实用价值的研究结果。其中，最典型的成功案例就包括了诺贝尔奖得主野依良治教授的"不对称合成研究"，以及赤崎勇教授的"蓝色发光二极管研究"等。此外，虽然公众普遍认为名古屋大学作为研究型大学，科研是其固有的职责，但实际上，名古屋大学还肩负着为区域内企业输送创新型人才的重大使命。

表 6-11　日本国内官方认定 TLO 名单

机构名称	服务范围	机构性质
东北技术使者	东北大学等日本东北地区的大学	株式会社
东京大学 TLO	东京大学	株式会社
TLO 京都	京都大学、立命馆大学等关西地区的大学	株式会社
山口 TLO	山口大学	有限会社
名古屋产业科学研究所	名古屋大学等中部地区的大学	公益财团法人
新产业创造研究机构（NIRO）	神户大学等兵库县内的大学	公益财团法人
产学连携机构九州	九州大学	株式会社
TAMA-TLO	首都圈内的大学	株式会社
横滨 TLO	横滨国立、横滨市立等神奈川县内的大学	株式会社
技术网络-四国	四国地区的大学	株式会社
生产技术研究奖励会	东京大学生产技术研究所	一般财团法人
新泻 TLO	新泻大学等新泻县内的大学	株式会社
北九州产业学术推进机构	九州工业大学等北九州地区的大学	公益财团法人
三重 TLO	三重大学等三重县内的大学	株式会社
金泽大学 TLO	金泽大学等石川县内及北陆地区的大学	有限会社
校园创建	电气通信大学	株式会社
鹿儿岛 TLO	鹿儿岛大学等鹿儿岛县内的大学	株式会社
信州 TLO	信州大学和长野高专	株式会社
静冈技术转移合同会社	静冈大学等静冈县内的大学	株式会社
iPS 日本学术圈	京都大学	株式会社
神户大学创新	神户大学	株式会社
日本大学产官学连携知识财产中心	日本大学	校内组织
早稻田大学产学官研究推进中心	早稻田大学	校内组织
庆应义塾大学研究连携推进本部	庆应义塾大学	校内组织
东京电机大学产官学交流中心	东京电机大学	校内组织
明治大学知识产权中心	明治大学	校内组织
佐贺大学 TLO	佐贺大学	校内组织
千叶大学产业连携研究推进站	千叶大学	校内组织
东京工业大学产学连携推进本部	东京工业大学	校内组织
群马大学 TLO	群马大学	校内组织
奈良先端科学技术大学院大学产官学连携推进本部 TLO 部	奈良先端科学技术大学院大学	校内组织
东海大学产官学连携中心	东海大学	校内组织

附注 17：表中统计日期截至 2023 年 4 月。

2. 在群落要素层面，通过法人化改革来消除大学行为风险中的个体诉讼风险

关注创新种群内部的利益个体是消除创新生态种群风险的一种可行的途

径。在"二战"后到法人化改革前的这个阶段，名古屋大学教职工的身份是国家公务员。由于日本国立大学的研发资金主要来自政府，因此，名古屋大学任职的教师在申请专利时，需要以研发资金的来源确定专利权归属于发明人还是政府。包括名古屋大学在内的多数日本研究型大学的师生（占比超过90%）在法人化改革前都倾向于自己拥有专利权，以便在求职或工作中更好展示自己的科研与学业成绩①。然而，当专利权归属于大学教授等校园发明者时，大量的科研成果将会在个人手中闲置，最终大概率会失去转化的机会。

为了激励国家的科研活力，提高国际竞争力，日本的国立大学（包括大学共同利用机关和高等专门学校）根据《国立大学法人法》和其他五部相关法律，从2004年4月开始正式转型为法人化运营模式。《法人法》的实施，不仅在教学和科研方面进行了广泛的改革，更重要的是在20世纪90年代的基础上进一步推动了官产学合作。

《法人法》不仅提出了TLO这一合作资助制度，同时也在国立大学的人事和财务管理等方面相比法人化改革前大幅放宽了对国立大学的各项限制，计划通过法人化使国立大学的官产学合作活跃起来。2003年实施的法人化改革措施，使得日本的国立、公立大学从原有的国家行政直属机构中脱离出来，转变成具有从事科技成果转化资格的法人团体。一方面，国立大学可以自行出资参与技术转移事务，并按照合同约定分配相关收益。另一方面，它获得了自由调配人力资源的权利，可以派遣大学的教职工参与到依托于成果的创业工作中，实现创新端与转化端之间的人才交流。

根据《产业活力再生特别措施法》的精神，法人化改革后，日本的国立大学法人已将内部产生的知识产权归还给大学，这一举措增强了学校对新技术的管理和转化能力。在实施法人化改革后的同时，各国立大学法人不仅强调保持其原有的个性和特色，还积极设定了产、学、官联合与知识产权处理的灵活规则，为全面的产学官合作提供了法律政策的依据。

为了考察改革后"产学连携"政策的企划和实施情况，文部科学省自2004年起每年都对法人化后的大学进行产学合作项目的实施状况调查。2008年公布的数据显示，申请"共同研究"的案件数量为17638件，总的研究费用大约438亿日元，比上一年度增加了37亿日元（9%），创历史最高；"受托研究"的案件数为19201件，研究费用总计约1700亿日元；"发

① Kanama D, Okuwada K. University patent portfolios in Japan: the impact of IP measures and national university incorporation on the university-industry technology transfer process [J]. The Dynamics of Regional Innovation, 2011: 199-223.

明申报件数"为 9529 件，"专利申请件数"包括国内外申请总计为 9335 件，其中"国内申请件数"增加了 98 件；"专利权实施件数"为 5306 件，比上一年度增加了 916 件（21%）；"专利权实施费收入"约 9.9 亿日元，与上一年度相比增加了约 2.1 亿日元（27%）；"其他知识产权实施费收入"合计约 24 亿日元，比上一年度增加了约 5.3 亿日元；"国立大学捐赠金收入"约 818 亿日元，比上一年度增加了约 59 亿日元（8%）。

法人化改革使得名古屋大学与企业共同研究的项目数量大幅增加，并且过去因产权不明晰引发的诉讼风险也得到了消除。在外部，更多的企业开始信赖大学的科研能力，将对企业生存至关重要的技术升级和业务转型委托给大学进行研究。在内部，通过法人化改革重获大学内部发明人的信任，打破了之前在信息、资金、人才方面的僵化局面，废除了教授终身制并重塑了科研科层化管理制度，并为有科研意愿和成果转化能力的大学研究人员提供了更好的科研与转化平台。

由于官产学合作的重要性日益凸显，作为日本官产学合作的生力军，名古屋大学正在逐步建立从创造知识产权到利用知识产权的链条化转化流程，其目标是利用校园内的知识产权来为日本的社会以及周边地区做出贡献。为了实现这一目标，日本的顶尖研究型大学正在继续探索如何更好地与所在地区产业部门开展更深入、更紧密的官产学连携。

第三节　国外研究型大学科技成果转化生态中诉讼风险防控经验

一、提升风险识别和防控能力是科技成果生态系统良好运转的内在关键

西方发达国家的一些研究型大学和有关部门已经将诉讼风险治理提升为战略规划和专利运营的重要环节。例如，美国的公立研究型大学已逐步建立起面向学校和社会的全面风险管理体系。2007 年 7 月，全国大专院校事务官组织（NACUBO）与美国高校董事会联合会（AGB）联合举办了"大学全面风险管理论坛"，就诉讼风险及其诱因组织与会人员展开讨论[①]。通过此次会议，许多管理者对美国大学所面临的内外部风险进行了全面识别。正是

---

① 郭洁. 美国公立高校全面风险管理管窥［J］. 高教探索，2012（06）：34-39.

由于大学管理群体通过风险研究深化了对所面临诉讼风险及其成因的认知，并明确这些风险的复杂性与严峻性，使得全面风险管理思想渗透到了公立研究型大学的管理层之中。如表 6-12 所示，顺应这一趋势，一些发达国家的研究型大学逐步形成了诉讼风险的基本治理框架，从内部环境、目标设定、事件分析、风险评估、风险应对、控制行为、信息与沟通、监测八个环节入手，动态地实施诉讼风险管理。

表 6-12　AUTM 成果转化利益相关者风险及其防范措施守则

利益群体	风险类别	风险来源及其防范措施
发明人 （大学科研教师、行政管理人员、博士后、研究生）	1. 学术使命 2. 包容性 3. 平等渠道 4. 运营透明 5. 响应能力 6. 权利归还 7. 程序透明	大学管理者方面： 　1. 接受教学、研究和公开发表的客观规律，不得为了商业化而强制师生延迟研究成果的发表；2. 应根据要求及时告知发明人通过公开发表可能对知识产权造成的影响，并告知如何规避不利后果；3. 校方平等对待所有发明人，无论职务地位如何；重点关注非职员身份的研究生和博士后等的利益。 　TLO 方面： 　1. 在制定转化战略时，应征求发明人意见并考虑其学术利益。及时通报与转化伙伴的沟通情况，在合同签订之前，必须通知发明人审议合同对学术利益的潜在影响；2. 让发明人监督转化的全过程；3. 权利的及时归还。如果 TLO 停止对成果商业化的努力，且发明人希望继续自费进行转化，TLO 应返还必要的权利；4. 程序透明。公开成果转化相关的政策、程序和做法。 　发明人方面： 　发明人应及时给出决策。参与专利评估、转化策略和专利申请的讨论。
技术中介组织（TLO）	1. 完全且及时披露 2. 可持续 3. 共享 4. 专利服务 5. 市场营销 6. 平衡利益	发明人方面： 　1. 根据校方和资助方要求，向 TLO 披露发明；内容应包含对发明的完整描述（包括手稿、数据和其他材料）；在公开披露前与 TLO 联系，以保护专利权；2. 持续跟进发明发展，包括其间的新数据或新发现；3. 如果专利申请公开的，发明人应及时与 TLO 和代理人合作，主动将数据和信息、发明文件和申请所需的文件提交给专利局；4. 应向潜在的接受方企业提供商业建议。发明人应及时向 TLO 提供与其发明相关的技术数据等信息，出面同企业洽谈，并在谈判中与 TLO 建立共识；5. 发明人应该对商业化过程中所涉及的机构和公共利益保持敏感，平衡各相关者的利益。 　自我约束方面： 　1. 关切对发明构思做出贡献的所有参与者，在贡献度不平等的情况下，形成利益分配的一致意见；2. 公平分配发明人在所有发明中的利益份额。

续表

利益群体	风险类别	风险来源及其防范措施
公众	1. 民意诉求 2. 经济利益 3. 交易透明 4. 政策透明	发明人方面： 1. 高校及其员工是公共利益的捍卫者。只有当公众获得新产品和服务并从学术研究成果中受益，才符合公众利益；2. 对公众有责任确保因其知识产权实施而得到合理的补偿，以便能够进一步获得支持。 TLO方面： 1. 应准备好应要求自由披露每项发明的许可状态，如果获得许可，还应披露合作类型，根据规定披露企业身份；2. 应公开成果转化有关的安排，并对与商业化过程有关的实践和流程进行流程管理。

附注18：来自 https：//autm.net/about-tech-transfer/principles-and-guidelines/stakeholder-interests/.

　　一些国家也建立了非营利组织，如日本的"学术振兴会"、德国的"国家风险评估协会"等，以鼓励和指导研究型大学开展科技成果转化风险管理。例如，AUTM是西方最早开始重视大学成果转化风险管理的社会组织。早在20世纪90年代，该组织就通过明确创新主体的相关利益准则，提出研究型大学科技成果转化的发明人、技术中介组织和社会公众都应被纳入研究型大学科技风险治理体系之中。

　　同时，美国12所研究型大学于2006年夏季自发组织了关于公共利益风险的研讨工作，形成了大学技术转移许可工作的九点意见[①]。意见提出，一是大学应尽量不放弃许可和转化发明的权利，并允许其他非营利组织和政府组织参与这一过程；二是独占性许可的授予应以鼓励技术开发和使用为前提，而非商业竞争的用途；三是应努力减少"未来改进"的许可，以防止高校教授消极转化；四是管理者应预见并及时对那些与成果转化相关的利益冲突进行治理；五是应确保广泛使用各类研究工具；六是应慎重启动关于高校的司法行动；七是应提升对技术出口合规性的重视程度；八是应慎重考虑技术接收方的背景与意图，防止专利流氓恶意囤积专利；九是应重视政策均衡性，对被忽视的弱势群体或欠发达地区给予政策倾斜，并重视对发展中国

---

① AUTM. In the Public Interest：Nine Points to Consider in Licensing University Technology［EB/OL］.［2007-03-06］. https：//www.autm.net/AUTMMain/media/Advocacy/Documents/Points_to_Consider.pdf.

家的医疗、诊断和农业技术方面的帮扶。以上九点意见的核心目标是确保研究型大学科技成果的"公共属性",以提升科技水平和增进公众福祉为重点,以商业化营利为次要原则,降低因成果私有化带来的诉讼隐患。

二、纠纷的多元化解决路径是消除生态中诉讼风险的关键保障

在西方发达国家,高校知识产权纠纷的解决机制呈现多元化发展趋势,为纠纷解决提供了多种途径。数据显示,在德国,约有八成的高校科技纠纷案件选择利用仲裁方式进行磋商处理。将诉讼方式作为多元化纠纷解决模式中对仲裁模式的救济性补充,而非一味诉诸庭审解决,这种做法充分展现了德国以及其他西方国家民事法律体系的高度完善。通过构建多元化的纠纷及诉讼解决方式,西方发达国家为其国家创新系统中可能产生的法律风险的应对提供了行之有效的手段。

1. 推进关系要素中诉讼制度环境的培育,建立专门的知识产权法庭审理相关案件

美、德等国政府通过设立专利法院来提升科技成果纠纷案件的审理效率。目前,西方发达国家已经建立了专门负责知识产权类案件的知识产权法庭。建立这类专门法庭也反映出西方国家对民事案件发展趋势的关注。知识产权专门法庭源于 1982 年建立的联邦巡回上诉法院,该法院由美国联合专利上诉法院和索赔法院等机构组成,其初衷是应对日益增多的国际贸易与国内专利纠纷,通过设立能快速应对变化的专门法院,来减轻地方法院在处理复杂且时间拉长的专利诉讼案件的压力。实践证明,专门法院可以大幅提升司法体系中处理民商事诉讼问题的效率,使得一些经济发展相对落后地区的地方法院能专注于其他法律实务。

1961 年,在看到巡回法院高效率的优势后,德国也开始规划建立本国的专利法院。在 1961 年之前,联邦德国主要让普通法院负责专利纠纷的审理,但是与美国相似,德国每年大量积压的专利纠纷案件造成那些并不具备知识产权审理能力的联邦司法人员审理效率低下。

2. 促进群落要素与关系要素联动,建设专业化的科技司法人才队伍

科技成果司法队伍的准入渠道坚持多样化。以德国为例,法律专业人才除了通过传统的法官资格认证方式担任专利法官外,还可以通过专业技术能力的资格认定来入职。这种双元制的法官资格认定制度是德国在司法制度上的一项创新性尝试。《德国专利法》规定:"(法院的院长、审判长)必须具

备依据《德国法官法》规定之法官资格（即法律型成员），或具有某项技术领域的专业知识（即技术型成员）……技术型成员必须通过国家合格考试或者专业合格考试。"

专利权虽然属于民事权利范畴，但解决知识产权相关问题的司法实践往往要求从业者具有丰富的技术知识和专业能力。在西方大陆法系的背景下，知识产权问题虽然被分类为民事纠纷和行政纠纷，但从法理和法源角度来看，知识产权仍然基于智力成果的无形财产权，其纠纷问题与其他物权问题相比具有独特性。从实践来看，西方知识产权专业的课程体系除了涉及法律知识外，还需要包括大量的工科知识，那些具有认证资质的专利代理人通常有理工科学习背景。因此，传统模式培养出的"一条腿走路"的法官已经难以适应当前专业司法工作的效率需求，在我国的司法实践中这一困境更加突出。

在我国，科技成果的民事纠纷裁决已经无法仅凭法律条文来给出凭据。例如，当今的专利侵权、商标侵权案件中的抄袭侵权行为，由于主审法官仅凭其法律背景知识难以判断是否存在抄袭行为，这时就需要引入具有仲裁资质的机构如专利审查委员会等的专业意见。但是，这类机构的专业意见往往难以获得控辩双方的一致认可，导致了次生的行政诉讼危机。

目前，我国知识产权领域的专门法院体系正在逐步建立中，其法官的选拔和任免条件同其他普通法院一样。像之前所述，依赖国家司法考试、公务员考试来选拔法官的体制，忽视知识产权领域应有的专业能力，因此在日益复杂的科技成果纠纷裁决中埋下了风险隐患。基于此，像德国、日本等西方发达国家所采用的双轨制能力考察模式，在当前时期对我国知识产权法院体系的建设具有重要的参考意义。

3. 完善关系要素的纠纷解决机制化解行为风险，引入替代性解决机制进行治理

1976 年，替代性纠纷解决机制（ADR）由美国首先提出，并随之被越来越多的国家司法体系承认和应用。时任联邦最高法院首席法官沃尔·伯格在"庞德"会议召开期间，呼吁构建法庭诉讼外的多元解决机制，并提出建立 ADR，以此应对民事诉讼中存在的高成本、低效率问题。1990 年 12 月，美国会通过了《民事司法改革法》，以应对当时诉讼量激增带来的巨额费用和诉讼资源浪费等问题。1998 年，美国 ADR 法的颁布使得 ADR 得以在全美推行。至今，全美已有 95% 的民事纠纷案件通过 ADR 解决。

日本的替代性纠纷解决机制被视为典型的成功事例。日本政府于2007年制定了《ADR特别法》，明确了ADR组织的性质，并强调引入专门的法律事务辅助机构如仲裁机关和斡旋机关的重要性。比如，日本的"知识产权仲裁中心"就对创新主体的知识产权纠纷提供调停、仲裁及协商（"相谈"）等服务。仲裁部门提供的专业性、保密性、高效性、中立性的仲裁意见，帮助发生纠纷的校企双方在冲突中获得更为平等的沟通地位，从而消除沟通误会和认知偏差①。

此外，日本文化厅在科技创新生态系统中扮演了"斡旋者"的角色，由文化厅派出专门职员应对社会民事主体针对知识产权纠纷提出的协商申请；随之派出文化厅认可的该领域的三名事务专家（一般为大学教授、法学专家和业务律师各一人）。该制度是对仲裁制度的补充性措施，能够将诉讼案件进一步降低为当事人之间的非公开沟通，能够降低各方的社会名誉损失。

然而，当前我国的非诉讼解决机制并未像日、德等国那样成为解决高校科技成果诉讼的主要方式②。究其原因，首先，我国仲裁制度建设的起步较晚，理论体系和实践支撑不够充分。同时，由于科技纠纷的法律解决体系尚不完善，使得纠纷双方在庭外达成共识的难度大增。此外，自古以来的民间纠纷都倾向于诉诸公权力监督，即"对簿公堂"；而"公断"的案件往往具有强制性和约束力，在纠纷双方和社会舆论层面更具公信力③。因此，我国非诉讼纠纷解决模式并未同诉讼模式一般行之有效。在这样的形势下，我国当前和未来一段时间的科技成果纠纷案件仍然将以诉讼作为主要解决手段。因此，我国也在对替代性纠纷解决机制进行持续研究和完善。

三、通过赋予技术中介机构综合性的转移服务职能来加强校企间的互信

技术中介机构是科技生态系统中的重要组成部分，它通过精准把握研究型大学和企业的个性化需求，平衡了产研双方的关系。美、德、日等国通过构建职能互补、分工明确的科技成果转化中介服务体系，为参与转化的各个主体之间的信息交流提供了有力支持。无论是西方国家，还是日、韩等近

① 范愉. 浅谈当代"非诉讼纠纷解决"的发展及其趋势［J］. 比较法研究，2003（04）：29-43.

② 黄超，韩赤风. 德国专利纠纷诉讼解决机制及其借鉴［J］. 法律适用，2018（13）：93-100.

③ 范愉. 非诉讼纠纷解决机制研究［M］. 北京：中国人民大学出版社，2000：133-175.

邻，国家科技成果服务体系都不是简单地任由各个生态主体自由发展，而是通过"看不见的手"将社会组织、大学和企业联结在一起。特别是美、日等国政府，通过将重要的经费资源执行权下放给社会组织，有效地拓展社会的自治功能，把由全能型政府全盘把控的经济事务交给社会中的中介组织来处理。如图 6-12 所示，日本学者的研究表明，日本官方认定的技术转移机构（TLO）参与研究型大学成果转化的数量正在逐年增长，其中介效应对成果转化的效益产生了直接拉动作用。

单位：件数　　　　　　　　　　　　　　　　　　　　　　单位：亿日元

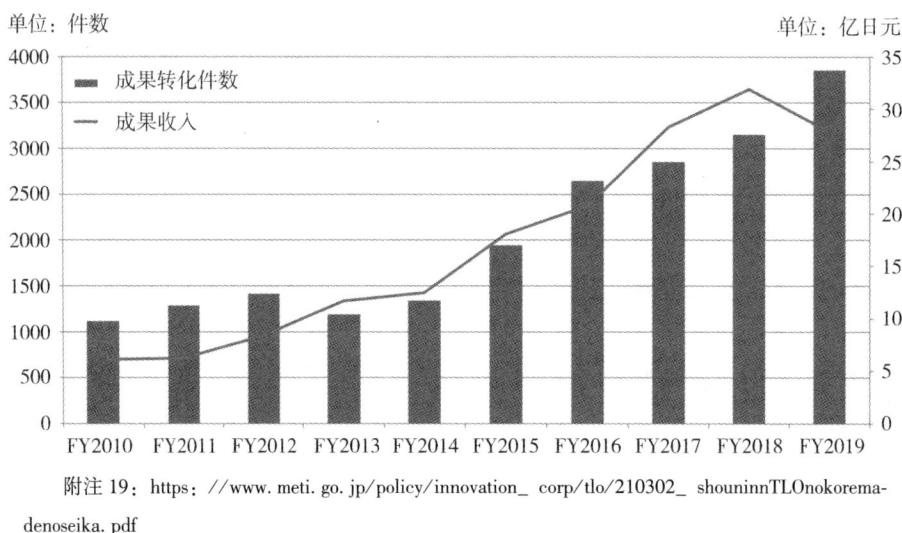

附注 19：https：//www.meti.go.jp/policy/innovation_corp/tlo/210302_shouninnTLOnokorema-denoseika.pdf

图 6-12　日本官方认定 TLO 对日本研究型大学成果的贡献

国家级科研创新支援机构是将政府治理资源纳入国家科技中介服务体系的一种成功实践。例如，日本于 1996 年重组日本科学技术振兴事业团，其主要职能包括：一是集中官、产、学各方资源，分头推进基础研究与应用开发研究；二是构建能够促进科研生态持续良性发展的信息网络与基础设施；三是加强人才队伍建设，高薪聘请海内外精英学者到国立研究型大学和研究机构进行研发工作；四是支持地方技术转移机构，从而支援研究型大学和科研院所的技术转移工作。此外，日本还成立了"中小企业风险投资振兴基金会"等官方机构，为初创企业提供重要的启动资金和人力信息①。

①　陈韶华．战后日本产业政策研究［D］．武汉：武汉大学，2011：75.

为了助力 TLO 更有效地发挥支援作用，日本经济产业省实施了精细化的资助策略，通过三种资助方式有针对性地扶持各类 TLO。首先，针对研究型大学新设立的 TLO 机构，提供前五年必要的资金支持，每年投入高达 12 亿日元补贴，覆盖了 TLO 创业经费的三分之二。其次，通过与民间企业合作，以 2∶1 的比例联合资助大学的"成果活用化"研究。借助 TLO 的桥梁作用，推动研究型大学在科技创新基础项目之外，开展"实用化研究开发"，从而加速成果的转化应用。此外，还额外为每个 TLO 提供 1.5 亿日元经费，用于聘请法律、经营和财务等领域的专家，为研究型大学的创业者提供全方位辅导。据统计数据显示，近五年来，每年各项 TLO 经费资助的市场规模已超过 7200 亿日元，而经费投入则稳定在 55 亿日元，实现高效的资金利用。

实践证明，相对较少的资金投入就能够有效帮助日本的 TLO 和大学创业者度过创业初期的不稳定阶段。这使得技术中介机构在大学和企业之间充分发挥了润滑剂的作用，真正盘活了整个生态的创新活力①。在经费使用上，日本采取了灵活高效的方式，将资金交由技术转移机构负责管理和发放，即减轻了政府科技部门的压力，又让技术中介机构在生态系统中产生了积极的"鲶鱼效应"。除此之外，日本文部省还从 2001 年着手培养"协调者"，至今已培养了百余名"既适应大学学术组织""又精通学术产业化"的转化专家，以转化服务人才②的输出来消除校企之间的诉讼风险。

在地区层面，日本形成了以 TLO 为节点的区域创新服务网络。针对科技资源集中的特点，该国以东京、大阪、京都、札幌等大学集中区域和东京横滨、关西产业带等企业聚集区为核心，制定科技成果专业策略。从大学和企业两个角度出发，分别打造符合当地大学技术转移需求和帮助企业承担产学连携社会职能的商业技术转移机构，由此形成了"大学—TLO—企业"三方紧密合作的转化沟通链条。

通过促进研究型大学和科研院所技术研究成果的有效技术转让，TLO 能够助力新研究领域的开拓、现有产业技术的提高和研究型大学等科研活动的振兴，进而促进日本国内产业结构的转型以及研究型大学的学术进步。在地

---

① 康洛奎. 日本"知识产权战略推进计划"的启示 [J]. 电子知识产权, 2004 (04)：19-22.

② 吴宏元，郑晓齐. 日本产学合作中的"协调者"制度及其启示 [J]. 高等工程教育研究, 2006 (03)：78-81.

方 TLO 部门的共同努力下，2010 至 2019 年间，日本大学通过 TLO 促成的技术转移件数累计超过 20 000 件，总创收更是高达 170 亿日元①。这些成果充分证明了 TLO 在促进国内产业结构转型和研究型大学学术进步方面的重要作用。

----

① 日本经济产业省. 大学の技術移転（TLO）[EB/OL]. [2021-12-10]. https: //www. me-ti. go. jp/policy/ innovation_ corp/tlo/.

第七章 研究型大学科技成果诉讼风险防控路径的改进建议

第一节 我国研究型大学科技成果转化生态培育的可行性案例分析

　　大学科技成果转化工作是一个高度专业和复杂的系统性工程，涉及众多主体和环节。从横向看，参与转化的主体包括校内的研发人员、管理机构以及校外的合作企业、技术转移机构、中介机构、投资方等，主体多样且层级、关系复杂。从纵向看，转化流程涉及多个环节，任务繁重且环环相扣，需要实时跟进并评估成果，同时还要推进专利申请、市场推广和商务沟通等多项工作。

　　经过多年的实践摸索，以清华大学为代表的一批国内一流研究型大学已经建立起良性可持续的科技成果转化管理和服务体系，有效支撑了研究型大学在科研与社会服务方面的职能实现（如图7-1所示）。下面以清华大学"基于脑深部电磁技术的可充电式脑起搏器"转化案例为典型，深入剖析我国创新生态系统下研究型大学科技成果转化生态培育的路径及其推广的可行性。

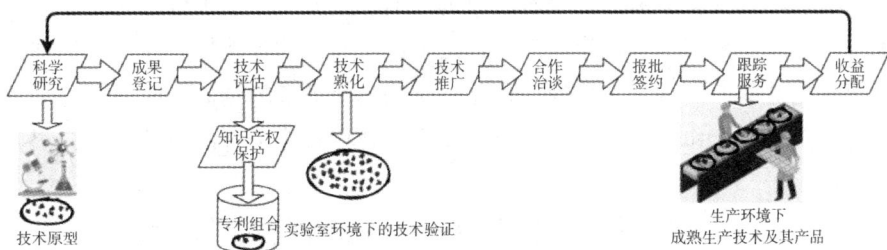

图7-1　当前清华大学科技成果转化的管理流程

一、清华大学"可充电式脑起搏器"案例简述

"可充电式脑起搏器项目"是由清华大学神经调控技术国家工程实验室与北京市科委共同联合研发的一项科研重点项目。该项目所研发"脑深部电刺激术"专利技术，为患有帕金森、癫痫、阿尔茨海默病、疼痛、抑郁等神经系统疾病的广大患者提供了一种新的治疗选择。通过植入脑起搏器，患者机体的运动机能能得到有效改善，进而大幅减轻了病患及其家庭的生活负担。

2000 年左右，由于产业领域一直未能掌握相关核心技术，国内的医疗机构只能依赖进口脑起搏器设备完成手术治疗。然而，进口设备的医疗费用近 20 万元，而当年北京市家庭人均可支配收入 10 349.69 元，进口仪器的昂贵费用给一般家庭带来沉重的经济负担。为了打破外国在该领域的技术垄断，降低医疗费用，清华大学某学院科研团队携手首都医科大学附属天坛医院、中国医学科学院附属协和医院、中国人民解放军总医院以及北京品驰医疗设备有限公司等多家单位，共同致力于国产脑起搏器的研发转化工作。

经过十余年的艰苦攻关，2009 年国内首例国产"脑起搏器"临床试验手术取得圆满成功。随后，在 2013 年，清华大学研发的"脑起搏器"获得当时国家食品药品监督管理总局（CFDA）的注册证，标志着国产脑起搏器正式进入市场。2016 年，该产品又通过了欧洲通过 CE 认证，继续拓展在国际市场的份额。截至 2017 年，全国已有 200 家医院累计完成了超过 12 000 例次植入手术，国产脑起搏器在市场份额上占比超过六成。至今，该项目共获得海内外授权专利 97 项，发表核心期刊论文 115 篇，成果丰硕。

通过深入这一典型案例，能够发现该项目的成功实现得益于以下四点。

一是各创新主体之间形成了统一的创新口径和研发合力，有效消除了合作中的信任危机和不确定性因素。通过大学、企业、中试平台之间生态位需求的融合，各方统一了风险认知，降低了诉讼发生的可能性。在一项创新成果的转化过程中，整合了学校、企业、医院各个环节的资源，明确了每个环节的主要负责人和推进者，从而充分发挥了合作转化中各部门的特长，提升了转化效能。

在研发环节，航天航空学院的李路明教授积极响应天坛医院王忠诚院士的研发提议，针对医疗前线急需攻克的"脑起搏器"难题，及时立项启动研发工作。与西方研发的脑起搏器技术相比，我国自主研发的起搏器原型设

计具有两大突破：一是摒弃了主流的"恒频刺激"设计思路，创新地引入了"变频刺激"设计；二是引入了可充电技术，减少了患者的手术次数，实现了低费用、一次性手术、微创伤的医学理念。

在临床环节，天坛医院致力于降低国内患者的治疗器材费用，同时积极推动国产化医疗器材的发展，促进国产技术超越国际先进水平。为此，医院甘于承担试验和临床风险，与大学研发团队紧密合作，开展了多期动物试验。

在扩大生产环节，品驰公司依托校方和校外投资方的支持成立，与清华研发团队实现了样品机的无缝对接，在不断改进工艺水平的同时，主动承担技术的资质审批、市场推广、扩大生产等产业化任务。2017年11月，国家"神经调控协同创新联盟"在清华大学正式成立，为参与转化的大学、临床医院、企业等各部门提供了延续合作的平台。

二是通过建立多元化的经费支持体系，满足合同约定以及合同之外的创新需求。这一体系有效地弥补了合同的不完备特性，从根本上避免了创新主体因转化失败而寻求通过合同漏洞制造诉讼的可能性。该技术能够实现成功转化的重要因素是多元化的经费支持体系。医学科技成果转化是一个复杂的协同创新过程，包括了技术前沿探索、核心技术研发、样机研制、临床前研究、临床试验、注册审批以及市场运营等多个环节。

为了确保这一过程的顺利进行，从最初形成阶段成果开始，相关部门就积极介入并提供支持。自2009年起，北京市科委在大学、企业和医院之间发挥协调作用，为大学提供实验室设备和房屋租赁方面的支持，同时还资助博士后和研究生的培养工作。为了进一步推动科研成果的转化进程，科技部在"十一五"和"十二五"期间设立了3个专项研究课题。这些课题为相关技术的研究和系列化产品研发提供了专项课题重点扶持，从研究和产品两端同步推动科研成果转化。

三是通过政策层面的精准帮扶，在政府公信力和执行力方面疏通了行政方面的堵点，促进创新生态环境中关系要素的融合并降低了治理压力。北京市层面，在大学经费链条断裂的关键时刻，政府果断采取注资参股的方式，继续为课题攻坚提供了有力支持。为了加快脑起搏器的中试进程，并为临床试验提供必要的数据支撑，该部门还积极联合多家三甲医院开展临床合作。同时，他们还为病患提供减免等补助，以消除各方在临床试验中的顾虑和压力。

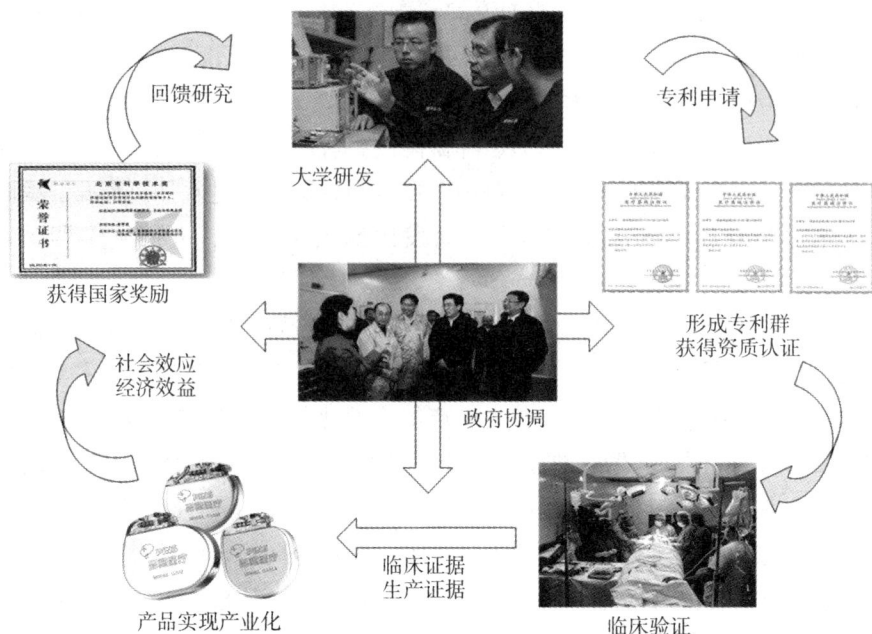

图 7-2 "可充电脑起搏器"项目的生态演进历程

由于大学自身不具备生产环境和生产资质，引入掌握优质资源的合作方就显得尤为重要。这种合作模式使得大学科研人员能够在联合搭建的中试环境下专注于技术的持续开发。至于工艺开发、质量控制以及生产和临床试验等环节，则由企业负责严格把关，确保整个过程的顺利进行。而在此过程中，政府的"游说"作用不可或缺，他们通过有效的协调，推动了成果的再次开发进程。

四是聚焦技术转移整个生命周期，通过构建合理的股权与利益分配机制，建立专注于成果转化的创业型公司。经过十余年的研发历程，脑起搏器技术成功从大学实验室中脱颖而出。为了确保技术的顺利转移，研发团队与其他部门共同参与新公司的创建，并建立了合理的利益分配机制。与以往的模式相比，该公司的股权结构更为创新，特别是最初的研发团队和大学也享有一部分股权。研发负责人表示，大学基金、市政府基金和校外风险基金都参与了项目投资，这几个投资方同时享有部分股权，这将令参与转化的各利益相关方互利共赢，从而为后续新技术的落地转化建立起稳固的社会关系。

二、生态系统诉讼风险防范的要素解读

一是坚持推动生态系统中全要素的融合。"清华大学国产脑起搏器技术"的转化投产及广泛应用，彰显了研究型大学科技成果转化生态中群落要素、成果要素和关系要素的深度融合的威力。这一融合有效地降低了由不确定性因素导致的诉讼风险，从而在创新源头上化解了潜在危机。具体而言，该技术为神经系统疾病患者人均节省了十余万元的手术治疗费用，显著减轻了患者家庭的经济负担。同时，清华大学李路明、张建国、郝红伟等人的科研团队凭借"脑起搏器关键技术、系统与临床应用"项目获得2018年度"国家科学技术进步奖一等奖"。此外，该产品还远销国外，不仅突破了国外医药企业的技术封锁，更实现了我国高科技医疗产品和高新技术在国际舞台上的持续输出。

二是坚持引入外部评估客观评价。在"国产脑起搏器"创新链的深入剖析中，我们发现当前我国的科技成果评价方式正在发生积极变革。相较于传统的以鉴定和验收的评价方式，以行业准入和最终评估为导向的模式更利于规避成果转化过程中的技术风险。科技部最新统计数据也印证了这一趋势（如图7-3所示），传统的评价方式正逐步被行业准入、产业评估以及专业评价机构等第三方专业化评级模式取代。

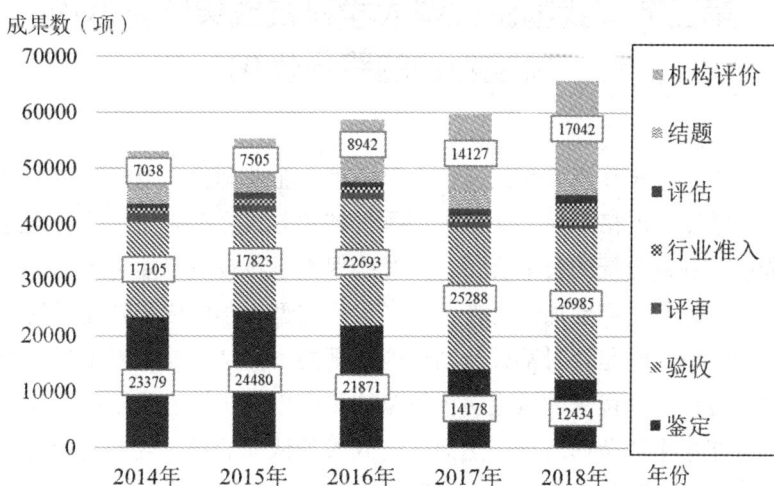

附注21：根据国家科技成果登记工作平台2018年分析数据整理制作。

图7-3 我国科技成果评价方式5年统计表

三是坚持标准优先驱动产业化。清华大学起搏器技术项目的成功，得益于合作初期就引入了严格的行业准入评价机制。团队将国内外医疗资质和医疗器械的相关标准作为研发的重要考核指标。在群落与关系要素的联动过程中，大学与企业通过协调及时引入了临床试验部门，打通了成果转化的"小试""中试"环节，通过临床评估为成果产业化进行背书。这种联动机制不仅增强了校企间的互信，也为敢于尝试新技术的医生和患者提供了机会。值得一提的是，将研究成果提交给国内外专业评价机构进行第三方评价，确保了评价的客观公正，是提升产学研联盟稳定性、打破零和思维的一项重要举措。

四是通过模式复制推动生态创新范式的深刻变革。通过该项技术的成果转化落地，清华大学及其合作伙伴不仅建立了稳固的转化联盟，更为重要的是，共同构建起了一个各要素协同的产业创新生态。随着该项技术在海内外市场成功推广，技术带头人和相关贡献者通过组织行业协会的方式，进一步推动了学术和产业实践相融合的生态发展。在这一过程中，创新生态系统经历了创新范式的转变，系统中的创新种群、服务种群以及环境要素之间的联系变得更加紧密，共同构建了一个以政产学"三螺旋"为根基、以服务关系要素为第四条螺旋的产业创新生态。

第二节　我国研究型大学科技成果转化诉讼风险防控的路径优化

科技成果转化在当前受到来自大学精神、企业利益、政府支持和公众期待等多个维度的严格审视。无论采用哪种转化方式，都必须确保转化过程的合法合规、利益分配的公平公正，同时确保大学科技成果能有效促进公共利益。因此，各部门需要加强合作，共同为研究型大学的成果转化保驾护航。

风险防范策略是针对某种行动可能出现的不同结果及其发生概率的应对方法的集合。一个优秀的风险防范策略能帮助创新主体有效规避不确定性因素及其可能带来的负面后果。然而，受到人类认知的局限性和风险自身的特点影响，风险防范策略只能在人们预期的时空范围内对风险因素进行防范和应对。因此，需要不断从实践中总结提炼出各类不确定性因素，预判这些因素可能造成的不利影响，并制订出符合组织特征的可行性方案。这为我国研究型大学科技成果转化生态系统的内生性风险防范提供了一条可行的优化路径。

结合前文访谈和风险生成机理的深入分析，笔者提出一种针对我国研究型大学科技成果转化风险生命周期的全面防控路径。如图 7-4 所示，通过前期的风险识别和风险生成机理研究，以生态化的视角重新解读了我国研究型大学科技成果转化的全生命周期，并将其演进过程划分为大学研发、合作达成、转化实施以及转化成功（或失败）等几个关键节点。在每个阶段，都以本研究创新生态学理论中的群落、成果和环境要素为核心考察对象，结合我国研究型大学科技成果转化中可能出现的诉讼风险点 a_1-a_{10}，并借鉴国外研究型大学科技成果生态治理的成功经验，以鱼骨图的形式详细绘制出了针对这些因素的防控路径。接下来，将结合这一防控路径，提出更加具体和有针对性的风险防范策略。

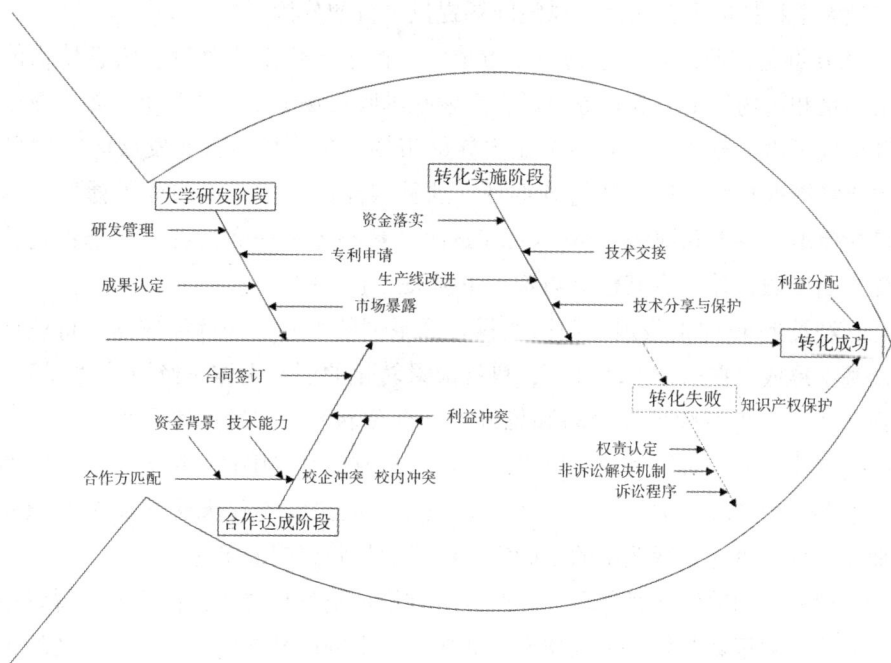

大学研发阶段
研发管理
成果认定
专利申请
生产线改进
市场暴露
资金落实
转化实施阶段
技术交接
技术分享与保护
利益分配
转化成功
合同签订
资金背景　技术能力
利益冲突
合作方匹配
校企冲突　校内冲突
合作达成阶段
转化失败
知识产权保护
权责认定
非诉讼解决机制
诉讼程序

图 7-4 我国研究型大学科技成果转化生态风险防范路径"鱼骨图"

一、群落要素与关系要素的融合：风险共担机制代替零和思维

笔者认为，针对研究型大学科技成果转化诉讼风险问题，建议从风险引

发诉讼的路径逆向思考，以寻求解决之道。研究型大学、科研院所、企业、中介机构和政府等各方主体共同参与，每个主体都应结合自身的生态优势，与其他主体及环境实现和谐共生。为确保生态系统的有序演进，不应任由各主体盲目发展，而应构建一套保障生态有机运转的规则体系，为科技成果转化提供合法性保障，从而潜移默化地影响整个科技转化生态。在此进程中，各主体在交互中形成了对风险及其后果的共识，打破了信息壁垒，共同扫除生态系统演进中的障碍，化解风险。因此，建立一套助力各方协同共生、降低风险的规则框架显得尤为重要。

博弈论（game theory）作为一种分析利益权衡（consideration of the benefits）的工具，为学界提供了研究各主体之间相互作用机制的新视角。该理论自 20 世纪 40 年代提出以来，已广泛应用于自然科学与社会科学领域。在高风险竞争情境中，博弈论能够帮助我们探求特定情境下的均衡状态，为研究型大学科技成果转化诉讼风险问题提供可行的分析工具。

20 世纪初期，国际市场初步形成时，由于运输工业落后、信息传播能力不足和市场规则不成熟等因素，企业在国际市场上不完全竞争，各行业逐渐形成了由少数几家垄断型企业主导的市场竞争环境，行业发展陷入"独占市场攫取超额利润"的恶性循环。这种残酷的竞争行为构成了博弈论的最初模型——零和博弈（zero sum game）。参与零和博弈的各方，都被迫接受"自身收入建立在其他参与者等量损失之上"的局面。

经过近 40 年的发展，我国的科技成果创新生态已经逐渐成熟，行业格局基本形成。在这样的环境下，科技成果转化的创新主体正经历从"零和"到"正和"的风险博弈策略和思维上的深刻转变。传统的零和博弈，以其拒绝合作、力主对抗的生存思路，已逐渐显露出其局限性。随着行业利润的压缩和竞争环境的加剧，这种"你死我亡"的策略不仅无法帮助企业稳固地位，反而可能因行业中的不确定性因素而导致组织的迅速衰败。

然而，随着同业竞争环境的改善，政策环境日趋透明，行业准则得以逐步规范，决策者开始意识到非合作博弈所带来的内耗之巨大。一些成功的企业间合作不断提醒着人们：通过寻求共同的利益目标，决策者可以转变对抗态势，采取新的合作行动策略来降低失败风险。

在这种背景下，合作博弈（cooperative game，或称联盟博弈）的理念逐渐受到重视。与零和博弈不同，合作博弈强调与存在利益相关的组织建立利益共享、风险共担的合作机制。这一思想源于冯·诺依曼与摩根斯坦在

1944 年发表的经典著作《博弈理论与经济行为》。合作博弈注重通过形成团体来实现合作各方的共同理性、公平、公正和效率，为充满不确定性的创新合作提供了有力的分析与决策指导。

具体来说，合作博弈模式建立了一个沟通的渠道，使博弈方由对抗转为合作。通过形成具有约束力的议事框架，各方共同议定利益分配模式，从而改善了传统零和博弈中因内耗引发的"零收益"情境。这种"内部化"改善是通过信息互通的对话机制建立合作联盟（coaliton），将双方资源视为一个整体，实现了由资源竞争向资源共有的转变。在合作博弈中，双方能够通过谈判协商找到共同利益点，在讨价还价和自我价值取舍后形成契约。这不仅提升了各自的管理效能，还在追逐共同利益的过程中形成了强大的合力。这种合作模式有助于降低风险、提高效率，并为创新主体在科技成果转化中实现市场利益最大化提供了有力支持。

合作博弈注重"团队理性"（collective rationality），以此协调联盟成员间的思维分歧。为确保公平、公正和效率的利益分配，联盟成员需制定有约束力的协议，以规范并监督合作过程及其产生的剩余。合作博弈的实现需满足两大条件：首先，合作带来的整体收益应超过成员单独经营的总和；其次，剩余的分配应遵循帕累托改进原则，即确保加入联盟后每位成员获得的利益都不低于加入联盟前的水平。从组织的生存与发展视角看，合作博弈能为参与主体及其竞争对手带来"正和"收益，促进双方共赢。这要求联盟成员间进行及时的信息沟通和资源互补共享。因此，合作博弈可视为创新生态系统内各主体通过完全信息交换与资源共享，实现总收益增长的互利共生过程。

将合作博弈思维融入组织治理中，为我国研究型大学的科技成果转化生态提供一种基于风险共担（risk sharing）的新治理框架。这一框架通过在知识组织与产业组织间构建"综合性的契约体系"，形成了一种保障性的创新战略联盟。与传统合作模式相比，此利益同盟允许企业和研究型大学在风险共担的前提下，通过部分利益的让渡来获取各方更多发展优势，尤其是风险化解能力。风险共担进一步地整合了企业发展内需与行业现行资源。王海花等认为，在开放创新过程中，创新主体间的资源共享以环境配置为首要因素，以资源共享渠道为中介桥梁，以需求和资源池为互动脉络[①]。资源池

---

① 王海花，彭正龙，蒋旭灿. 开放式创新模式下创新资源共享的影响因素 [J]. 科研管理，2012，33（03）：49-55.

（resource pool）作为企业管理概念，是对企业资源进行灵活管理的逻辑抽象，由组织内部人员识别发现的外部可利用资源组成。通过扩大资源池容积并提高池中资源的异质性，创新组织可在产业创新网络中占据核心地位，从而掌握创新优势。同时，具有异质性的创新主体，特别是掌握资源异质性较强的研究型大学和企业，可通过建立技术联盟促进组织成长①。

当然，风险防控路径视角下的成果转化并非简单的风险转嫁（Risk Transfer），而是强调合作伙伴间通过明确共同利益，交流可能的失败因素，以绝对知情权的共享消除误解。若研究型大学与企业在合作中隐瞒关键信息，将导致合作出现问题时相互指责的纠纷。因此，在风险防范路径的优化中，风险共担策略的核心应是巩固创新生态中群落要素与关系要素的联动关系，而非与之相悖的要素拆解。

二、成果要素与关系要素的融合："创新伙伴"综合评价指标体系

高校与企业在构建创新联盟时，应以利益共享为前提，给予合作伙伴资源上的相互补充，在内部形成针对合作伙伴的一套综合考察评价体系。党兴华等认为，在市场中寻找"创新伙伴"时，须谨慎评估合作伙伴与自身的资源差异程度，因为资源异质性与组织创新网络中的核心性之间存在显著的"倒 U 形"关系②。研究型大学既要避免相互技术差距过大导致的知识流动难度的增加，又要防止同质性过强导致的知识难以转移的情形。因此，对创新伙伴的合作前景进行全面考察，是从源头上防控风险的重要手段。

具体来说，对"创新伙伴"的考察应涵盖技术基础能力、研发能力、制造能力、市场公关能力和组织资源五个维度。结合相关诉讼案例、国外诉讼风险应对经验以及对国内研究型大学风险作用机理的访谈，构建了如图 7-5 所示的我国研究型大学科技成果转化创新伙伴考察的三级指标体系。该体系不仅考虑了技术成熟度，还纳入了其他影响成果转化成功率的考察因素。

---

① 王海花，蒋旭灿，谢富纪. 开放式创新模式下组织间知识共享影响因素的实证研究 [J]. 科学学与科学技术管理，2013，34（06）：83-90.
② 党兴华，李雅丽，张巍. 资源异质性对企业核心性形成的影响研究——基于技术创新网络的分析 [J]. 科学学研究，2010，28（02）：299-306.

技术水平		组织资源		研发能力			制造能力		公共关系	
伙伴的不可替代性	技术的可转化性	员工素养	财务情况	研发强度	研发效能	产品迭代周期	生产资料供应	生产线设备先进水平	市场地位	企业知名度	营销水平
专利保护程度 / 技术的不可替代性 / 行业先进性 / 操作可复制性 / 技术成熟度		专业培训 / 学历	盈亏情况 / 固定资产水平 / 负债情况	研发经费占比 / 研发人员占比	专利申请情况 / 专利成果转化率	组织成果更新速度	企业产品更新速度 / 供应商稳定性	市场稳定性 / 国际水平 / 国内水平 / 区域水平	市场信誉度 / 占有份额水平		地区营销分布情况 / 网络营销情况 / 营销公关费用

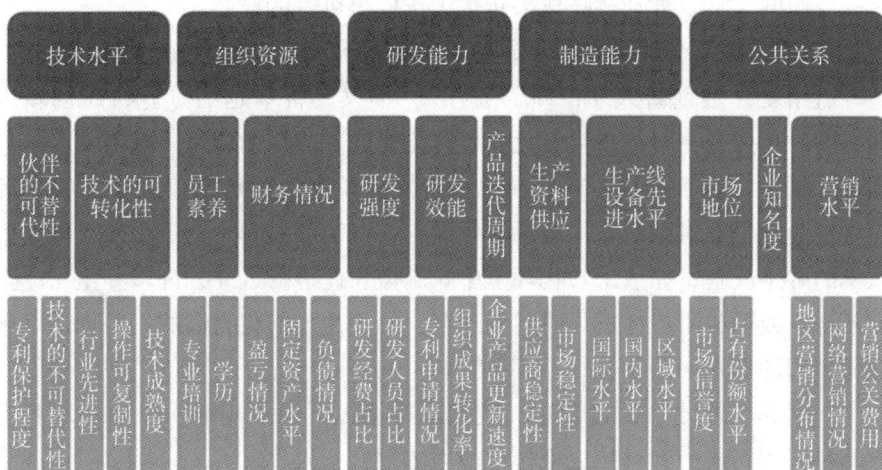

图 7-5　一种我国研究型大学科技成果转化"创新伙伴"综合评价指标体系

在技术水平考察方面，企业应重点关注研究型大学提供的新技术的实用性，并评估开展合作后技术是否得到显著提升。这就要求技术具有不可取代性，并且高校对成果产权的保护程度要更高。除了技术和研发能力外，企业良好的公共关系处理能力和组织内成员的高职业素养，也对合作风险防范产生积极影响。

同时，为提高合作对象的选择效率，技术中介组织的引入也能够帮助创新主体准确评估潜在转化对象的合作匹配度。技术中介组织具有客观性和中立性，对市场信息的掌握程度相较创新主体而言更为全面。在帮助创新主体遴选合作对象时，技术中介组织能够提供基于第三方的客观评估意见，从而更为全面地促进校企合作。

三、群落要素与成果要素的融合："通才"与"专才"的培养机制

笔者认为，研究型大学科技成果转化过程中，人才产出与成果转化是相辅相成、相互促进的。如果忽视了人才培养的重要性，仅仅关注技术成果本身，群落要素便无法通过成果要素的协调来实现"生态位"的优化。因此，需要重新认识成果要素，将人才培养与流通机制纳入原有的风险防控路径之中。具体来说，就是要识别出"通才"和"专才"两类人才，并建立起相应的人才培养与流通机制。这样，我们才能真正理解"科技成果即人才"

这一层面的含义，推动科技成果转化工作取得更好的成效。

1. 将通用复合型创新人才的培养思维植入我国研究型大学的"基因"

通用复合型创新人才，即"通才"，不仅具备卓越的专业科研创新才能，同时还拥有将科技成果转化有效转化为实际应用的能力。然而，当年我国在"通才"方面的培养尚处在起步阶段，仅有少数研究型大学能够为理工科专业学生提供系统化的成果转化课程。在访谈过程中，不少来自研究型大学的师生反映，在成果转化环节中缺乏擅长此道的人才，许多师生在产生创新观点或形成阶段性成果时感到迷茫，不清楚如何将自己的发明创造以产业化应用的形式回馈社会。

在培养"通才"的过程中，我们应遵循以下两点规律，以确保培养出兼具科研创新能力和科技成果转化能力的复合型人才。

一是"通才"培养应以研究型大学的 STEAM 课程培养计划为基础，将其作为综合性知识储备的根本性前提。STEAM，即科学（science）、技术（technology）、工程（engineering）、艺术（arts）和数学（mathematics）五大学科课程的融合，通过项目学习的方式，旨在打破学科领域间的知识壁垒，帮助学生形成跨学科的视野。[1] 之所以选择 STEAM 课程体系作为"通才"培养的根本前提，是因为科技成果转化实践领域对人才的创造思维和动手能力要求越来越高。尽管我国研究型大学正逐步向这一培养方向发展，但在当前课程体系中，对研究生在专业技术能力、创新力、持续学习能力、发展与培养能力、团队协作能力和沟通表达能力等方面的培养与考察评价仍有提升空间。[2] STEAM 课程体系的优势在于，能够帮助学生在转移转化实践中与其他利益相关者建立共情、共识、共事的伙伴关系。因此，将这一源于中小学能力素质领域的培养思路引入我国科技成果转化"通才"培养中，是提升人才创新能力和创新落实能力的有效举措。

二是"通才"培养应为学生提供深入企业的机会，建立共同培育的联合培养机制。实验型课程在研究生培养中为学生提供了体验式学习的机会，而企业实践类课程则为学生创造了"沉浸式"学习的平台。为学生提供双轨制培养的学习机会，可以让人才从合作主体的视角更好地理解科技成果转

---

① 师保国，高云峰，马玉赫. STEAM 教育对学生创新素养的影响及其实施策略 [J]. 中国电化教育，2017（04）：75-79.

② 王成军，郭明. 创新型科技人才科技成果转化能力可拓评价 [J]. 科技进步与对策，2016，33（04）：106-111.

化的本质。在联合培养机制的探索方面，发达国家如日本已走在前列。例如，东京工业大学与企业合作开展导师小组制培养，结合其研学背景为每位博士研究生配备多个导师，全面培养学生的技术性知识和操作性知识。国内的一些一流研究型大学，如清华大学、复旦大学等，已开始尝试探索类似的双轨制联合培养。该机制有助于打破学校与企业之间的界限，促进产学研的深度融合，为培养具备实践经验和创新能力的"通才"提供有力支持。

2. 将专业管理人才培养的数量和质量纳入教育强国建设指标体系之中

专业管理人才，即"专才"，特指那些能够全程参与并推动科技成果转化业务的专业管理型人才。当前，我国在这一领域的"专才"缺口问题日益凸显，亟待解决。"专才"的就业渠道极为广泛，不仅涵盖了科技成果转化技术中介机构，还包括了以科研院（处）、成果转化中心、产业园等为代表的大学的技术转移部门，此外还有以专利中心为代表的企业的技术部门，以及政府和事业单位中的促转化部门。随着研究型大学和科研院所创新成果呈现爆炸式增长，科技创新生态体系中的各个群落对具备转化能力的专业人才的需求也更加迫切。

研究型大学通过引入"专才"，可以使其校内如科研院、大学产业园等部门更加全面地掌握高校科技成果转化的全生命周期，进而构建校园内"专人专用"的技术管理格局。具体而言，"专才"在转化合同的签订过程中能够提供谨慎且专业的指导。技术开发合同与技术转让、技术许可合同之间存在显著差异，尤其体现在权利归属、风险分担、违约后果和后续实施等方面。近年的一些纠纷案例显示，部分大学的技术管理部门执行人员和专利人员对合同类型和内容不甚了解。因此，在确保依法合规的前提下，如何妥善执行《民法典》等法规中关于成果转化合同的细节条款，就不能仅仅依赖校外律师和法务专家的支持。

当然，"专才"的当前缺口问题应引起教育界和产业界的高度重视。截至 2021 年底，我国已有 53 所大学设立了知识产权学院，其中 32 所大学正在开展知识产权方向的博士研究生培养工作。总体来看，我国"专才"资源总量已有显著增长，达到 50 万余人，其中行政管理和执法人才 3 万余人，高等学校、科研机构等单位"专才" 3 万余人，企业"专才" 30 万余人，服务机构"专才"达 15 万人，特别是执业专利代理人超过 2.5 万人。然而，根据《知识产权人才"十四五"规划》的要求，到 2025 年，企业对"专才"的需求将至少增加 50 万，技术中介服务部门的需求将达到 20 万人，具备专利代理师资格的执业者数量将增至 4 万人①。据估算，我国目前每年培育输送的"专才"本科生约为 4000 人，专业硕士研究生约为 2000 人②。因此，我国在科技成果转化"专才"培养方面仍须在人才数量和培养层次上加大投入。

随着《国务院关于新形势下加快知识产权强国建设的若干意见》《知识产权强国建设纲要（2021—2035 年）》③ 等文件出台，我国在学位教育和交叉学科建设等方面的工作得到了进一步的加强。笔者认为，在当前高校学科专业目录动态调整的背景下，研究型大学应联合企业、技术中介机构以及各部门紧密合作，共同推进知识产权及其相关领域学位授权点类型的建设工作。通过参考法学、技术、金融、管理各职能部门的综合性意见，将知识产权升级为一个具有交叉学科特征的一级学科，并强调其工程性和跨学科特征。此举措将有助于将知识产权领域在研究观念上与法学一级学科相区分，从而更好地应对科技成果转化这一日益与其他研究领域相脱离的新兴领域。

3. 通过知识产权法院的建立来疏解当前科技成果纠纷引发的司法压力

目前，国内知识产权法院建设已形成了两级管辖体系，包括 3 个具有专利纠纷第一审案件管辖权的知识产权法院（北京、上海、广东）和 20 个地方知识产权法庭，分布于南京、苏州、武汉、成都、杭州、宁波、合肥、福州、济南、青岛、深圳、天津、郑州、长沙、西安、南昌、兰州、长春、乌鲁木齐、海口等知识产权案件量较大的城市。同时，最高人民法院成立了知识产权法庭，并于 2019 年 1 月起开始办公，以应对不服一审判决申请再审、抗诉或全国范围内具有重大社会效应的复杂案件。

德国《专利法》规定："专利法院是独立自治的联邦法院，审理不服专利局审查部或者专利部决定提起的申诉、宣告专利权无效的诉讼和专利强制许可的诉讼……专利法院设在专利局所在地，称为'联邦专利法院'。"由德国《专利法》可见，西方发达国家设立专利法院的目的十分明确，通过推动司法资源集中化来迅速应对具有高专业特性的行政纠纷，在一定程度上

---

① 国家知识产权局.《知识产权人才"十三五"规划》[EB/OL].[2022-01-07]. https：//www. cnipa. gov. cn/art/2022/1/7/art_ 65_ 172685. html.

② 苏平，赵怡琳. 产教融合协同培养企业知识产权复合性应用型人才研究 [J]. 知识产权，2020（07）：26-41.

③ 中国政府网. 中共中央 国务院印发《知识产权强国建设纲要（2021—2035 年）》[EB/OL].[2021-09-22]. https：//www. gov. cn/zhengce/2021-09/22/content_ 5638714. htm

为我国知识产权司法体系改革提供参考。

与西方发达国家相比，我国知识产权法院在专家咨询与技术调查方面的管理还有待加强。西方发达国家的专利法院在技术事实认定方面富有经验，例如，东京知识产权高等法院为了更好地提供技术方面的专业化建议，特别设立了"技术调查官"一职；德国也在2000年左右提出"技术法官"这一专业职务。而我国目前在这方面还主要依赖诉辩双方提供的证据进行技术事实认定，司法审判人员在知识领域和从业背景方面暂时难以补齐短板。为了解决这一问题，国内上海、天津、江苏等地的高级人民法院已经开始筹建地方技术专家咨询库，并重新设计了具有地方特色的"技术事实查明制度"。这些改革举措对于提升案件事实审理的准确性和时效性具有积极意义，值得在全国范围内推广。

科技成果转化纠纷案件具有较强的专业技术性，对知识产权法院的技术事实认定能力提出了更高要求。因此，国内各级知识产权审理机构应尽快依法建立技术事实认定制度，以提升案件审理的质量和效率。这将有助于更好地保护科技创新成果，促进科技成果转化和应用，推动我国经济社会持续健康发展。

四、三类要素融合的本质：诉讼风险认知教育与风险管理常态化建设

回到研究的起点，笔者认为，由于科技成果的创造过程本身就伴随着风险，因此，研究型大学、企业等创新主体必须从治理理念的源头上深刻理解科技成果转化管理工作的风险本质，并随时对诉讼风险的颠覆性危害保持警惕。

在国际层面，随着国际贸易合作的不断加深，为了推动各国在创新成果的知识产权保护工作中协力前行，《与贸易有关的知识产权协定》（TRIPs）应运而生。该协议要求所有世界贸易组织（WTO）成员国都必须致力于促进知识产权保护，通过减少因产权纠纷引起的贸易摩擦来提高贸易效率。在TRIPs框架下，各国对知识产权的认定达成了统一意见，即财产权的无形性、独占性、时效性和地域性。尽管TRIPs协议不会对国内研究型大学的科技成果转化产生直接影响，但其制定和实施却在无形中重塑了全球高校对知识产权的认知。对于技术供给方而言，加强高校有关人员对国际知识产权相关协定和国际法的学习研究，防范跨国技术转移合作中利用法规信息不对称

实施合同欺诈的行径，是维护国家形象和保护研究型大学国有资产的重要前提。

在国内层面，研究型大学和相关企业应将对其成员的风险教育融入实际工作。特别是国内的研究型大学，作为教书育人、科研创新和服务社会的主阵地，更应将面向教师和学生的风险教育纳入研究型人才培养课程体系的必修内容，从而融入人才职业素养提升过程。然而，从当前国内大学创新创业教育的现状来看，一些高校在培养学生创业能力方面仍然沿用传统的投资和经营能力培养模式，对成果转化法治思维和合同化治理方面的课程安排尚不够充实。

因此，未来一段时期，研究型大学应充分调动高校和社会的现有资源，形成事前防范、事中化解和事后补救的风险教育理念，并将其贯穿于科技成果转化的全过程。通过加强风险教育，提升创新主体的风险认知和管理能力，整个生态中的各方主体可以更好地共同应对科技成果转化过程中的风险挑战，实现科技成果的高效转化和应用。

第八章　研究结论与未来展望

对科技成果转化问题的研究，最终要回归到对人的关切这一原点。通过深入回顾和分析各章的研究结果，本章将系统地给出关于我国研究型大学科技成果转化生态系统、科技成果转化诉讼风险及其防范化解的研究结论，随后将指出本研究的局限性和不足之处，并结合当前国内外研究型大学在科研服务社会方面的新趋势、新动态，提出展望，并为未来的研究指明方向。

一、研究结论

相较于西方发达国家，我国科技成果转化生态系统的培育虽然起步稍晚，但经过改革开放四十余年的发展，已取得了显著的成果，逐步构建了一套各类要素相对完善的转化生态系统。本研究通过对国外研究型大学科技成果转化诉讼问题的探讨，基于生态系统的视角审视了诉讼风险，相较于国内现有研究，本研究在实证性方面实现了突破，深入提取了我国研究型大学科技成果转化诉讼背后的风险因素，并结合实际案例构建了我国研究型大学科技成果转化诉讼风险因素模型，为风险防范提供了策略性建议。

本研究通过回顾我国研究型大学科技成果转化生态的历史变迁，揭示了创新生态系统的演进策略、当前生态形态以及研究型大学成果转化治理的管理流程。研究发现，我国转化生态系统在逐步走向成熟的同时，应更加关注公众信任危机和生态文明危机这两大系统性风险。同时，我国研究型大学与企业之间的成果转化共生模式较为单一，其共生关系相对不够稳定。因此，为培育生态系统的规模及其生态多样性，应从外部环境激励和内部生态风险防控两方面着手。此外，研究还发现我国研究型大学科技成果转化生态中的诉讼风险具有变动性、利弊二元性和形态多元化等特征，体现在六个方面的风险化倾向。

为进一步明确我国研究型大学在科技成果转化中面临的诉讼风险因素，

研究通过对实际发生的诉讼案例进行质性理论分析，识别出生态系统中的四类诉讼风险因素。

一是行为风险。在科技成果转化的过程中，各方组织的决策意志，以及利益相关个体的履职意愿，均会对大学科技成果转化产生深远的影响。深入探究发现，在治理环节可能导致校企诉讼的因素主要集中在大学投入、企业投入、产学研关系以及利益相关者个体四个维度。案例分析发现，科技成果转化中利益相关者个体的利益诉求往往会被忽视，使得个体的风险意识及避险行为无法被有效激活；这种忽视可能促使个体做出风险行为，进而对产学研的整体合作关系产生不良后果。

二是技术风险。通过对诉讼案例的深入分析，发现研究型大学的科技成果转化是一个涉及多个阶段的联合研发流程。在这一过程中，不同阶段的技术成熟度会直接影响到产学研工作的顺利进行。具体而言，科技成果在合作时的技术成熟度和企业对于技术的接收能力，共同构成了技术风险的两个关键方面。

三是合同风险。合同条款中关于各方权利义务、约束时限以及违约责任等要素的完备性，对于大学与企业之间在合作中可能出现的纠纷具有重要的证明作用。研究表明，合同风险主要表现为风险共担性的约定内容和非不可抗力性的条款设定两个方面。这两个特征使得合同风险在成果转化的全流程各阶段都可能引发双方的矛盾与冲突。如果对合同风险不够重视，就可能导致在实际履约中出现风险行为无法被约束的情况。

四是中介风险。技术中介机构在产学研联合研发过程中发挥着协调各类知识产权业务、减轻各方在法律经验方面压力的重要作用。中介机构参与科技成果转化能够对行为风险中的产学研关系的调节起到积极作用。研究表明，技术中介机构的合理介入，能够对科技成果转化失败起到抑制作用，从而有效缓和产学研关系。然而，如果技术中介机构存在不端行为，则可能会引发科技成果过程中的转化诉讼。

为了深入了解研究型大学科技成果转化生态中风险的形成机制，查明造成各类诉讼风险产生和存续的原因，研究对二十余名利益相关者进行了深度访谈。通过访谈材料整理发现，诉讼风险主要受到群落维度、成果维度和关系维度三方面要素的影响，产生了 10 个风险点位。

在群落要素方面，国内大学存在对转化人员的创新力培养和转化能力培养脱节的情况，并且国内高校普遍重视研发而忽视技术服务和技术人才的供给。在成果要素方面，受到主体的转化管理经验不足，创新主体转化主动性不高，以及缺乏面向合同的管理思维等因素影响，国内研究型大学在治理过程中引入了合同风险。在关系要素方面，技术中介机构的服务能力不足，国内外契约思维与法律环境差异造成的合同瑕疵，以及法律专业人才培养与实践相脱节等情况，从环境维度来看，这些因素导致科技成果转化的服务工作无法提供有效支撑；而个别服务主体职业素养较低，给转化合作引入了新的风险。

接下来，研究还从西方发达国家研究型大学的典型事例和历史脉络入手，总结了重点国家的创新生态系统内的三类主要风险。随后，选取美国创新生态系统培育历史、德国研究型大学区域创新生态发展历史和日本"官产学"生态系统培育经验作为典型，并结合德国亚琛工业大学和日本名古屋大学的具体事例提取出西方研究型大学对转化风险的防控经验。西方发达国家的经验表明，通过培育并完善多方协同治理的科技成果转化生态，能够直接促进国家和地区经济的高水平发展；同时，优化研究型大学科技成果转化体系也有助于提升高等教育的社会贡献力。虽然西方发达国家在改善转化生态的过程中经历了"阵痛期"，并在解决原有风险问题时引入了新的次生风险，但总体而言，其推动生态持续性演进的策略极大地激发了科研创新活力。基于以上研究，总结出了国外研究型大学科技成果转化生态中风险防控的共性经验，即明确了提升风险识别与防控能力、构建多元非诉讼解决机制以及培育结果导向的技术中介生态种群三条经验，为我国提供了可资借鉴的经验。

针对以上诉讼风险的成因和机理，研究认为我国研究型大学科技成果转化诉讼风险的防范工作应从四方面入手，坚持促进要素间有机融合的思路，消除要素分离引发的不确定状况，并结合此过程提出了路径的优化策略。

具体而言，一是摒弃传统的对抗思维，通过培养合作博弈与风险共担思维，促进治理要素与关系要素的有机融合，推动生态主体之间风险信息透明化的发展。二是提出基于我国研究型大学科技成果转化实践的"创新伙伴"综合评价指标体系，提倡通过遴选创新伙伴来规避各类创新群落内部的不确定性因素。三是结合当前科技成果转化人才队伍的现状，建议研究型大学和有关部门联合开展"通才"与"专才"相结合的双轨制人才培育体系建设。四是从风险的本质出发，在国内生态环境下对来自研究型大学和企业的创新主体开展风险教育，从思想本原着手，培育事前防范、事中化解和事后补救的风险生命周期治理能力，从意识和行为源头上阻断风险危害。

二、本研究的局限性与未来展望

科技成果转化的诉讼风险既是高校科技管理研究和创新人才培养领域的一个"微小"问题，同时也是通过引入风险理念来拓展研究视域的一个"大"而"新"的难题。国内风险问题研究起步较晚且主要集中在金融管理等其他学科领域，因此面向该问题的研究资料较稀少，给研究的开展带来了挑战。本研究实际上是探索科技创新、创新人才培养和社会创新生态理论之间深层次联系的一次新尝试，旨在以全新的视角去理解和解决科技成果转化障碍这一难题。从结果来看，虽然形成了一定观点和结论，但整体来看研究成果较为单薄，内容仍有待进一步深化。针对本研究的局限性，笔者提出以下可能的解决思路。

首先，由于风险研究对于科技成果转化问题尚属较为新颖的领域，因此未能建立起完备的理论话语体系，论证的深度和广度仍有待提升。后续研究可以通过吸取其他领域风险问题的最新研究成果，来进一步充实和深化风险研究的理论框架。

其次，由于案例数量有限，且走访案件涉诉各方难度较大，使得案件资料的变量挖掘不够深入，对于案件的事件本质的理解尚待加强。针对该问题，可以留待后续研究中通过建立研究团队、形成研究课题和运用大数据和文本挖掘等技术手段，来进一步揭示风险生成的内在逻辑和演化机制。

最后，国外研究型大学研究资料的取材形式和内容有限，使得国内外科技成果转化生态系统的对照关系未能紧密建立起来，导致难以在全球化视角下审视我国研究型大学科技成果风险。针对这点不足，应在未来研究中继续拓展研究方法、工具和对象，在纵深和横向两个维度进一步丰富科技成果转化风险研究的理论视角，提升研究的国际化和全球化水平。

参考文献

一、中文文献

[1] 阿什比. 科技发达时代的大学教育 [M]. 北京：人民教育出版社，1983.

[2] 陈学飞. 美国高等教育发展史 [M]. 成都：四川大学出版社，1989.

[3] 丁鸿富，虞富洋，陈平. 社会生态学 [M]. 杭州：浙江教育出版社，1987.

[4] 吴鼎福，诸文蔚. 教育生态学 [M]. 南京：江苏教育出版社，1990.

[5] 克尔. 大学的功用 [M]. 陈学飞，等译. 南昌：江西教育出版社，1994.

[6] 聂荣臻. 聂荣臻科技文选 [M]. 北京：国防工业出版社，1999.

[7] 陈向明. 质的研究方法与社会科学研究 [M]. 北京：教育科学出版社，2000.

[8] 范国睿. 教育生态学 [M]. 北京：人民教育出版社，2000.

[9] 范愉. 非诉讼纠纷解决机制研究 [M]. 北京：中国人民大学出版社，2000.

[10] 潘懋元. 多学科观点的高等教育研究 [M]. 上海：上海教育出版社，2001.

[11] 克尔. 高等教育不能回避历史 [M]. 王承绪，译. 杭州：浙江教育出版社，2001.

[12] 阿尔特巴赫. 比较高等教育：知识、大学与发展 [M]. 北京：人民教育出版社，2001.

[13] 克拉克. 高等教育新论：多学科的研究 [M]. 2版. 王承绪，徐辉，等译. 杭州：浙江教育出版社，2001.

[14] 弗莱克斯纳. 现代大学论：美英德大学研究 [M]. 徐辉，等译. 杭州：浙江教育出版社，2001.

[15] 博克. 走出象牙塔：现在大学的社会责任 [M]. 徐小洲, 等译. 杭州：浙江教育出版社, 2001.

[16] 范德格拉夫. 学术权力：七国高等教育管理体制比较 [M]. 王承绪, 译. 杭州：浙江教育出版社, 2001.

[17] 布鲁贝克. 高等教育哲学 [M]. 王承绪, 等译. 杭州：浙江教育出版社, 2002.

[18] 波特. 国家竞争优势 [M]. 李明轩, 等译. 北京：华夏出版社, 2002.

[19] 王战军. 中国研究型大学建设与发展 [M]. 北京：高等教育出版社, 2003.

[20] 李惠斌. 全球化与公民社会 [M]. 南宁：广西师范大学出版社, 2003.

[21] 芭芭拉, 乌尔里希, 约斯特. 风险社会及其超越：社会理论的关键议题 [M]. 赵延东, 等译. 北京：北京出版社, 2005.

[22] 赵婷婷. 大学何为：理想与现实间的冲突及协调 [M]. 北京：高等教育出版社, 2005.

[23] 钱卫清. 打赢官司：如何防范诉讼风险 [M]. 北京：人民法院出版社, 2005.

[24] 郑晓齐, 叶茂林. 高校科技创新与区域经济发展 [M]. 北京：社会科学文献出版社, 2006.

[25] 马克思, 恩格斯. 马克思恩格斯文集：第 5 卷 [M]. 北京：人民出版社, 2009.

[26] 张晋藩. 中国法律的传统与近代转型 [M]. 北京：法律出版社, 2009.

[27] 尤金, 加里. 生态学基础 [M]. 5 版. 陆健健, 等译. 北京：高等教育出版社, 2009.

[28] 巴比. 社会研究方法 [M]. 11 版. 邱泽奇, 译. 北京：华夏出版社, 2009.

[29] 周其凤, 王战军, 郭樑, 等. 研究型大学与高等教育强国 [M]. 北京：科学出版社, 2009.

[30] 埃斯特琳. 美国创新在衰退？ [M]. 闫佳, 翁翼飞, 译. 北京：机械工业出版社, 2010.

[31] 斯科特. 组织理论：理性、自然与开放系统的视角 [M]. 高俊山, 译. 北京：中国人民大学出版社, 2011.

[32] 尼尔森.国家（地区）创新体系比较分析［M］.曾国屏,译.北京：知识产权出版社,2012.

[33] 杨利华.美国专利法史研究［M］.北京：中国政法大学出版社,2012.

[34] 奈特.风险、不确定性和利润［M］.郭武军,刘亮,译.北京：华夏出版社,2013.

[35] 陈劲.科学、技术与创新政策［M］.北京：科学出版社,2013.

[36] 希拉,拉里.学术资本主义［M］.梁骁,等译.北京：北京大学出版社,2014.

[37] 贝克,吉登斯,拉什.自反性现代化：现代社会秩序中的政治、传统与美学［M］.赵文书,译.北京：商务印书馆,2014.

[38] 奥尔森.集体行动的逻辑［M］.陈郁,等译.上海：上海人民出版社,2014.

[39] 陈维国.美国专利诉讼规则、判例与实务［M］.北京：知识产权出版社,2014.

[40] 王利明.合同法研究［M］.北京：中国人民大学出版社,2015.

[41] 朱丽叶,安塞尔姆.质性研究的基础：形成扎根理论的程序与方法［M］.3版.朱光明,译.重庆：重庆大学出版社,2015.

[42] 罗立.高校专利知识流动研究［M］.北京：知识产权出版社,2015.

[43] 沈开涛.风险识别［M］.北京：北京大学出版社,2015.

[44] 博克.大学的未来［M］.曲强,译.北京：中国人民大学出版社,2017.

[45] 肖尤丹.中国科技成果转化制度体系：法律、政策及其实践［M］.北京：科学技术文献出版社,2017.

[46] 郑磊,王盛,吴天颖.风险管理［M］.北京：机械工业出版社,2017.

[47] 於荣.美国研究型大学"黄金时代"的形成与发展［M］.杭州：浙江大学出版社,2018.

[48] 刘群彦.科技成果转化：法律意识的社会学研究：以上海高校及科研院所为例［M］.上海：上海交通大学出版社,2018.

[49] 马治国,翟晓舟,周方.科技创新与科技成果转化：促进科技成果转化地方性立法研究［M］.北京：知识产权出版社,2019.

[50] 吴寿仁.科技成果转化政策导读［M］.上海：上海交通大学出版社,2019.

[51] 吴汉东.知识产权应用问题研究［M］.北京：中国人民大学出版

社，2019.

[52] 伯恩斯坦．与天为敌：一部人类风险探索史 ［M］．吴翌，等译．北京：机械工业出版社，2020.

[53] 国家科技评估中心，中国科技评估与成果管理研究会．科技成果转化工作指南 ［M］．北京：北京理工大学出版社，2021.

[54] 贝克．风险社会：新的现代性之路 ［M］．张文杰，等译．南京：译林出版社，2022.

[55] 国家法官学院，最高人民法院司法案例研究院．中国法院 2022 年度案例：知识产权纠纷 ［M］．北京：中国法制出版社，2022.

[56] 罗伯特，周红．中国法律纠纷的解决 ［J］．北京：中外法学，1990（02）：61-63.

[57] 徐静村，刘荣军．纠纷解决与法 ［J］．重庆：现代法学，1999（03）：3-5.

[58] 郝远．高校科技成果转化的障碍与途径 ［J］．北京：清华大学教育研究，2004（03）：97-101.

[59] 胡赤弟．高等教育中的利益相关者分析 ［J］．北京：教育研究，2005（03）：38-46.

[60] 吴宏元，郑晓齐．日本产学合作中的"协调者"制度及其启示 ［J］．武汉：高等工程教育研究，2006（03）：78-81.

[61] 贺德方．对科技成果及科技成果转化若干基本概念的辨析与思考 ［J］．北京：中国软科学，2011（11）：1-7.

[62] 周文，许凌云．论新质生产力：内涵特征与重要着力点 ［J］．北京：改革，2023（10）：1-13.

[63] 陈宏辉．企业的利益相关者理论与实证研究 ［D］．杭州：浙江大学，2003.

[64] 贺祖斌．中国高等教育系统的生态学分析 ［D］．武汉：华中科技大学，2004.

[65] 周朴雄．基于知识联盟的企业技术创新研究 ［D］．武汉：武汉大学，2005.

[66] 马林．基于 SCOR 模型的供应链风险识别、评估与一体化管理研究 ［D］．杭州：浙江大学，2005.

[67] 姚威．产学研合作创新的知识创造过程研究 ［D］．杭州：浙江大

学，2009.

［68］武学超 . 美国研究型大学技术转移政策研究［D］. 重庆：西南大学，2009.

［69］毛明芳 . 现代技术风险的生成与规避研究［D］. 北京：中共中央党校，2010.

［70］刘华俊 . 知识产权诉讼制度研究［D］. 上海：复旦大学，2012.

［71］高盼 . 现代性视域下当代技术风险问题研究［D］. 苏州：苏州大学，2017.

［72］李春友 . 利益相关者网络视角的复杂产品系统创新风险生成机理研究［D］. 杭州：浙江工商大学，2018.

［73］甘清秋 . 大学技术转移的前因及其对区域产业结构升级的影响研究［D］. 合肥：中国科学技术大学，2022.

二、外文文献

［1］Cooper D，Chapman C. Risk Analysis for Large Projects：Models，Methods And Cases［M］. Wiley，1987.

［2］Gibbons M，Limoges C，et al. The New Production of Knowledge：The Dynamics of Science and Research in Contemporary Societies［M］. SAGE Publications Ltd，1994.

［3］Boyer Commission on Educating Undergraduates in the Research University，Kenny R. Reinventing Undergraduate Education：A Blueprint for America's Research Universities［M/OL］. State University of New York at Stony Book，1998.

［4］Etzkowitz H，Webster A，Healey P. Capitalizing Knowledge：New Intersections of Industry and Academia［M］. State Univ. of New York Press，1998.

［5］Donaldson T，Dunfee T. Ties That Bind：A Social Contracts Approach to Business Ethics［M］. Harvard Business School Press，1999.

［6］Brennan J，Shah T. Managing Quality in Higher Education：An International Perspective on Institutional Assessment and Change［M］. Open University Press，2000.

［7］Branscomb L，Auerswald P. Taking Technical Risks：How Innovators，Managers，and Investors Manage Risk in High－Tech Innovations［M］. MIT

Press, 2001.

[8] Mowery D, Nelson R, et al. The Oxford Handbook of Innovation [M]. Oxford University Press, 2006.

[9] 馬場靖憲, 後藤晃. 産学連携の実証研究 [M]. 東京大学出版会, 2007.

[10] 玉田俊平太. 産学連携イノベーション-日本特許データによる実証分析 [M]. 関西学院大学出版会, 2010.

[11] Myerson R. Game Theory: Analysis of Conflict [M]. Harvard University Press, 2013.

[12] Freeman R. Strategic Management: A Stakeholder Approach [M]. Cambridge University Press, 2015.

[13] Link A, Siegel D, Wright M. The Chicago Handbook of University Technology Transfer and Academic Entrepreneurship [M]. University of Chicago Press, 2015.

[14] Etzkowitz H, Zhou C. The Triple Helix: University-Industry-Government Innovation and Entrepreneurship [M]. Routledge, 2017.

[15] Thelin J. A History of American Higher Education [M]. Johns Hopkins University Press, 2019.

[16] Hockaday T. University Technology Transfer: What It Is and How to Do It [M]. Johns Hopkins University Press, 2020.

[17] Akerlof G. The Market for "Lemons": Quality Uncertainty and the Market Mechanism [J]. Uncertainty in Economics, 1978, 84 (3): 235, 237-251.

[18] Mowery D, Nelson R, et al. The Growth of Patenting and Licensing by U. S. Universities: an Assessment of the Effects of the Bayh-Dole Act of 1980 [J]. Research Policy, 2000, 30 (1): 99-119.

[19] Thursby J, Thursby M. Who is Selling the Ivory Tower? Sources of Growth in University Licensing [J]. Management Science, 2002, 48 (S1): 90-104.

[20] Siegel D, Phan P. Analyzing the Effectiveness of University Technology Transfer: Implications for Entrepreneurship Education [J]. Rensselaer Working Papers in Economics, 2004: 1-38.

[21] Bradley S, Hayter C, Link A. Models and Methods of University Technolo-

gy Transfer [J]. Foundations and Trends in Entrepreneurship, 2013, 9 (6): 571-650.

[22] Fasi M. An Overview on Patenting Trends and Technology Commercialization Practices in the University Technology Transfer Offices in USA and China [J]. World Patent Information, 2022.

附　录

附录1　研究型大学参与转化相关人员的访谈提纲

Q1：您在从事科技成果转化的工作中，有哪些深刻的体会？

Q2：您认为研究型大学与企业开展科技成果转化的必要条件有哪些？

Q3：是否亲身经历或者听说过您的研究部门与企业之间发生了法律诉讼或纠纷？转化遇到了哪些挑战？

Q4：您认为成果转化链条中哪个环节最容易转化失败？

Q5：您认为是什么问题引发了这些诉讼或纠纷？

Q6：您认为这些造成转化失败的因素是否具有风险色彩？

Q7：您认为研究型大学/企业/中介机构在成果转化中扮演了什么角色？

Q8：您认为谁在成果转化诉讼问题的解决中起重要作用？

Q9：您认为您所在的研究型大学可以通过什么方式避免这些纠纷？

Q10：技术中介机构是否在科技成果转化工作中起到了一定作用？

Q11：您认为当前我国的研究型大学科技成果转化生态是否已经"成一定气候"？当前的转化生态中有哪些成就和不足？应当如何更好地构建这一生态？

Q12：当前创新生态中的法律与政策环境，您认为有哪些亟待改善的部分？

附录 2　企业参与转化相关人员的访谈提纲

Q1：您在从事科技成果转化的工作中，有什么体会？

Q2：您认为企业开展科技成果转化的必要条件有哪些？

Q3：企业在转化合作中遇到了哪些挑战？是否亲身经历过或者听说过您的单位与其他转化部门之间发生了法律诉讼或纠纷？

Q4：您认为是什么问题引发了这些诉讼或纠纷？您认为成果转化链条中哪个环节最容易转化失败？

Q5：您认为这些造成转化失败的因素是否具有风险色彩？

Q6：您认为研究型大学/企业/中介机构在成果转化中扮演了什么角色？

Q7：您认为谁在成果转化诉讼问题的解决中起重要作用？

Q8：您认为本单位可以通过什么方式避免这些纠纷？

Q9：您认为本单位有哪些方式可以提高合作的成功率？

Q10：您认为技术中介机构能给企业的科技成果转化工作带来哪些帮助？

Q11：您认为当前我国的科技成果转化生态是否已经"成一定气候"？当前的转化生态中有哪些成就和不足？应当如何更好地构建这一生态？

Q12：当前创新生态中的法律与政策环境，您认为有哪些亟待改善的部分？

附录3　技术中介机构、成果转化研究专家的访谈提纲

Q1：您在做科技成果转化的工作中，有什么体会？

Q2：您认为科技成果转化的必要条件有哪些？

Q3：您所在的部门和您个人在转化合作中遇到了哪些挑战？是否亲身经历过或者听说过关于成果转化的法律诉讼或纠纷？

Q4：您认为是什么问题引发了这些诉讼或纠纷？

Q5：您认为成果转化链条中哪个环节最容易发生转化失败？

Q6：您认为这些造成转化失败的因素是否具有风险色彩？

Q7：您认为产、学、研、介各部门在成果转化中扮演了什么角色？谁在成果转化纠纷问题的解决中起重要作用？

Q8：您认为您的单位可以通过什么方式避免这些诉讼或纠纷？

Q9：您认为技术中介机构通过哪些措施提高了合作的成功率？

Q10：您认为技术中介机构能给企业的科技成果转化工作带来哪些帮助？

Q11：您认为当前我国的科技成果转化生态是否已经"成一定气候"？当前的转化生态中有哪些成就和不足？应当如何更好地构建这一生态？

Q12：当前创新生态中的法律与政策环境，您认为有哪些亟待改善的部分？

附录4　第五章受访者详细信息资料表

编号	受访者种群	受访者	所在机构与主要职务	时间	方式
1	研究型大学	Z	北京 H 大学某工程类专业教授，曾作为专利权人参与转化	21/03	线下小组访谈
2		O	北京 K 大学某学院教授，该校科技成果转化部门专家库成员	22/03	线下
3		Y	北京 H 大学曾访学日本的退休教授，有国外科技成果研究经历	21/04	线下
4		G_1	北京 H 大学材料学院参与某项目研发的在读研究生	21/03	线下小组访谈
5		G_2	北京 H 大学材料学院参与某项目研发的研究生，已就业	21/03	线下小组访谈
6		L	西安 X 大学某学院教授	21/08	即时通信软件
7		F	T 大学某学院博士研究生	21/08	线下
8	企业	H	南京 L 大学某学院教授，兼任江苏 QH 园艺有限公司创始人与技术经理	21/05	电话
9		H_1	北京 ZK 公司技术市场部经理	22/04	线下
10		T	广州 JF 电子科技技术部门骨干员工	22/04	电子邮件
11		K	北京 BF 生物公司技术经理	22/04	线下
12		W_1	北京 M 科技公司计算引擎技术负责人	21/09	线下
13		M	某集团专利中心专利代理师	20/12	线下
14		W	北京 CX 医疗集团技术部经理	21/09	线下
15		C	天津 JY 生物科技公司某项目业务负责人经理	22/03	即时通信软件
16		L_1	天津 JY 生物科技公司董事长助理	22/03	即时通信软件
17	政策、法规研究部门	S	北京市 GZ 律师事务所律师	21/08	线下
18		P	某央企新技术推广研究所研究员	21/08	电话
19		X	中国科学院某研究院研究员	21/09	即时通信软件
20	技术中介机构	P_1	上海 G 科技创业中心科技合作部部长	21/08	电话
21		D	西安 YN 技术转移有限公司创始人	21/08	即时通信软件
22		F_1	ZG 技术经理人协会联络部负责人	22/03	即时通信软件
23		N	北京 G 大学 DQ 技术转移中心员工	22/03	即时通信软件

后　记

　　本书是我围绕高校科技成果转化这一主题开展调查研究的成果之一。

　　求真务实，力求成果经世致用，自 2017 年起我到北京、天津、河北、山西、辽宁、陕西、山东、浙江、江苏、云南等省份，实地走访相关高校、企业和技术中介机构，以线上线下相结合的方式开展访谈调研。我于 2018—2019 年赴日本早稻田大学访学，到日本和韩国的多所研究型大学和技术中介机构做实地调查。

　　值此书稿付梓之际，特向所有关心支持我的领导、专家和师友致以诚挚谢意。

　　首先，向培养我多年的北京航空航天大学致以最崇高的谢意。柏彦故地，巍巍学府。母校坚守为党育人、为国育才的初心，以"德才兼备、知行合一"为训，鼓励广大学子独立思考、谨慎求证。北京航空航天大学计算机学院、马克思主义学院和人文社会科学学院（公共管理学院）帮助我提升了学科交叉融合与创新能力，拓宽了国际视野和研究思路，锻造了研究力素养。

　　在学习和工作期间，我受到博士生导师郑晓齐教授和姚小玲教授的悉心指导和慷慨资助，并有幸向雷庆、马永红、马陆亭、郝志强、刘明亮、森康晃、谢惠媛、高宁、胡象明、赵婷婷、蔡劲松、任丙强、赵世奎、陈文博、刘扬、沈文钦、周文辉、周详、刘贤伟等专家学者当面请教。与此同时，于琨、刘霞、张驰、张德辉、李厚之、马炳涛、张广文、黄焘、张同玉、高文娟、王茜、朱光辉、刘锦明、田边奈津子等领导老师给我提供了宝贵的社会实践和基层调查机会。

　　其次，感谢工业和信息化部教育与考试中心对我研究工作的支持和资助。推进新型工业化，使命光荣、责任重大。入职以来，领导和同事的理解与支持使我的研究工作得以延续。我有幸成为一名奋战在教育事业一线的

"教考人"，与来自中心及兄弟单位的同人携手，为推进新型工业化、加快建设制造强国和网络强国培育更多人才。

第三，感谢我的家人和学友。父母之恩，如山般厚重；结发之礼，当终生报恩；同窗之谊，情同手足深。

前沿技术驱动未来产业发展，对高质量科技成果转化提出新要求。我坚持认为，科技成果转化绝非单一部门"一厢情愿"的事情，而是需要各相关方在源头供给、平台支撑、要素保障多方面共同参与创新治理，不断推进创新链、产业链、资金链、人才链深度融合，从而系统解决"最后一公里"问题。同时，科技成果转化和产业化"亟待借助法治的确定性应对前进道路上的各种不确定风险"，通过《促进科技成果转化法》等科技成果转化法律法规的不断修订完善，营造鼓励创新、宽容失败的文化和社会氛围。

本书在写作中坚持紧跟学术前沿，广泛吸纳各方意见，力求阶段性成果能够在社会经济发展中发挥积极作用。当然，鉴于理论与实践的不断发展，加之作者水平有限，书中错误和缺漏之处在所难免。恳请广大读者不吝指正，以求革故鼎新。

甲辰仲夏